KB237628

상상력

싫증주의 시대의 힘

상상력

IMAGINATION

진형준 지음

살림

머리말

유평근 선생님의 권유로 뒤랑의 『상상계의 인류학적 구조들』을 읽기 시작한 지 벌써 30년 가까이 되었다. 그 동안 뒤랑에 관한 논문으로 박사 학위까지 받았으니 뒤랑 선생에게 톡톡히 신세를 진 셈이다. 그 신세를 갚을 요량으로 그 동안 문학 평론을 하면서 간간이 뒤랑의 상상력 이론(이론이라기보다는 정신)을 소개했고 뒤랑에 관한 논문도 여러 번 썼다.

그 사이 프랑스의 그르노블 대학에서 직접 뒤랑의 제자가 되어 상상력을 공부한 사람들도 여럿 생겼고 직·간접적으로 상상력을 전공한 사람들도 여럿 생겼다. 또한 프랑스에서 뒤랑을 전공해서 박사 학위를 받고 귀국한 분도 생겼다. 그 덕분에 유평근 선생님 주도로 〈한국 상상계 연구소〉도 설립될 수 있었으며, 이어 〈한국 상상계 연구학회〉가 설립되어 상상력에 대한 연구가 제법 활발하게 진행되었던 것이 사실이다.

하지만 한국에서 뒤랑을 전공하고 그 덕분에 박사 학위를 받은 나로서는 뒤랑 선생에게 늘 빚 같은 것을 느끼고 있었다. 상상력에 관한 글과 책을 여럿 쓰긴 했지만 정작 뒤랑 자신을 체계적으로 소개하는 책은 쓰지 못했던 것이다.

게다가 이런 저런 글을 통해 뒤랑을 소개한 뒤에는 늘 너무 어렵다는 소리를 들어야만 했다. 내 글재주가 모자라서였겠지만 뒤랑의 대표작인 『상상계의 인류학적 구조들』을 번역·출간하고 나서도 여전히 뒤랑의 생각이 너무 따라가기 어렵다는 이야기를 주변에서 들어야만 했다.

그 이유는 두 가지이다. 하나는 그가 이룩한 상상계가 너무 방대하면서 섬세하기 때문이고 다른 하나는 그가 보여주는 세계가 우리의 상식을 뒤집는 새로운 세계이기 때문이다.

뒤랑이 펼쳐 보이는 신천지의 황홀경에 빠져서 지냈던 나, 그런 내게 학문적 깊이보다는 삶 전체를 깊이 있게 이해하는 방식을 가르쳐준 뒤랑을 생각할 때 정말 아쉽기 그지없는 일이 아닐 수 없었다.

뒤랑을 체계적으로 그리고 비교적 알기 쉽게 소개하는 책을 한 권 써야만 하겠다는 것은 내가 아주 오랫동안 지니고 있던 과제이며 꿈이었다. 그리고 이 책은 보잘 것 없으나마 그 결실이다. 대학에서 상상력을 강의하면서 학생들에게서 받은 피드백, 내 삶 속에서 계속 반추하면서 익히고 싶었던 뒤랑의 기본 정신, 이런 것들이 자연스럽게 녹아 있는 책을 쓰고자 한 것이었지만 그 뜻이 제대로 이루어졌는지는 모르겠다.

이 책을 쓰면서 나는 학문의 전 분야를 넘나드는 뒤랑의 그 폭 넓고 자유로운 정신을 보여주고 싶었다. 그와 함께 나는 이른바 '상상력의 시대'를 살고 있는 사람들에게 보다 자유로운 상상력이란 어떤 것인가를 보여주고 싶었다. 상상력이란 천재들의 전유물이 아니라는 것, 상상력은 인간에게 가장 보편적인 하나의 공통분모라는 것을 보여주고 싶었다. 상상력 이론을 소개하는 데서 그치는 것이 아니라 우리의 삶과 사회와 우주 전체를 바라보는 우리들의 시각을 구체적으로 열어놓는 데 기여하는 책이 되기를 원했다.

하지만 그 꿈이 제대로 이루어졌을 리는 만무하다. 하지만 꿈은 완전히 이루어지기보다는 미완으로 남는 것이 더 보기에 좋다. 그래야 또 다른 꿈을 꿀 수 있는 것이 아니겠는가?

이 책을 쓸 수 있게 된 것은 전적으로 유평근 선생님 덕분이다. 선생님의 이끎이 없었다면 감히 꿈도 꿀 수 없었던 그런 자리에 오게 된 셈이니 어떤 식으로 감사의 말씀을 드려도 미진할 수밖에 없다. 또한 오랜 친구인 살림 출판사 심만수 사장이 너무 고마운 것은 물론이다. 심사장의 격려가 늘 힘이 되어주었으며 이 책을 써보자고 직접 제안한 것도 그였다. 그 외에도 도움을 많이 받았다. 원고를 꼼꼼히 읽어보며 조언을 마지않았던 우리 〈상상원〉 식구들의 공도 빼놓을 수 없다. 살림 출판사의 이기선 인문팀장에게도 감사를 드림을 물론이다.

하지만 정말로 빼놓을 수 없는 이름은 바로 뒤랑 선생이다. 이 보잘 것 없는 책이 선생의 큰 이름과 그릇에 혹 누가 되지 않을까 염려스럽다. 아마 선생은 빙그레 웃으며 내 머리를 쓰다듬어 주시리라.

2009년 2월
진형준

차 례

들어가면서

1. 인간은 조금도 진보해 오지 않았다

— 상상력에 입각한 새로운 인류학과 윤리

인간이 동물과 다른 것은 인간만이 이성을 지니고 있기 때문이 아니라, 인간만이 상상력을 지니고 있기 때문이다.

우리는 인간이 지구상에 출현한 이래 인간은 진화를 거듭했고 인간의 문화도 진보를 해왔다고 거의 누구나 믿고 있다. 구석기 시대를 시작으로 신석기 시대로 발전했고, 다시 청동기 시대를 거쳐 철기 시대를 맞이했으며 그것이 계기가 되어 인간의 문화가 활짝 꽃을 피웠다고 생각한다. 그리고 그 결과 인간이 자연을 정복하여 지구의 지배자가 될 수 있었다는 것이 당연한 상식으로 되어 있다. 그러는 가운데 인간 사회는 씨족 사회를 거쳐 부족 사회로 발전했고, 다시 도시 국가 시대와 제국주의 시대를 거쳤고 오늘날의 민주주의 사회로 발전해 왔다고 거의 누구나 믿는다. 게다가 현대 과학의 발전 속도는 눈이 부실 정도이다. 얼마나 눈이 부시냐 하면 인간으로서 상상하기도 어려운 미래사회를 건설한 무한한 능력이 인간에게 있다는 생각을 품게 만들기까지 한다. 그래서 우리는 자연 이런 생각에 젖게 된다. 우리는 우리의 조상으로부터 얼마나 멀리 와 있으며 도대체 어디까지 갈 수 있을 것인지! 우리의 갈 길은 얼마나 멀고 거기 빨리 도달하기 위해 우리는 얼마나 노력을 더 기울여야만 하는지!

그러니 만일 지구상에서 우리의 먼 조상들이 영위했던 삶을 아직 그대로 유지하고 있는 종족이 있다면 우리는 쉽게 이렇게 생각할 수 있을 것이다. '그들은 야만적인 삶을 살고 있으며 문명으로부터 소외되어 있다. 즉 그들은 동물에 가깝다. 사는 모양만 그러한 것이 아니라 그들의 사고 능력도 그러할 것이다.' 그 생각을 당연히 여긴다면 지구상에 존재하는 다양한 문화들은 그 문화를 이룬 종족들의 사고 능력과 발전 정도에 따라 야만으로부터 문명에 이르기까지 일렬로 배열하는 일이 가능하다. 일률적으로 정확하게 배열하는 것은 어렵더라도 우리의 기준상 최고조에 달한 문명을 중심으로 하여 나머지 문화들을 야만적인 것으로 취급하는 일은 언제나 가능하다.

어쩌다 그런 일이 벌어진 것일까? 가장 손쉬운 답이 있긴 하다. 그러한 야만과 문명의 차이가 생긴 것은 지구상에 존재하는 여러 인종들의 기본 능력에 우열이 존재하기 때문이라고 생각하면 된다. 거기서 인종차별주의가 생기고 자민족 우월주의가 생긴다. 문화에 대한 차별 의식은 자연스럽게 인종에 대한 차별 의식으로 이어진다. 열등한 문화권과 우수한 문화권, 후진국과 선진국의 차이는 종족의 타고난 능력에서 기인하는 것이 되는 것이다. 그러니 우리 민족의 우수성을 바탕으로 빨리 선진국 대열에 합류하는 것이 우리의 지상과제가 된다. 그를 통하여 우리도 진정한 문명사회를 이룩할 수 있고 우리 민족의 자존심도 찾을 수 있다고 생각하기 때문이다.

인간은 끊임없는 발전과 진보를 이룩했다는 생각이 상식으로 되어 있는 세상에서 갑자기 사람들이 '상상력'을 찾기 시작했다. '상상'이라는 단어가 도처에서 힘을 발휘하고 담배회사 광고에서도 상상예찬이 한창이다. 상상력이 창의성을 낳는 모태로 대접을 받고 회사의 CEO들은 상상력을 공통 화두로 삼기까지 한다. 상상력은 첨단과학 시대의 총아이며 우리의 미래를 이끌어갈 동력으로 간주된다. 그 분위기에서 '상상력의 시대'는 영락없이 '첨단 시대'가 된다. 그러니 우리는 인간 문명이 발전한 결과 상상력의 시대를 맞이한 것이라는 생각을 자연스럽게 하게 된다.

그런데 나는 꽤 오랫동안 상상력을 공부하면서 상상력이 절대로 첨단 과학문명을 이룩한 현대인의 전유물이 아니라는 것을 배웠다. 상상력은 '고대인들에게도, 현대인들에게도, 서구인들에게도, 동양인들에게도, 신대륙의 원주민들에게도 공통적으로 들어 있는 것'임을 알았다. 상상력의 산물인 신화와 제의, 그리고 예술 등이 어디 현대인의 전유물이던가? 그것들은 인간이 지상에 존재해온 이래 언제나 인간과 함께 해왔다. 상상력을 공부하면서 내가 배운 것의 핵심은 바로 거기에 있다. 인류는 지상에 출현한 이래 끊임없이 발전하면서 변화해온 것이 아니라 상상력이라는 공통되는 특질을 일관되게 유지해 왔다는 사실이다. 그래서 나는 상상력의 시대를 인간 문명의 발전 결과 도래한 첨단의 시대로 이해하지 않는다. 나는 오히려 상상력의 시대를 인간이 끊임없이 진보해 왔다는 믿음이 의심받는 시대가 온 것으로 이해한다. 나는 상상력의 시대를 이성을 중심으로 인간을 바라보던 눈이 상상력을 중심으로 인간을 이해하는 눈으로 바뀐 것으로 이해한다. 즉 이질적인 인간과 인간의 문화에서 차별만을 보던 사람의 눈이 그 이질적인 것들 안에 존재하는 공통 특질을 보는 눈으로 바뀐 것으로 이해한다. 상상력의 시대가 왔다는 것은 상상력을 중심으로 인간과 인간의 문화를 바라보는 시대가 왔다는 것을 의미하고 그것은 인간이 끊임없이 진보와 진화를 거듭해 왔다는 보편적인 생각을 부정하는 시대가 왔다는 것을 말한다.

아마 금방 반문할 수 있을 것이다. 인류의 과학 문명이 눈부시게 발전한 것은 사실이 아닌가? 그러한 발전은 인간 이성의 발전에 의한 것이 아닌가?

즉 과학문명의 발전은 인간 이성의 발전을 증명해주는 것이 아닌가? 사실이
다. 과학은 발전했다. 그리고 과학문명의 발전에 힘입어 인간이 자연을 다스
리고 주인 노릇을 한 것도 사실이다. 생물학적으로도 그 개체 수에 있어 지
구상에서 가히 인간의 전성기를 맞이하고 있는 것도 사실이다. 하지만 간단
하게 물어보자. 인간의 행동과 도덕, 윤리에서도 인간이 과연 진보를 이룩한
것이 사실일까? 과학 문명이 발전한 만큼 현대 사회는 성숙한 사회가 된 것
이고 현대인은 훌륭한 사람이 된 것일까? 과학 문명의 발전과 함께 인간도
진화를 이룩했고 성숙을 했으며 인간 사회도 발전을 한 것이라면 현대인은
우리의 조상들보다 모든 면에서 훌륭한 사람이어야 하고 현대 사회는 고대
사회보다 윤리적이고 모범적이어야 한다. 하지만 21세기를 살고 있는 내가
저 옛날에 살았던 공자님보다 훌륭한 사람이라는 생각은 아무래도 할 수가
없다. 자동차 운전이나 컴퓨터를 다루는 능력에서는 공자님이 도저히 나를
따라올 수 없겠지만 그 어떤 면에서도 나는 공자님보다 성숙하지 못한 존재
이다. 또한 이른바 신대륙의 아메리카 인디언은 이미 존경할 만한 수준의 인
간 행동의 전범을 보여주었다는 것을 이제는 대부분 인정한다. 그들이 운영
하던 사회적 행동 규범이 미국 헌법에 지대한 영향을 주었다는 것도 이제는
정설이 되었다. 우리가 서부 영화를 통해 야만인으로 보는 데 아주 익숙해
있는 그들의 사회 규범이 인간 행동의 하나의 전범이 될 수 있었다는 것은
우리가 익숙해 있는 진보의 신화를 뒤집기에 충분한 예가 될 수 있다.

> **인종의 차이는 생물학적인 종의 차이가 아니라 단지
> 문화의 차이를 말할 뿐이다. 문화의 차이란 무엇을 말
> 하는가? 나는 그것을 바로 상상력의 차이라고 말하고
> 싶은 것이다.**

　문화 상대주의로 유명한 인류학자 레비스트로스는 노예 제도라는 야만적

제도는 이른바 위대한 문명의 탄생과 함께 시작되었다고 역설적으로 말하기도 한다. 그러니 지구상에 존재했고 존재하는 위대한 문명은 과연 야만으로부터의 탈출이라는 극적인 드라마와 함께 탄생한 것인가, 인간이라는 종족은 그러한 진화와 진보의 드라마와 함께 지상에서 삶을 영위해 나간 것인가, 라고 묻게 된다. 그 물음에 대해 가장 자신 있게 아니라고 대답하는 사람들이 바로 첨단의 고대생물학자들이다. 인간의 문화가 꽃피면서 인간이 자연을 다스렸으니 크로마뇽인 이래로 인간 자신도 진화를 거듭해온 것이 아닌가, 라는 질문에 그들은 단호하게 '아니오'라고 답한다. 인류에게 진화는 거의 없었으며 호모사피엔스로서 오늘날의 우리가 지니고 있는 생물학적 특성을 우리의 조상들도 그대로 가지고 있었다는 것이다. 진화가 있었더라도 눈에 뜨일락말락할 정도라는 것이다. 즉 뼈대와 근육이 조금 가늘어졌고 이가 작아졌으며 수도 줄었다는 것, 엄마와 아이 사이가 가까워졌고 가정교육 기간이 늘었다는 것이 차이라면 차이일 뿐이라는 것이다. 하지만 그 변화도 환경에 적응하기 위한 변화일 뿐 엄밀한 의미에서 진화라고 보기는 어렵다는 것이다. 물론 생물계에 진화가 있었던 것은 사실이다. 하지만 그러한 진화는 우리가 지금 생각하는 인종 내에서 이루어진 것이 아니다. 그것은 더 기나긴 기간, 그러니까 우주의 생성과 지구의 생성, 지구상에서의 생물의 출현이라는 엄청나게 긴 기간 내에서 이루어진 것이다. 예를 들어 새벽 0시에 지구가 생성되었다고 치자. 지구상에 생명이 나타난 것은 새벽 5시이고 하루 종일 진화했다. 저녁 8시 쯤 되어서 최초의 연체동물이 나타났으며 밤 11시에 공룡인 디노사우루스가 나타나서 11시 40분에 사라졌다. 우리 선조가 출현한 것은 자정 5분전이고 두뇌가 커지는 데 걸린 시간은 1분이며 산업 혁명이 시작된 것은 5초 전부터이다. 진화는 그 기나긴 기간에 이루어진 것인데 우리는 5분 안에, 심지어는 몇 초간에 엄청난 진화와 진보를 이룩한 것으로 착각하고 사는 존재라는 것을 고대생물학자들은 일깨워준다.

거기에 덧붙여 그들은 아주 중요한 지적을 한다. 인간은 모두 한 종(種)이라는 것이며 그런 의미에서 생물학적으로 인종의 개념은 하나도 중요하지 않다는 것이다. 인간이 다양화된 것은 사실이지만 식물학이나 동물학적인 관점에서 인종의 개념은 종의 개념보다도 하위 개념이다. 주지하다시피 종의 개념은 계, 문, 강, 목, 과, 속, 종으로 이루어진 생물의 분류 단계에서 최하위 단계에 속한다. 종보다 하위의 분류 단위는 없다. 인종이라는 개념은 생물학적으로 볼 때 그 의미가 없는 분류일 뿐이다. 인간은 인종의 차이를 넘어 모두 호모 사피엔스라는 것이다. 섞임과 나누어짐은 세포, 조직, 분자의 차원에서 이루어지는 일일 뿐 인종이라는 것은 존재하지도 않는다고 그들은 말한다. 그러니 인간은 시간과 공간을 뛰어 넘어서 모두 하나일 수밖에 없다. 그렇게 보면 인간의 경우 인종의 개념이 너무 남용되고 있다. 인종의 차이는 생물학적인 종의 차이가 아니라 단지 문화의 차이를 말할 뿐이다. 문화의 차이란 무엇을 말하는가? 나는 그것을 바로 상상력의 차이라고 말하고 싶은 것이다.

생물학자들은 인간이 생물학적으로 공통되는 특질로 서로 맺어져 있다고 말하고 있다. 그런데 다른 한편으로 보면 인간의 존재 조건 자체가 인간을 이미 타인과 연대를 맺을 수밖에 없게끔 만든다. 인간은 최소한의 생존조건도 만족시키지 못할 정도의 미성숙의 상태로 세상에 태어난다. 생존의 차원에서 보자면 인간은 가장 열등한 상태에서 지구상에 태어나며 타인의 도움이 없으면 살아남을 수 없는 존재이다. 그래서 인간은 이미 인간을 둘러싸고 있는 환경과 유리될 수 없는 존재이다. 인간은 그 생존 조건 자체가 이미 타인과 연대하에 삶을 유지하게 되어 있다. 인간이 사회적 동물인 것은 현실적 필요성에 의해서가 아니다. 아예 생존 조건 자체가 사회를 이루어 살게 되어 있는 것이다. 인간은 이성을 지니고 발전을 이룩해온 오만한 존재라기보다는 타인의 도움이 없이는 살아가기조차 힘든 나약하기 그지없는 존재이다.

그 나약함이 인간이라는 존재를 타인과 필연적으로 맺어준다. 그리고 뒤에서 자세히 말하겠지만 사람이라는 주체가 환경(그 환경 속에는 자연환경뿐만이 아니라 인간이 이룩한 문화, 사회가 모두 포함되는 것은 물론이다)과 만나면서 발생하는 것이 바로 상상력이다.

이쯤 되면 인간이 조금도 진보해오지 않았다는 선언은 인간과 사회에 대한 새로운 윤리의 선언과 자연스레 이어진다. 단도직입적으로 말하자. 인간과 동물이 다른 것은 인간만이 이성을 지닌 존재라서가 아니다. 인간이 동물과 다른 것은 인간이 상상력을 지니고 있기 때문이다. 인간은 그 상상력으로 인간의 운명을 변화시킨다. 인간과 동물에 차이가 있다면 인간이 유일하게 죽음을 의식한다는 것이며, 바로 거기에서 감동과 감정의 드라마가 발생한다. 우리 각각은 각자 자신이 독특한 존재라는 것을 의식하면서 동시에 한 존재가 사라지는 것은 되돌이킬 수 없는 드라마라는 것이라는 것에 대해 성찰한다. 그러한 성찰은 결코 인간에게 오만함을 가져다주지 않는다. 오히려 인간이 얼마나 약하디 약한 존재인가를 자각하게 한다.

실제로 인간은 정말 약하디 약한 존재이다. 인간은 자유를 부르짖지만 사실 그 자유는 얼마나 엄격하게 제한되어 있는가? 어린아이가 사회로부터 격리되면 그는 아무 것도 갖추지 못한 존재가 된다. 걸을 수도 없고 먹을 수도 없으며 아무 것도 혼자 배우지 못한다. 인간의 그 원초적 미숙성은 인간이 아무리 진화를 거듭해 왔다고 믿더라도 하나도 개선되지 않은 약점이다. 오히려 인간이 지구상에 출현한 이래 인간의 가정 교육기간이 더 길어졌다고 생물학자들은 말하고 있지 않은가? 인간은 더 나약해졌다고 그들은 말하고 있지 않은가? 따라서 인간의 문화가 드러내고 있는 차이 너머, 혹은 그 근원에서 인간의 공통 토대를 바라보는 상상력의 인간학은 인간 사이의 연대감을 중시하는 인간학이고 자연과 우주 앞에서의 인간의 오만함을 경계하는 인간학이다. 바로 그 점에서 상상력은 새롭다. 우리에게 새롭게 세상을 보도록 요구하기 때문이다. 그렇게 한 번 새롭게 세상을 보기 시작하면 모든 것이 바뀐다. 내가 바뀌면 모든 것이 바뀌는 것, 거기에 상상력의 요술이 존재한다. 내가 30년 가까이 상상력과 씨름하면서 배운 것은 그런 것들이다. 그 배움의 과정은 나도 지니고 있던 보편적인 편견이 깨지는 과정이었음은 물론이다. 어떤 편견이 깨지고 어떤 새로운 눈이 생겼는가? 그래서 세상은 어떻게 변했는가? 좀 더듬어 가보도록 하자.

2. 뒤랑을 만나서 매혹당하기까지

다원성과 주관성과 보편성에 대해 배운 세월

나는 상상력 공부를 질베르 뒤랑이라는 프랑스의 인류학자를 통해서 했다. 그러니 상상력에 대한 이 책의 내용은 뒤랑의 사유를 알기 쉽게 정리한 것이라고 보면 된다. 내가 뒤랑을 만나서 상상력을 공부할 수 있게 된 것은 순전히 대학 은사이신 유평근 선생님 덕분이다. 군 제대 후 복학하여 학교를 다니고 있을 때 나는 유평근 선생님을 만났다. 유평근 선생님은 프랑스에서 보들레르 연구로 학위를 받고 귀국하셔서 강의를 하고 계셨다. 그리고 유 선생님 프랑스 유학 당시 유 선생님의 지도 교수가 바로 질베르 뒤랑이었다. 질베르 뒤랑의 『신화의 형상들과 작품의 얼굴들』이라는 책에 유평근 선생님의 이름이 나온다. '앞으로의 내용은 내 젊은 동료인 유평근 씨의 글을 요약한 것이다.'라는 말과 함께 10여 쪽에 걸쳐 선생님의 논문이 요약 소개되어 있다. 선생님은 뒤랑의 수제자이셨던 것이다.

대학원에 진학하고 두 학기가 지났을 무렵 유 선생님이 댁으로 나를 부르셨다. 술타령만 하는 게으른 나에 대한 질책과 함께 선생님은 이런 말씀을 하신 것 같다. '크게 보아 학문의 방향은 셋으로 나누어질 수 있을 것이다. 사회학과 기호학과 상징학이 그것이다.'

나는 불문학을 전공하고 있었고 선생님도 불문과 선생님이신데 사회학, 기호학, 상징학이라니? 불문학과 제자의 게으름을 나무라면서 공부의 방향을 가리켜 주시려면 불문학 내의 문예 사조나 작가들을 소개해주면서 그 중 하나를 택하도록 하는 것이 일반적이지 않은가?

하지만 선생님은 불문학 내의 한 사조나 작가 연구를 권하신 것이 아니라 문학 연구 방법론의 큰 줄기들을 말씀하시고 계신 것이었다. 선생님은 아마 이렇게 덧붙이셨을 것이다.

'사회학을 전공하게 되면 공부하는 것이 그다지 어렵지 않을 것이며 당장 적용할 곳도 많을 것이다. 기호학은 아직 낯설긴 하지만 시일이 좀 지나면 상당히 각광을 받을 수 있을 것이다. 하지만 상징학은 공부하는 데 시간이 아주 오래 걸릴 것이며 당장 써먹기도 힘들 거라 별로 권하고 싶지 않다.'

선생님의 그 말씀은 진실이면서 반어법이었다. 상징학에 대한 공부가 오래 걸린다는 말씀은 진실이었지만 권하고 싶지 않다는 말씀은 반어법이었다. 그런 방식으로 선생님은 내게 상징학에 입문할 것을 권하신 것이다. 내가 즉각적으로 '상징학을 해보겠습니다.'라고 말씀드렸음은 물론이다. 그러자 선생님은 '공부하기는 어렵지만 일단 터득을 하게 되면 무궁무진하게 활용이 가능할 거야.'라는 말을 덧붙이셨다. 말이 나온 김에 하나 더 덧붙이자. 그런 식으로 상징과 상상력에 대한 공부의 길로 접어든 지 아주 오래 지난 후(약 20년 후)에 나는 선생님께, 왜 나를 점찍어 상징학을 권하셨냐고, 감히, 물은 적이 있다. 선생님은 이렇게 답하셨다.

'네가 정이 많아 보이더라.'

제자에게 학문의 길을 권하게 된 동기를 묻는 질문에 대한 답들 중에서 아마 가장 엉뚱한 답들 중의 하나일 것이다. 학문을 하기에 필수조건이라 할 영민함이 내게 부족했던 것을 에둘러 표현하신 것인지도 모른다. 하지만 그 엉뚱한 대답 속에는 내가 공부해온 상징학의 기본적인 성격의 일부가 들어 있음도 어느 정도 사실이고 선생님의 그 말씀을 듣고 좀 흐뭇했던 것도 사실이긴 하지만…….

나는 내가 뒤랑을 공부하게 된 계기를 이렇게 신변 이야기 비슷하게 시작한다. 물론 그 신변 일화 속에 상상력을 위주로 한 상징학의 본령들이 어느 정도 녹아 있기 때문이기도 하다. 어쨌든 나는 그렇게 뒤랑을 알게 되었고 상징학에 입문해서 상상력을 공부하게 되었다. 그리고 곧 그에 빠져들게 되었다.

뒤랑의 책을 읽으면서 내가 가장 신이 났던 것은 그 책의 내용 전체가 서구의 인식론의 뿌리 자체를 근본적으로 비판하고 있었기 때문이다. 그것이 왜 그렇게 매혹적이었을까?

내가 유 선생님의 권유를 받아들이자 선생님은 내게 뒤랑의 『상상계의 인류학적 구조들』이라는 책을 보여주셨다. 당신이 여섯 번 정도 읽고서야 겨우 이해할 수 있었다는 말씀을 덧붙이면서……. 그때부터 나는 약간의 두려움을 가지고, 그러나 하룻강아지 범 무서운 줄 모르는 것처럼 겁 없이 그 책과의 씨름에 들어갔다. 그 책을 읽으면서 무엇보다 저자의 기본 정신, 그 책을 관통하고 있는 근본 원리를 이해하려고 노력하라는, 유 선생님이 덧붙이신 말씀을 명심하면서…….

『상상계의 인류학적 구조들』을 읽어 가면서 느꼈던 기분을 어떻게 표현해야 할까? 말 그대로 오리무중을 헤매는 기분이었다. 그때 읽었던 두툼한 복사본, 양면 복사가 안 되던 시절이어서 두께가 원본의 두 배가 넘는 그 복사본을 지금도 나는 가지고 있다. 너무 두꺼워서 나는 그것을 여러 권으로 분철을 했었다. 책의 여백에 빼곡하게 적혀 있는 그 많은 나의 단상과 질문들을 가끔 들여다보며 나는 당시의 내 모습과 생각을 떠올려 보기도 한다. 아마 나는 그 책을 읽으면서 세상을 이렇게 볼 수도 있겠구나, 내가 당연하다고 여기고 있던 것이 실은 자그마한 편견에 불과한 것이구나, 이런 생각들에 사로잡혔을 것이다. 그건 마치 밀물 같은 것이기도 했다. 그 책의 내용은 내 생각의 어느 한 부분을 교정해주거나 새로운 지식을 주는 것이 아니었다. 그 책의 내용은 거대한 밀물처럼 내게 밀려와서 세상을 바라보는 눈 자체를 바꾸거나 뒤집기를 강요하고 있었던 것이다.

지금 생각해도 다행이었던 것은 그 당시 내 머리에 별로 든 것이 없었다는 사실이다. 내가 모범생으로 공부를 열심히 한 학생이었다면, 그래서 내 머리가 그 어떤 지식으로 채워져 있었다면 그 책이 전하는 내용에 대한 나의 내부의 저항이 꽤 컸을지도 모른다. 혹은 그 책의 내용에 대한 오해나 자의적 해석의 여지가 더 많았을 것이다. 하지만 다행스럽게도 나는 거의 텅 빈 상태에서 그 책을 접했다. 그래서 책의 내용은 내게 저항을 불러일으키기보다는 나를 매혹했다. 나는 그 책을 읽으며 다원성의 의미를 이해했고 주관성의 깊이와 넓이를 알게 되었으며 그 무엇보다 한 사람의 공부의 내용이 그 사람의 세계관, 인격의 형성 같은 것들에도 큰 영향을 미칠 수 있다는 것도 알게 되었다.

하지만 그런 것들은 내가 그 책을 읽으면서, 그리고 뒤랑에 대한 공부를 계속하면서 얻은 결과물 같은 것이라고 말하는 편이 옳을 것이다. 그런 것들이 『상상계의 인류학적 구조들』을 읽는 동안 나를 일차적으로 매혹했던 것은 아닐 것이다.

20대 후반의 젊은이인 내게 뒤랑의 그 방대하면서 깊이 있고 섬세한 세계관 전체가 나를 매혹시켰다고 말한다면 그것은 분명 거짓말이다. 사실상 그런 면으로 본다면 그 책은 두려움과 경외의 대상이었지 매혹의 대상은 분명히 아니었다. 그러나 나는 분명 그 책의 어느 부분에 매혹 당했었다.

뒤랑의 책을 읽으면서 내가 가장 신이 났던 것은 그 책의 내용 전체가 서구의 인식론의 뿌리 자체를 근본적으로 비판하고 있었기 때문이다. 그것이 왜 그렇게 매혹적이었을까?

우리가 당시 귀에 못이 박히게 들었던 표현들 중의 하나가 '조국 근대화'라는 슬로건이었을 것이다. 경제 성장을 목표로 한 그 구호는 정치·경제의 차원에서 뿐만이 아니라 우리의 인식 전체를 광범위하게 지배하고 있던 일종의 절대적 가치관이며 강박관념 비슷한 것이었다. 서구의 문화는 우리가 따라야 할 절대적 모델이었으며 모든 면에서 선진적인 것이었다. 문화상대주의에 대한 인식이 어느 정도 보편화된 지금도 선진국, 선진 사회라는 표현이 아무 거리낌 없이 사용되는 것을 보면 그 영향력은 깊고도 길다.

서구 문화가 우리가 추구해야 할 절대적 모델로 제기되면서 우리의 문화는 완전한 부정의 대상이 된다. '엽전은 틀렸어'라는 자조적인 말도 쉽게 우리의 입에서 나왔으며 우리의 전통문화나 전통적 인식은 모두 낡은 것으로 간주하는 것이 일반적인 경향이었다. 우리 자신은 철저한 교정의 대상이었고 학문에 있어서도 사정은 마찬가지였다.

그런 상황에서, 좀 과장되게 표현하면 외국 문학이나 학문을 전공하는 학자들은 학문의 수입 오퍼상이었다고 말할 수도 있을 것이다. 프랑스 문학의 경우 프랑스에서 가장 각광받고 있는 사람의 이론을 가장 먼저 공부하고 소개하는 사람이 우리나라의 프랑스 문학계뿐만이 아니라 지식인 사회에서 대가로 인정되는 것이 보편적인 현상이었다. 나는 그 현상 자체를 부정하거나 개탄하기 위해 이 이야기를 꺼내는 것이 아니다. 외국 문학이나 문화를 그런 입장에서 우리에게 소개한 선배 학자들이 우리 사회에 끼친 공헌은 여기서 일일이 열거할 필요도 없을 정도로 지대하다.

하지만 그러한 보편적인 현상이 오래 지속되면서 슬그머니 '그럼 우리는 뭐야?'라는 당연한 질문이 형성되기 시작했다는 것을 지적하고 싶을 뿐이다. 서구의 문화와 이론을 접하되 그것을 우리가 추구해야 할 절대적인 모델로 간주하기보다는 객관적 혹은 비판적 성찰의 대상으로 볼 수는 없는 것인가, 라는 의문을 통해 우리의 구겨진 자존심이 은근히 고개를 들었다고 보면 된다.

> **뒤랑의 사유가 나를 매혹했던 가장 큰 이유는 그가 프랑스인, 혹은 서구인의 입장에서 서구인을 비판한 것이 아니라 한 발짝 비켜난 서구인으로서, 서구인을 인간이라는 보다 보편적이고 큰 틀 속에 포함시켜서 성찰했기 때문이다.**

나는 당시의 우리 세대는, 아직은 미숙한 가운데, 그러한 질문이 자생적으로 형성되어 고개를 들기 시작한 세대가 아닌가, 라는 생각을 하곤 한다. 물론 당시 우리에게 소개된 서구의 이론들이 모두 서구 문화 선전의 선봉에 있는 것들만은 아니었다. 오히려 우리가 수입한 많은 이론들은 서구 문화 자체에 대해 반성적이고 비판적인 태도를 취하고 있었다고 보는 것이 옳다. 하지만 그런 반성과 비판을 낳은 근본 인식은? 아쉽게도 여전히 서구적인 것이었다. 그 비판들은 여전히 그들 입장에서의 비판이었을 뿐이었다. 더욱이 그 이론들은 서구 문화에 대해 비판적인 태도를 갖되 그 비판이 절대적이고 보편적이 되기를 원하고 있었다. 즉 그 이론들의 서구 문화에 대한 비판은 곧 인간 전체에 대한 비판과 반성의 의미를 지니는 것으로 우리에게 다가왔다. 그들의 비판과 반성은 서구 문화에 대한 비판과 반성이고 그에 대한 답을 구하려는 노력이면서 어느 문화에나 적용될 수 있는 또 하나의 만병통치약이 되어 우리에게 제공되었던 것이다. 그 이론을 만든 당사자도, 그 이론을 수입하는 우리도 빠져나오지 못한 함정은 서구 문화, 서구가 걸어온 역사가 보편적이라는 함정이다.

그런 이론들은 한편으로는 우리를 만족시켜주는 듯하면서도 '그러면 우리는 뭐야?'라는 질문, 그 질문에 답하고 싶은 욕구를 시원하게 채워주지 못한다. 서구의 문화와 역사와 인식을 지구상에 존재하는 다양한 문화와 역사와 인식들 중의 하나로서 객관화시키지 않은 가운데 나온 답은 우리의 인식과 역사를 객관화시키는 데 기여할 수 없다. 더 안타까운 것은 그러한 답을 진리로 받아들이면 우리의 인식과 역사는 어쩔 수 없이 서구의 인식과 역사의 한 부분으로 편입될 수밖에 없다는 점이다. 서구인을 비판하면서 우리는 서구인이 되어가는 것이다.

뒤랑의 『상상계의 인류학적 구조들』을 읽으면서 나는 나의 내부의 그러한 갈증을 시원하게 채울 수 있었다고 감히 말하고 싶다. 뒤랑의 『상상계의 인류학적 구조들』에서 서구의 문화는 절대로 보편적인 문화가 될 수 없었으며, 지구상의 다양한 문화들 중의 하나로서만 존재하고 있었다. 그 책 속에서 인간의 역사는 단 하나의 보편적이고 객관적인 길을 걸어온 것이 아니라 나름대로 각기 다른 길을 걸어온 것이었다. 인간의 영혼은 하나만 존재하는 것이 아니라 알록달록한 것이었다. 인간 존재 자체가 이미 다원적이었다. 그리고 역동적이었다.

뒤랑의 사유가 나를 매혹했던 가장 큰 이유는 그가 프랑스인, 혹은 서구인의 입장에서 서구인을 비판한 것이 아니라 한 발짝 비켜난 서구인으로서, 서구인을 인간이라는 보다 보편적이고 큰 틀 속에 포함시켜서 성찰했기 때문이다. 그의 섬세하면서 방대한 인간학을 통해 나는 객관적인 것과 주관적인 것의 의미를 다시 생각할 수 있게 되었으며 보편적인 것이 무엇인가를 새롭게 성찰할 수 있게 되었다. 인간이 지니고 있는 공통 토대에 대한 인식을 할 수 있게 되었으며 자신을 객관화하려는 노력의 중요성을 알게 되었다. 그 모든 것의 중심에 상상력이 있었다.

3. 위대한 종합정신

'전 인간의 정신에는 상상적 기능이라는 내재적 영역이 존재하며, 꿈의 힘, 상징의 힘, 이미지가 갖는 모태로서의 기능이 일종의 초월적 환상을 이루고 있어 우리는 그러한 것들이 없이는 결코 존재할 수 없다는 사실을 보여주려 한 뒤랑의 가르침을 받아들일 준비가 되어 있었다.'

뒤랑의 사유가 얼마나 전복적이면서도 섬세하고, 섬세하면서도 종합적인 큰 틀을 이루고 있는가는 『상상계의 인류학적 구조들』이라는 그의 책 제목을 유심히 살펴보는 것만으로도 어느 정도 짐작할 수 있다. 얼핏 보기에 『상상계의 인류학적 구조들』이라는 제목은 모순처럼 보인다. 우리는 구조라는 개념을 일정한 틀이 존재한다는 것을 전제로 하여 사용한다. 한편 상상력은 자유로움을 그 속성으로 하고 있다. 따라서 '상상력의 세계'를 의미하는 '상상계'라는 단어는 당연히 구조라는 개념과는 상충하는 것처럼 보인다. 그런데 뒤랑은 그 두 단어를 결합시키고 있다. 그 자세한 내용은 뒤에 살펴보기로 하고, 여기서는, 모순되는 듯이 보이는 그 두 단어를 결합시킨 뒤랑의 사유가 프랑스의 이른바 공식적인 인식에 얼마나 큰 충격을 주었는지, 막다른 골목에 다다른 서구 인식에 숨통이 되었는지를 심리학자인 동시에 철학자인 어느 프랑스 지식인의 아래와 같은 고백에서 확인해보는 것으로 충분하다.

내가 질베르 뒤랑인가 하는 생면부지의 학자가 쓴 『상상계의 인류학적 구조들』이라는 거대한 책, 책이라기보다는 광활한 길이라고 해야 마땅할 그 책과 우연히 맞닥뜨리게 된 것은 내 오랜 연구들을 끝낸 지 얼마 되지 않아서였다. (……) 사실 나는 꽤나 엄격한 실증주의라는 규범에 의해 교육받고 훈련받은 탓에 반쯤은(완전히는 아니더라도) 숨이 막힌 상태에 있었고 실증주의는 대학이라는 괴물이 지키고 있는 제한된 영토 안에서만 인정받는 단 하나의 이성에 기대고 있었다. (……)

뒤랑 덕분에 얼마나 많은 사람들이 마음 놓고 숨을 쉴 수 있게 되었고, 자신의 이단적인 생각에 대해 더 이상 부끄러움을 갖지 않게 되었던가.

그렇다. 내 고백하지만, 그것은 순전히 뒤랑 덕분이며, 뒤랑이 우리를 얽어매고 있던 끈을 끊어놓은 덕분이다. 즉, 내가 훗날 다시 실증주의를 검토해보면서 우리의 그 심각한 스승들이 우리에게 감추어 놓았던 것을 발견하게 된 것은. 그 발견은 실증주의가 내세운 이성을 그들만의 것으로 폐기시키게 한 것이 아니라, 실증주의를 마치 연금술사들이 말했던 것처럼 그 근원적인 욕조에 다시 담가, 역사상, 문화상 전개된 여러 이성들 중의 하나로 상대화시킬 수 있게 했다. (……)

다시 반복하지만 나는 그 모든 것을 뒤랑의 첫 저서 초판본에 빚지고 있다. 온갖 빗장들을 건너뛸 수 있었던 것, 창문을 열어 드넓은 대지의 신선한 공기를 맞아들일 수 있었던 것, 지도 위에 그저 흰색으로만 표시되어 있던 미지의 대륙을 발견하게 된 것은……

그러나 사실이지 질베르 뒤랑은 그 첫번째 섬광을 보내는 것에 그치지 않았다. 인간 상상계의 온갖 인류학적 영역을 탐사하기 위한 체계적이고 규칙적인 시도를 통해 그는 자신의 작업 분야를 쉬지 않고 확장해 나갔으며 지식의 모든 영역들을 하나하나 검토해 도로 표지판을 세웠고, 도처에서 상징계의 밑그림, 신화의 물줄기, 상상력의 배수구들을 추적했다. (……)

참으로 방대한 탐사이며, 끝도 보이지 않는 작업이었으니, 그는 애초에 품었던 계획을 이루기 위해 온갖 분야의 사람들을 끌어들여야 했다. 그리하여 차츰차츰 그는 하나의 거봉이 되었으니, 단지 한 학파의 거봉이 아니라 그 전에는 서로서로 분리되어 있던 온갖 분야의 연구자들, 표면상으로는 이질적으로 보이는 온갖 관심 분야들, 완벽하게 칸막이가 쳐져 있다고 여겨져 왔던 온갖 지식의 영역들이 합류하는 거대한 흐름 속에 우뚝 선 봉우리가 되었다. (미셸 카즈나브, 뒤랑의 『신화비평과 신화분석(Introduction à la Mythologie)』서문)

위의 인용문에서 카즈나브는 자신을 실증주의(positivisme)라는 규범에 어느 정도 숨이 막힌 상태에 있었다고 고백한다. 숨이 막힌 상태에 있었다는 것은 새로운 숨구멍을 찾는 상태에 있었다는 뜻도 된다. 위의 인용문에는 빠져 있지만 카즈나브는 '전 인간의 정신에는 상상적 기능이라는 내재적 영역이 존재하며, 꿈의 힘, 상징의 힘, 이미지가 갖는 모태로서의 기능이 일종의 초월적 환상을 이루고 있어 우리는 그러한 것들이 없이는 결코 존재할 수 없다는 사실을 보여주려 한 뒤랑의 가르침을 받아들일 준비가 되어 있었다.'라고 말하면서 '그를 맞아들인 것, 그것은 한 인간이 경험하게 된 장엄한 자유화의 과정이었으니, 사고의 자유화, 비평과 검토 기능의 자유화 바로 그것이었다.'라고 덧붙인다. 뒤랑의 사유는 생면부지의 카즈나브, 그러나 뒤랑의 사유를 받아들일 준비가 되어 있는 카즈나브에게 숨통을 터주는 역할을 한 것이며, 그것을 조금 확대 해석한다면 막다른 골목에서 새로운 출구를 모색하는 서구의 인식 전체에 숨통을 터주었다는 의미로도 읽을 수 있다.

하지만 카즈나브의 위 인용문을 읽고 우리는 곧 의문에 빠질 수도 있을 것이다. 뒤랑이 숨통을 터준 것은 실증주의의 규범에 숨 막혀 있던 한 개인이 아니던가? 실증주의의 규범에 숨 막혀 있던 한 개인에게 '미지의 대륙'을 보여준 것이 과연 새롭고 방대한 인간 이해의 길을 열어 준 것이라고 말할 수 있는가? 실증주의는 서구 사상사를 수없이 물들이고 있는 다양한 인식들 중의 하나에 불과한 것이 아닌가? 더욱이 철학, 역사학, 사회학, 문학 등 학문의 제 분야에서 실증주의에 대한 반격은 이미 충분히 존재해 왔으며 실증주의는 이미 기진맥진해 있던 것이 아닌가? 뒤랑은 기진맥진해 있는 실증주의에 남들과 함께 일격을 가한 것에 불과하지 않은가? 더욱이 실증주의는 이미 용도 폐기된 사상이 아닌가?

실증주의란? 한마디로 말한다면 확실한 지식에 도달하는 유일한 수단으로서 오직 과학적 방법만을 신뢰하는 철학체계. 자연과학의 발전에 굴복한 인간학.

실증주의가 무엇이기에 카즈나브는 '실증주의라는 규범에 의해 교육받고 훈련받은 탓에 반쯤은(완전히는 아니더라도) 숨이 막힌 상태에 있었다.'라고 쓴 것일까? 실증주의가 무엇이기에 실증주의를 '역사상, 문화상 전개된 여러 이성들 중의 하나로 상대화시킬 수 있게' 해준 뒤랑이 그를 마음 놓고 숨을 쉴 수 있게 해준 것일까?

　실증주의란 좁은 의미로는 프랑스의 19세기 철학자인 오귀스트 콩트가 주창한 철학의 한 조류이다. 실증주의는 모든 철학적이고 과학적인 활동은 경험에 의해 검증된 구체적 현상을 분석함으로써만 그 효력이 발생한다고 주장한다. 즉 이 세계에 주어진 현상들은 그 자체로는 아무 의미도 없으며 그 현상들 간에 존재하는 법칙과 관계가 밝혀져야만 그 의미와 실재가 드러난다고 주장하는 것이다. 그리고 그 법칙과 관계를 밝혀줄 수 있는 것이 과학적 사고이다. 사실상 실증주의는 과학의 발전과 과학의 발전이 이룩한 온갖 방법론들이 철학에 영향을 주어 탄생시킨 사상이다. 한마디로 말한다면 확실한 지식에 도달하는 유일한 수단으로서 오직 과학적 방법만을 신뢰하는 철학체계인 것이다. 그러한 실증주의 철학이 프랑스에서 얼마나 위력을 떨쳤는가는 아직까지 파리의 소르본 광장에 콩트의 조상(彫像)이 자리 잡고 있다는 사실을 보아도 충분히 알 수 있다.

　오귀스트 콩트는 과학의 발전에까지 이른 인간의 인식의 발전 단계를 진화의 개념을 빌려와 설명한다. 인간의 인식은 신학적 단계로부터 형이상학의 단계를 거쳐 실증주의의 승리의 단계로 진화해 왔다는 것이다. 신학적 단계란 아직 인간의 이성이 깨이지 못한 단계로서 이 세상 돌아가는 원리를 신비한 힘에서 찾는 단계이다. 그 단계에서는 신비주의적 사고가 인간을 지배한다. 형이상학의 단계란 인간의 이성이 눈을 떠 이제까지 절대적 진리라고 생각했던 모든 것들에 대해 의심을 품는 단계이다. 그 단계에서는 추상적 관념이 지배하게 된다. 실증주의의 단계란 인간의 이성이 활짝 꽃피어나 이르러 마침내 인간이 범하고 있던 이 모든 오류와 불완전을 극복할 수 있게 된 단계를 말한다. 그리고 인간은 진정한 과학적 정신을 획득하게 된다.

　19세기의 서구인들이 과학의 발전에 얼마나 열광했을지는 지금도 충분히 짐작할 수 있다. 생물학과 의학 등 자연과학이 눈부시게 발전하면서 신비스럽게만 여겨졌던 생명체의 구조와 비밀이 밝혀지는가 하면 이전에는 천벌로만 알았던 질병을 고칠 수 있게 되었을 때, 꿈으로만 알았던 하늘을 나는 일이 실제로 가능해졌을 때, 그 모든 일이 옆에서 현실로 실현될 때 과학의 힘으로 해결 못할 일은 이 세상에 하나도 없다는 생각에 열광하는 것은 당연한 것이 아니겠는가? 그리고 인간의 과학의 힘으로 지상에 유토피아를 건설할 수 있다는 믿음도 생기는 것이 가능해지지 않겠는가? 19세기의 실증주의는 과학에 대한 그러한 열광과 함께 탄생한 것이다.

하지만 조금 시야를 넓혀서 바라보면 실증주의는 단순히 19세기의 철학이 아니다. 그리고 카즈나브가 사용하고 있는 실증주의라는 용어의 의미는 그러한 시대적 제한에서 벗어나며 그 뿌리가 깊다. 그리고 그 뿌리에서 우리는 합리주의를 만난다.

실증주의의 뿌리에는 합리주의가 있다

콩트가 말한 형이상학의 단계, 혹은 회의하는 이성의 단계에 속하는 사상이 바로 합리주의이다. '나는 생각한다, 고로 나는 존재한다.'라는 저 유명한 명제와 함께 데카르트가 주창한 합리주의는 콩트에 의하면 인간의 이성이 눈을 뜨고 이성에 의해 회의적인 시선으로 세상을 새롭게 바라보기 시작하면서 나온 인식이다. 콩트는 그러한 합리주의는 아직 추상적 관념만을 낳을 뿐이라고 말한다. 그에 의하면 합리주의가 이성에 눈을 뜨고 형이상학적 관념을 세우기 시작한 단계에서 나온 철학이라면 실증주의는 인간의 이성이 만개한 시기에 나온 인식론이며 철학이다. 얼핏 보기에 상당히 거리가 있어 보이지만 그 두 철학 사이에는 공통점이 더 많다.

간략히 정리한다면 이 세상에 유일한 객관적 진리가 존재한다는 것, 그 진리는 인간의 이성만이 밝혀낼 수 있다는 믿음을 두 사상은 공유하고 있다. 거기에 인간의 문화는 이성의 발달에 따라 발전해 왔다는 인식도 공유하고 있다. 단지 합리주의가 객관적 진리를 인간의 사유 내에서 찾았다면 실증주의는 외적인 현상에서 찾았다는 차이만이 있을 뿐이다. 그 차이는 합리주의와 경험주의의 차이이기도 하다. 내 생각의 순수성을 믿으면 합리주의가 되고 내가 실제로 보고 경험할 수 있는 것의 객관성을 믿으면 경험주의가 된다. 실증주의에는 경험주의에 실험과 분석 정신, 즉 과학정신이 덧붙여졌을 뿐이라고 보면 된다.

그렇게 조금 긴 안목에서 보면 실증주의는 이성에 대한 믿음을 공유하고 있다는 점에서 합리주의의 연장선상에 있으며 합리주의의 한 극단적 양상이기도 하다. 인간이 이성의 빛에 대한 믿음을 갖기 시작해서 그 빛을 찾아냈으며 이제 그 밝은 빛으로 이 세상을 모두 비출 수 있게 되었고 그 빛으로 지상에 유토피아를 건설할 수 있다는 믿음. 무슨 생각이든 극단에서는 신앙과 비슷해지는 것인가? 실증주의는 인간의 이성과 그 이성이 이룬 과학에 대한 신앙과도 같은 믿음이 낳은 사상이다. 그 신앙이 얼마나 깊어졌는가는 실증주의적 분석과 실험의 대상이 분석과 실험의 주체였던 인간 자체로까지 연장되었다는 사실을 보면 알 수 있다. 예를 들어 프랑스의 문호인 에밀 졸라의 '자연주의 문학론'은 인간의 개인적인 삶이나 사회적인 삶조차도 엄격히 자연과학적 법칙의 지배하에 놓여 있다는 생각에서 나온 문학 창작 방법론이다. 자연과 우주 전체를 물리적이고 합리적인 질서가 지배하는 거대한 기계로 간주한 끝에 인간이 이룩한 사회는 물론 인간 자체도 하나의 물리적인 법칙의 지배를 받는 하나의 기계로 간주하는 결과를 낳은 것이다.

그렇게 본다면 실증주의는 일시적인 사상이 아니라 그 뿌리가 아주 길고 깊다. 카즈나브는 자신이 개인적으로 실증주의라는 규범에 숨이 막혀 있었다고 말을 하고 있지만 사실은 5세기에 걸쳐 서구 인식의 주류를 이루어온 합리주의, 객관적 진리와 인간의 이성에 대한 굳건한 믿음을 가진 그 인식에 숨이 막히는 기분을 느꼈다고 보는 것이 타당하다. 뒤랑은 이성 중심의 합리주의에 일격을 가하면서 서구의 인식을 뒤집고 합리주의 자체를 상대화한

다. 그는 이성 대신에 상상력을 보편성의 자리에 앉힌다. 보편적인 것은 이
성이 아니라 상상력이다. 객관적인 것이 보편적이 아니라 주관적인 것이 보
편적이다.

**실증주의에서 절정을 이룬 합리주의적 인식은 이성,
혹은 합리성의 이름하에 주관적 감성, 동물성, 본능,
자연, 우연, 무질서 등등을 정복의 대상으로 보거나
배척의 대상으로 본다.**

뒤랑이 합리주의를 거부하는 것은 객관적이고 보편적인 진리에 대한 믿음
을 가진 서구의 합리주의가 역설적이게도 보편적이기는커녕 오히려 편협한
인식이며 인간에 대한 차등의식을 전제로 성립되기 때문이다. 합리주의는
인간의 이성의 이름으로 비합리적인 것을 모두 배격하며 객관적 진리의 이
름으로 주관적인 것은 모두 배제한다. 합리주의적 인식에 의하면 진리가 아
닌 것은 모두 사이비(似而非)일 뿐이다.

합리주의는 사이비를 진리로 착각하게 만드는 것, 진리를 추구한다고 하
면서 사이비로 빠져들게 만드는 방법 등을 모두 배척한다. 그 말은 객관적인
유일한 진리, 그에 도달할 수 있는 유일한 방법 이외의 것은 모두 그른 것으
로 배척한다는 것을 의미한다. 합리주의의 극단에서 실증주의가 나올 수 있
는 것은 그러한 배척의 논리에 의해 인간의 문화가 발전해 왔다는 믿음이 덧
붙여졌기 때문이다.

그렇다면 서구의 실증주의적 사유 속에 다음과 같은 생각이 숨어 있음을
우리는 쉽게 알 수 있을 것이다. '인간이 인간다운 것은 인간이 이성을 가지
고 있기 때문이다. 인간은 이성의 발달에 힘입어 동물적 야만 상태에서 벗어
났다. 서구 사회는 그 모범이 되는 사회이다. 서구 사회가 걸어온 길은 가장
보편적인 인간의 길이며 인간이 걸어가야 할 길이다.'

실증주의에서 절정을 이룬 합리주의적 인식은 이성, 혹은 합리성의 이름 하에 주관적 감성, 동물성, 본능, 자연, 우연, 무질서 등등을 정복의 대상으로 보거나 배척의 대상으로 본다. 그것들은 모두 이성의 활동을 방해하고 진리의 발견에 방해가 될 뿐이며 그런 의미에서 비인간적이기 때문이다. 따라서 서구적 합리성을 이룩하지 못한 문화는 비합리적이며 심한 경우 야만적이고 미개한 문화에 불과한 것이 된다. 그러한 문화 차등주의에 인류의 문화가 끊임없이 진보해 왔다는 진보주의 신화가 접속되면 문제는 더욱 심각해진다. 그로 인해 야만과 문명, 미개와 발전의 개념이 훨씬 정교하게 다듬어진다. 결국 합리주의는 인간의 이름으로 인간을 총체적으로 바라보기보다는 인간이 지닌 인식 기능에 차등을 부여하고 종국에는 인간의 문화에 대한 차등을 부여하기에 이른다. 이성이 깨이지 못한 개인은 비합리적인 인간이며 동물에 가까운 인간이고 합리적인 질서와 방법을 발견하지 못한 문화는 야만적이고 미개한 문화가 된다.

뒤랑이 서구의 합리주의적 세계관을 비판하는 것은 바로 그 자리에서이다. 뒤랑은 인간학이 진정으로 보편적인 인간학이 되려면 '인간에 관한 것이면 그 어느 것도 낯설지 않은 관점'을 단호하게 택해야만 한다고 말한다. 그는 인간학이 보편적인 인간학이 되려면 서구 합리주의의 이름하에 배척되었던 것들, 즉 인간성 내부의 주관성, 동물적 본능뿐만이 아니라 인간 사회에서 우리가 구체적으로 경험하는 우연, 무질서 등등을 모두 포괄하는 인간학이 되어야 한다고 말한다. 그리고 그 모든 것을 포괄하는 기능에 그는 상상력이라는 이름을 붙인다.

그가 보편적인 인류학을 세우겠다고 하면서 『상상계의 인류학적 구조들』이라는 제목의 책을 쓴 것은 서구에서 오랫동안 '인간 의식의 유년기' 혹은 '오류와 거짓의 원흉'으로 평가절하되어 왔던 상상력이 인간의 모든 활동 — 정신활동 뿐만이 아니라 실천적 활동 모두를 포괄해서 — 의 토대가 되고 있다고 보기 때문이다. 그는 지구상에 존재하는 온갖 문화들의 차이(차별이 아니다!)를 중시하면서 동시에 그 차이 너머에 존재하는, 공통 토대에 대하여 관심을 갖는다. 그리고 그 차이를 낳는 근본 동인에 대해 관심을 갖는다. 그런 의미에서 합리주의적 인식은 공통토대가 될 수 없다. 그는 이렇게 잘라 말한다. 지구상에 존재하는 문화들 중 서구의 합리주의와 과학이 존재하지 않는 문화는 있어도 시와 종교가 존재하지 않는 문화는 없다고. 인간에 대한 종합적인 관점은 특정한 문화 유형을 절대적 모델로 하여 설립될 수 없다. 인간 누구에게나 공통으로 들어있는 인간으로서의 특질을 중심으로 세운 인류학이라야 보편성을 획득할 수 있다. 그 특질은 고대인들에게도, 현대인들에게도, 서구인들에게도, 동양인들에게도, 신대륙의 원주민들에게도 공통적으로 들어 있다. 그것이 바로 상상력이며 그런 의미에서 인간 사회, 인간이 이룩한 문화는 거대한 상상계이다.

상상력을 근간으로 한 인간학은 객관적 진리에 대한 강박에서 벗어나 주관성에서 보편성을 찾는 인간학이고, 객관적 진리에 도달하는 유일한 방법만을 추구하는 것이 아니라 다양한 현상에 대한 다양한 방법들의 존재를 인정하는 인간학이다. 그 인간학은 인간이 절대적인 이성을 지닌 존재가 아니라 알록달록한 영혼을 가진 존재임을 인정하는 인간학이다. 유일한 객관적 인식이나 방법의 이름으로 다른 사유들을 사이비(似而非)라고 내모는 인간학이 아니라 그 모든 것들을 근사(近似)하다고 인정하는 인간학이다. 뒤랑의 인류학을 뒷받침하고 있는 정신은 뒤랑 자신의 표현대로 〈새로운 인류학 정신〉이다. 그러한 새로운 인류학 정신이 우리가 상식적으로 갖고 있는 생각들을 어떻게 바꾸어 놓는가를 간략히 살펴보자.

상상력에 입각한 뒤랑의 새로운 인류학 정신은 우선 **이성과 상상력의 관계를 뒤집는다.** 앞에서도 보았듯이 합리주의는 인간의 정체성을 인간이 이성을 가진 존재라는 점에서 찾는다. 바로 그러한 점에서 합리주의에 입각한 인간학은 오늘날 서구의 인간학에 국한된다기보다는 가장 보편적으로 널리 인정되고 있는 인간학이라고 볼 수도 있을 것이다. 우리는 누구나 인간은 이성을 지닌 존재이며 바로 그 점에서 인간이 동물과 구별된다는 생각에 익숙해 있다. 하지만 뒤랑의 '상상계의 인류학'은 인간의 정체성을 상상력에서 찾는다. 뒤랑의 '상상계의 인간학'에서 인간의 이성은 상상력의 한 부분으로 포섭이 된다. 상상계와 합리성은 대립되는 것이 아니라 합리적 개념화 작업, 추상적 성찰, 과학적 사고 등도 상상력 발현의 결과가 되는 것이다. 합리적 사유와 상상력은 대립되는 것이 아니라 어느 특정한 상상력이 특정한 합리적 사유를 낳는다. 즉 합리성은 넓은 의미의 상상계에 포괄된다.

뒤랑의 그런 사유의 연장선상에서 자연스레 도출되는 것이지만 합리성은 유일한 것이 아니라 다원적이다. 『상상계의 인류학적 구조들』이라는 제목에서 알 수 있듯이 인간의 상상계는 다원적이다. 그 각각의 상상계에 조응하는 각각의 논리와 합리성이 존재한다면 상상계가 복수(複數)인 만큼 자연스레 그에 대응하는 합리적 사유도 복수일 수밖에 없다. 뒤랑의 상상력의 은하계에서 서구가 유일한 보편성으로 내세웠던 '서구적 이성'은 그 절대성을 상실하고 여러 이성들 중의 하나가 될 수밖에 없는 것이다. 또한 이성은 그 자체 고유의 법칙을 갖는 자율적 기능으로 간주될 수 없다. 이성적 표현이란 정서적으로 혹은 상징적으로도 표현할 수 있는 것을 추상화하고 개념화하여 표현한 하나의 표현 양식에 불과한 것이 된다. 어떻게 그런 사유가 가능한지, 그 사유에 이르는 과정은 어떤 것인지는 뒤에 다시 살펴볼 것이지만 어쨌든 뒤랑의 그러한 사유가 서구가 오랫동안 키워온 인식에 대해 전복적이며 혁명적일 수밖에 없음은 쉽게 짐작할 수 있다.

뒤랑의 상상력에 입각한 인류학은 결국 서구가 오랫동안 가꾸고 키워왔으며 오늘날 지구촌 전체의 유일 논리가 되다시피 한 이성 중심의 '로고스 중심주의'를 '이미지 중심주의'로 대체하게 만든다. 데카르트의 '나는 생각한다, 고로 나는 존재한다.'라는 명제를 '나는 상상한다, 고로 나는 존재한다.'라는 명제로 바꾸어 놓는 것이다. '생각하는 자아'로서의 코기토의 유일성과 항구성과 객관성이 '상상하는 자아'로서의 다원성, 가변성, 주관성으로 대체되는 것이다. 보편성은 객관성에 있는 것이 아니라 주관성에 있다. 다시 말하지만 객관성도 주관성의 발현에 불과하기 때문이다.

뒤랑의 생각을 받아들인다면 서구의 합리주의의 오류는 인간의 상상력과 주관성을 억압해 왔다는 사실에서 그치는 것이 아니다. 서구의 오류는 객관 지향이라는 단 하나의 주관, 그들만의 주관으로 다른 주관들을 억압하고 포섭하려는 우를 저질렀다는 데 있다. 달리 표현하면 서구의 합리주의는 유일한 진리의 존재를 믿고 유사한 것은 배척하는 주관적 상상력이 낳은 인식이다. 그런 의미에서 로고스 중심주의는 차별과 배척의 논리를 낳을 수밖에 없다. 그러한 로고스 중심주의가 이미지 중심주의로 전환된다는 것은 인간과 사회와 자연에 대한 인간의 인식이 근본적으로 바뀐다는 것을 의미한다. 현대를 이미지 상상력의 시대라고 우리가 표현할 때, 우리는 인간과 사회와 자연에 대한 인식 자체의 중요한 전환기를 맞이하고 있는 셈이라고 볼 수 있는 것은 바로 그 때문이다. 하지만 문제는 그렇게 간단하지 않다.

이미지 상상력의 시대를 살면서 우리는 여전히 이미지 상상력을 경시한다.

오늘날을 우리는 주저 없이 이미지 상상력의 시대라고 말한다. 표면상으로 볼 때 우리가 이미지 상상력의 시대를 맞이하게 된 것은 이미지 생산·유포·소비 기술이 눈부시게 발전을 이룩했기 때문이다. 그런데 그런 기술은 어떻게 가능해진 것인가? 물론 서구의 과학 문명의 발전 덕분이다. 그런데 바로 거기에서 묘한 역설이 존재한다.

서구의 과학 기술은 이미지와 상상력을 부정확한 것으로 억압하면서 이룩된 것이다. 뒤랑은 절대 진리, 혹은 객관적 진리라는 이름으로 모든 부정확한 인식이나 표현을 억압해온 서구의 인식을 한 마디로 '성상파괴주의'라고 명명한다. 성상(icône)이란 성스러운 존재를 시각적 이미지로 표현한 것이다. 좁은 의미에서의 성상파괴주의란 기독교 역사에서 인간이 만든 이미지를 숭배하는 것을 금지하는 주의를 말한다. 이미지는 속된 인간이 만든 것이니 이미 절대성을 훼손한 것이기 때문이다. 하지만 뒤랑은 '성상파괴주의'라는 용어를 절대 진리의 이름으로(그것이 종교적 진리이건 과학적 진리이건) 모든 부정확한 생각이나 표현을 억압하는 정신 전체를 아우르는 뜻으로 사용한다. 그런 의미에서 서구의 '성상파괴주의'는 이미지와 상상력 파괴주의이기도 하다. 이미지와 상상력만큼 불명확하고 주관적인 것이 어디 있겠는가?

그러니 우리가 맞이하고 있는 이미지와 상상력의 시대는 아주 역설적인 현상이 된다. 이미지와 상상력을 억압해온 '성상파괴주의'의 결과, 이미지를 다량 생산하고 유포하고 소비하는 이미지의 시대가 도래하게 되었다는 그 역설! 이미지 생산·유포·소비 기술의 놀라운 발전에 힘입어 우리는 '요람부터 무덤까지' 이미지의 홍수 속에 빠져 살고 있다. 그런데 이미지의 홍수를 우리에게 쏟아 부은 것은 이미지를 중시해온 사람들이 아니라 이미지를 경시해온 사람들인 것이니 어찌 역설이 아니겠는가. 뒤랑은 그 결과를 한 마디로 도착(倒錯)적 결과라고 말한다.

지구촌 전체는 아니더라도, 어느 정도 서구화를 이룩한 지구상의 국가들이, 이미지 상상력을 중시하는 인식이나 문화의 확산에 힘입어 이미지 상상력의 시대를 맞이한 것이 아니라 오히려 이미지 상상력을 억압해온 과학 기술 문명의 발전에 힘입어 이미지의 시대를 맞이하게 되었다는 역설적 사실, 또한 우리는 아직 과학 문명의 힘을 무한히 신뢰하는 실증주의의 영향하에 있다는 사실들은 상상력에 입각한 인류학을 설립한 뒤랑에 대한 여러 가지 오해를 낳기에 충분하다.

대표적인 것들만 예로 들어보자. 많은 사람들이 뒤랑에게 묻는다. 당신은 그렇다면 인간의 이성을 무시하는가? 당신은 반합리주의자인가? 당신은 왜 인간의 비합리적인 부분에만 관심을 갖는가? 당신은 인간을 다시 동물로 돌아가라고 권하고 있는 것인가?

또한 이런 질문들도 있다. 당신이 말하는 구조는 구조주의의 구조와는 무엇이 다른가? 당신은 인간의 보편적이고 불변적인 특질들, 즉 인간의 공통 토대를 바탕으로 인간학을 설립한다고 했는데 그렇다면 가변적인 역사의 흐름은 무시하는 것인가?

여기서 서둘러 그런 질문들을 하나하나 검토하지는 말기로 하자. 뒤랑의 사유들을 자세히 검토하면서 해명이 될 수 있는 질문들이며 이 책의 내용이 바로 그 질문들에 대한 답이 될 수 있겠기 때문이다. 단지 그러한 질문의 바탕을 이루는 것은 여전히 이성과 상상력, 합리와 비합리, 진실과 거짓을 이원론적으로 나누는 합리적, 혹은 실증적 사유라는 것만을 지적하고 넘어가기로 하자.

하지만 뒤랑에 대한 오해들 중에는 우리가 지금 당장 주목하고 해명해야 할 오해도 있다. 바로 다음과 같은 질문 속에 들어 있는 오해이다.

'당신의 이야기대로라면 이미지와 상상력은 언제나 옳은 것이며 좋은 것이냐? 이미지와 상상력은 만능인가? 좋은 이미지도 있고 나쁜 이미지도 있는 것이 아닌가?'

어찌 보면 아주 정당한 의문이고 뒤랑을 잘 이해하고 난 후에도 여전히 생길 수 있는 의문이다. 하지만 그 의문은 '이미지 중심주의'와 '상상력을 인간 이해의 근간으로 삼는 인간학'을 오해하는 데서 오는 의문이다. 그 의문은 상상력에 입각한 인류학을 '합리성' 대신 '비합리성'을, '이성' 대신 '상상력'을 중요시하고 '논리'보다는 '이미지'를 우월한 것으로 내세우는 인류학으로 오해하면서 드는 의문이다. 하지만 상상력을 인간 이해의 토대로 삼는 인간학은 상상력을 이성 대신 내세우는 것이 아니라 이성의 활동을 상상력의 한 부분으로 감싸는 인간학이다. 그 인간학에서는 이미지와 대립되는 듯이 보이는 논리적 표현도 이미지의 성좌에 수렴된다. 또한 합리성과 비합리성 사이에 대립이 존재하는 것이 아니라 여러 합리성들 간에, 여러 비합리성들 간에 대립이 존재한다. 아니 합리성과 비합리성의 구분, 더 나아가 과학과 시학의 구분까지도 사라진다고 말하는 것이 옳다. 한 마디로 말한다면 그 모든 것들은 인간의 상상력이 이룩한 거대한 은하계들 속에 수렴된다. 물론 어떻게 그런 일이 가능한 것인지 지금 당장 이해하기는 쉽지 않을 것이다. 어쨌든 상상력의 범주가 그렇게 확장될 수 있다면 상상력은 그 자체 옳은 것도 아니고 좋은 것도 아니다. 상상력에 입각한 인류학은 객관지향이라는 단 하나의 주관으로 인간의 다원성을 부정하는 인간 이해를 부정하고 그 한계를 지적하는 인간학이지 상상력을 만병통치약으로 내세우는 인간학이 아니다.

　인류의 모든 유산 전체를, 인간의 모든 표현 자체를 거대한 상상계로 보고 인간의 상상력이 발현된 이미지로 보고 있는 마당에 이미지, 상상력이 그 자체 옳을 리도 없고 좋을 리도 없다. 그 인류학은 '인간에 관한 것이면 그 어느 것도 낯설지 않다.'라면서 배제의 원칙을 거부하는 인류학이지 '인간에 관한 것이면 모두 옳고 좋은 것이다.'라면서 가치 판단을 마비시키는 인류학이 아니다. 이미지, 상상력은 모든 인간 현상의 공통분모이고 그 이해의 토대가 되는 것이지 특정한 표현 기능이나 인식의 기능으로서 옹호되는 것이 아니다. 실제로 뒤랑은 오늘날 우리가 목도하고 있는 이미지의 범람 현상에 대하여 그 위험성을 경고하기도 한다. 이미지 범람 현상이 왜 위험한가? 흔히 걱정들 하듯이 이미지는 하찮은 것이고 그 하찮은 것에 빠지게 되면서 우리의 성찰 기능이 마비되기 때문인가? 그렇지 않다.

뒤랑이 걱정하는 바는 실험실에서 이미지 생산·유포·소비 기술을 발명한 과학자들의 처지를 방사능 폭발 현상을 발견한 과학자들과 비교하는 다음과 같은 글에 아주 잘 드러나 있다.

> 물리학자들이 방사능 폭발이라는 그들의 순진한 발견의 결과에 대해 소스라치게 놀라게 되기까지는, 히로시마 주민의 일부를 파멸로 이끄는 일이 필요했다는 그 현상!(뒤랑, 『상상력의 과학과 철학(Imaginaire)』, 40쪽)

상상력에 입각한 인류학을 설립하면서 '로고스 중심주의'를 '이미지 중심주의'로 대체할 수 있게 만든 뒤랑은 역설적이게도 이미지 시대의 위험을 경고한다. 어떻게 그런 일이 가능한가? 그것은 이미지 생산과 유포의 기술을 발견하고 발명해냈던 사람들이건 심드렁하게 이미지를 소비하고 있는 사람들이건 이미지 상상력의 중요성을 모르는 채 그냥 이미지 상상력의 시대를 살고 있기 때문이다. 뒤랑이 보기에 우리가 맞이한 이미지 상상력의 시대는 묘하게도 이미지 상상력을 경시하는 오랜 인식을 그대로 간직한 시대이기도 하다. 사람들은 태평스럽게 이미지를 경시하고 그것을 기분 전환 정도로 인식하면서 소비하는 데 익숙해 있다. 우리가 소비하는 이미지를 누가 생산해서 유포하는 것인지에도 무심하고, 그 이미지가 알게 모르게 우리의 생각과 행동을 지배하게 된다는 사실에도 무심하다. 누가 그 조작을 행하는지도 모르면서 거대한 이미지 조작에 의해 우리가 조종을 받게 된다면, 그래서 알록달록해야 하는 인간 사회가 전체화되고 획일화된다면? 뒤랑이 염려하는 것

은 그것이다. 뒤랑이 상상력에 입각한 새로운 인간학을 통해 우리의 인식 전
환의 필요성을 역설하고 상상력을 경시하는 풍토병적인 인식에서 벗어나기
를 권하는 것은 그 염려가 크기 때문이다.

　다시 묻자. 상상력을 중시한다는 것이 무엇을 의미하는가, 상상력에 입각
한 인류학은 무엇을 의미하는가, 그 인류학은 우리에게 어떠한 새로운 교육
을 요구하며 어떠한 새로운 윤리를 요구하는가? 그러한 질문 없이, 그러한
질문에 답하려는 노력 없이 이미지 상상력의 시대를 맞이하게 되면 우리가
맞이하고 있는 이미지 상상력의 시대는 부정적인 모습을 더 많이 드러낼 수
있다. 객관적 절대 진리의 억압에서 벗어난 주관적 판단이나 선택이 제 각각
뿔뿔이 흩어진 채 나름대로 존재 이유와 정당성을 주장하는 지식의 파편화
현상! 집단의 이익이나 목표, 거대한 이데올로기의 요구와 질곡에서 벗어난
개인들의 욕망이, 그릇된 다원주의나 창의적 상상력이라는 이름하에 지독한
개인주의로 흐르는 현상! 그러한 상황에서 텔레비전 등을 통해 전해지는 이
미지를 무덤덤하게 대량 소비하면서 마비되어 가는 우리의 윤리감과 도덕
심! 더욱이 우리나라의 경우는 '우리는 아직 우리의 비합리적 사유를 극복하
지 못했어.'라는 콤플렉스를 간직한 채 살아가고 있다. 그러한 콤플렉스를
간직한 채 맞이한 이미지 상상력의 시대는 우리에게 더 많은 부작용을 주기
에 충분하다.

**뒤랑은 이질적으로 보이는 인간의 모든 현상들을 유기
적으로 연결하여 하나의 거대한 체계를 만든 사람이다.**

　뒤랑은 그러한 위험들을 경고하면서도 극히 소수의 연구자들이 70~80년
전부터 이 근본적인 사회 현상에 대한 연구와 그 현상이 시사하는 문화적 격
변에 대해 관심을 기울여온 것은 아주 다행스러운 일이라고 지적한다. 그 연
구자들은, 온갖 분야에서, 서구의 인식이 키워온 유일한 진리, 객관적 진리

가 결코 절대적인 것이 될 수 없고 인간의 영혼은 알록달록하다는 생각에 공감하면서 나름대로 연구를 진행해온 사람들이다. 그 연구들은 이미지 상상력 시대의 근본적 의미에 대해 성찰할 기회를 우리에게 주고 이미지 상상력의 시대가 단순한 시대적 현상으로 존재하는 것이 아니라 거대한 문화적 변혁기로 우리에게 다가왔다는 것을 알게 해준다. 뒤랑의『상상계의 인류학적 구조들』은 인류의 상상력의 유산을 구체적으로 참조하면서 그들의 연구들을 종합한 자리에서 나온 것이다.

'인간은 조금도 진보해오지 않았다, 인간이 변화를 거듭해 왔는지는 몰라도 호모 사피엔스라는 종족으로서의 공통 특질은 여전히 지니고 있다, 그 특질은 고대인들에게도, 현대인들에게도, 서구인들에게도, 동양인들에게도, 신대륙의 원주민들에게도 공통적으로 들어 있다.' 라고 주장하면서 그 공통 특질에 입각해서 인류학을 설립한 뒤랑의 사유, '인간에 관한 것이면 그 어느 것도 낯설지 않다는 관점을 단호히 택해야 한다.'라며 상상력을 인간 이해의 근간으로 삼은 뒤랑의 사유가 서구에서 선뜻 받아들여지기 어려우리라는 것을 우리는 쉽게 짐작할 수 있을 것이다. 그 모든 것은 서구인이 키워왔던 인식을 그 뿌리부터 뒤흔들고 있는 것이니, 세상에서 가장 어려운 것이 자기 부정이며 자신을 객관화하는 일이 아니던가?

상상력이 어느 한 분과에 속하는 것이 아니듯이 뒤랑은 일정한 학문 분야의 대가가 아니다. 사실상 기존의 학문 분류에 따라 그가 어느 영역에 속해 있는지 명확하게 구분하기는 힘이 든다. 대학의 학문 분류 기준에 의하면 공식적으로는 그는 그르노블2대학에서 사회학과에 속해 있던 사람이다. 하지만 그의 사회학은 기존의 사회학이 이미 설정하고 있는 영역 안에 머물러 있지 않다. 상징과 상상력이라는 방대한 광맥을 탐사하는 그의 연금술적인 작업에 의해 그의 사회학은 다른 학문 영역을 넘나들면서 사회학의 의미 자체를 변화시킨다. 그의 작업에 의해 사회는 유기적인 생명체가 되고 깊이를 획득한다. 그의 사회학은 심리학, 철학, 민속학, 정신분석학, 신화학, 종교학, 예술학, 심지어는 과학까지 포괄하고 손을 잡는 사회학이 되고 그 말의 가장 광범위한 의미에서 인류학이 된다. 한마디로 말한다면 그는 이질적으로 보이는 인간의 모든 현상들을 유기적으로 연결하여 하나의 거대한 체계를 만든 사람이다. 그 체계 속에서는 인간의 온갖 사유, 행동, 표현의 양상들이 서로 유기적으로 맺어진 채 때로는 자기자리를 지키고 때로는 넘나들고 있다. 그 체계 속에서는 인류가 이룩한 온갖 문화들이, 인류가 구체적으로 만들어 낸 작품들이 차이를 간직한 채 관계를 맺고 있다. 그 체계는 모든 예술 장르들이 넘나들고 모든 학문들이 옴살스러운 전체를 이루고 있는 체계이다. 그 체계를 낳게 한 기본 정신을 이해하고, 그러한 기본 정신으로 인간의 문화나 삶을 바라볼 때 인간 사회와 삶은 어떤 새로운 모습을 드러낼 것인지 차근차근 알아보는 것, 그것이 바로 이 책의 내용을 이루게 될 것이다.

하지만 뒤랑이 초대하는 전복적이면서 방대한 그 정신에 발을 들여놓기 전에 잠깐 숨 고르는 기분으로 뒤랑이라는 인물의 구체적 삶에 대해 간략히 살펴보기로 하자.

4. 질베르 뒤랑
– 파리 진출을 거부한 사부아 지방의 대학자

뒤랑이 파리행을 끝끝내 거부하고 사부아 지역에 머문 것은 그의 '상상계의 인류학'이 프랑스와 서구의 인식론에서 한 발 비껴난 인식론이라는 것, 그 안에 수용되기보다는 그 인식론을 부분으로 포함하는 큰 인류학이라는 것을 실천적으로 보여준다는 의미도 있었을 것이고 한편으로는 스승인 바슐라르의 전철을 밟지 않겠다는 것, 즉 바슐라르처럼 함몰될 수도 있음을 경계한 것이 아니었을까?

뒤랑은 1921년 5월 1일 알프스 산맥을 가까이 하고 있는 프랑스 남부의 사부아에서 출생했다. 뒤랑이 프랑스 남부 출신이라는 것은 충분히 주목할 만한 사실이다. 그는 그의 저술을 통해 자주 프랑스의 지식 풍토를 센느 강 좌측과 우측으로 나누며 자신은 센느 강 좌측에 속해 있다고 말한다. 센느 강 우측이란 물론 프랑스의 수도 파리를 중심으로 한 지적 풍토를 빗대어 말하는 것이다. 그는 그 구분을 통해 자신이 프랑스의 공식적인 인식의 흐름에는 속해 있지 않다는 것을 은연중 강조한다. 그는 스스로 끝까지 비공식적이기를 원했고 비주류이기를 원했으며 그것을 실천한다. 훗날 파리 소르본 대학에서 그에게 교수직을 제안했을 때도 그는 그 제안을 거부하고 그대로 그르노블에 머문다. 대신 그의 제자인 마페졸리가 소르본 대학에 취임하여 사회학을 가르치게 되었을 뿐이다. 뒤랑의 스승으로서 상상력의 코페르니쿠스적 혁명을 이룩한 가스통 바슐라르가 소르본 대학에 취임하여 강의를 했던 것과는 대비가 되는 사실이다.

바슐라르가 파리로 진출하여 여러 분야에서 제자들을 키우고 그 영향력을 발휘한 것은 사실이지만 한편으로는 강력한 파리의 지식 풍토에 함몰된 것 또한 사실이다. 물론 그 말이 소르본 대학에 진출한 후 바슐라르의 기본 사상이나 인식의 방향이 바뀌었다는 것을 의미하는 것은 아니다. 이런 표현이 가능하다면 바슐라르는 호랑이를 잡겠다는 생각 없이 호랑이 굴로 들어간 셈이라고도 말할 수 있다. 그 표현을 제대로 이해하려면 약간의 보충설명이 필요하다.

바슐라르 사후 한 텔레비전 인터뷰에서 프랑스의 저명한 철학자인 푸코는 바슐라르에 대하여 "그는 프랑스와 서구 인식 전체에 덫을 놓은 사람이다."라고 말했으며 뒤랑은 바슐라르에 대하여 "그는 서구 인식의 하나의 정점이면서 전환점을 이룬다."라고 쓴 바 있다. 그 말은 서구 인식을 대표한다고 볼 수 있는 파리의 지식 풍토에서는 파리의 지식인들에게 친숙해 있는 지적 계보의 어느 부분에도 바슐라르를 소속시킬 수 없다는 것을 의미하기도 한다. 또한 바슐라르를 완전히 새로운 인식론의 대가로 인정하는 것도 어려웠다는 것을 의미한다. 바슐라르를 전적으로 인정하는 것은 자신들의 지식체계를 전적으로 부정하는 것을 의미했고 전혀 새로운 인식의 영역에 발을 들여놓는 것을 의미하기도 했다. 그러나 그러기에는 파리의 공식적인 인식체계가 너무나 굳건했고 완강했다. 설사 그렇지 않다 하더라도 새로운 인식을 새로운 것으로 인식하고 발상의 전환을 이룬다는 것은 얼마나 어려운 것인가? 더욱이 굳건한 자신의 인식틀을 이미 마련하고 있는 사람들에게는 그것이 얼마나 어려운가? 실제로 요구되는 것은 한 발자국 비켜나서 바라보는 것에 불과할지 모르지만 그 한 발자국을 옮기기는 얼마나 어려운가? 한 발자국을 옮김으로써 생기는 새로운 시각은 이전의 자신의 시각에 대한 전면적인 수정과 부정을 언제나 요구하기 때문이다.

어쨌든 그러한 파리의 풍토에서 바슐라르의 사상은 파리의 지식인들에게 인식의 전적인 전환을 요구하는 하나의 혁명적인 인식으로서 제대로 대접을 받기보다는 다양한 새로운 인식들이나 방법론들 중의 하나로 슬쩍 변용되어 수용되었을 뿐이다. 예를 들어 바슐라르의 〈인식론적 단절〉의 개념은 푸코와 알튀세르에게서 각각 지식의 고고학의 방법론으로, 과학철학자로서의 마르크스를 이해하는 방법론으로 부분적으로 수용된다(하지만 그들의 저술에서 바슐라르의 이름은 단 한 번도 언급되지 않는다.). 상상력에 대한 바슐라르의 업적들이 문학 연구에 수용되어 〈주제비평〉이라는 새로운 방법론을 낳았고 문학 연구에 있어서의 이미지와 상상력의 중요성이 크게 부각되기도 하지만 그마저도 일과성 유행으로 끝이 난다. 바슐라르의 상상력에 대한 연구를 계속한 중요한 학자들이 파리에 머물지 않고 캐나다로 옮겨간 것은 파리 지식 풍토의 그러한 분위기 때문이다. 즉 바슐라르의 그 혁명적인 인식들은 이미 자리를 잡고 있는 파리의 지적 풍토 내에서 적당히 변용되어 수용되거나 거부되었던 것이며 나는 그것에 대해 좀 과장되게 함몰이라는 표현을 쓴 것이다.

뒤랑이 파리행을 끝끝내 거부하고 사부아 지역에 머문 것은 그의 '상상계의 인류학'이 프랑스와 서구의 인식론에서 한 발 비껴난 인식론이라는 것, 그 안에 수용되기보다는 그 인식론을 부분으로 포함하는 큰 인류학이라는 것을 실천적으로 보여준다는 의미도 있었을 것이고 한편으로는 스승인 바슐라르의 전철을 밟지 않겠다는 것, 즉 바슐라르처럼 함몰될 수도 있음을 경계한 것이 아니었을까? 하지만 알프스 지역의 좋은 공기를 떠나기 싫다는 단순하면서도 가장 절박한 이유가 있었는지도 모르는 일이다.

뒤랑은 2차 대전 중 프랑스 국내 항독군 및 레지스탕스의 장교로 활약하여 2차 대전 후 레종도뇌르 훈장 등 각종 무공 훈장과 문화 훈장을 수여받는다. 여기서 소개할 만한 일화가 하나 있다. 그는 1940년 6월부터 베르코르에서 레지스탕스 운동에 참여하는데, 2차 대전이 끝나갈 무렵인 1945년 3월 드골로부터 막중한 임무를 부여받는다. 알자스 출신 프랑스인 포로들의 석방협상 문제를 놓고 독일군 사령관인 히믈러와 협상을 하라는 임무였다. 그러나 그는 임의대로 그 임무를 바꾼다. 유태인을 포함해서 모든 수용소들의 모든 프랑스인들을 석방하라고 요구를 한 것이다. 독일군은 한 가지 조건을 내걸면서 그 요구를 받아들인다. 250명의 SS대원들과 그들의 가족들에게 차량 통행증을 발급해 달라는 것이었다. 드골은 거부를 한다. 연합군은 무조건적인 항복을 요구하기로 합의를 해놓았기 때문이었다. 그로부터 휴전이 이루어지기까지 십만 명의 포로들이 죽음을 맞게 된다. 뒤랑은 당시 자신의 무력감에 몹시 화가 났었다고 술회한다. 아무 것도 할 수 없는 개인의 무력감! 하지만 내 짐작으로는 개인의 판단과 집단의 방침의 관계, 개인의 힘과 집단의 권력의 관계, 힘의 역동성, 보편적 가치는 개인에게 있는가, 아니면 집단에게 있는가, 등등의 문제들이 젊은 뒤랑의 내면에 자리 잡는 계기가 아니었을까, 라는 생각을 해본다.

뒤랑은 1947년에 철학 교수 자격시험에 합격하여 그 해부터 1956년까지 10년 간 그르노블 대학에서 철학을 강의하게 된다. 그리고 1959년에 문학으로 국가박사학위를 취득하는데 그 학위 논문이 바로 프랑스 사상계에 충격을 가한 『상상계의 인류학적 구조들』이며 이듬해에 그 논문과 논문의 부록으로 쓴 『파르므 승원의 신화적 장식』이 책으로 발간된다.

1962년 그르노블2대학의 사회학과 문화 인류학 교수로 취임하고 같은 해 레옹 셀리에, 폴 데샹 등과 함께 『국제 상징주의지(Cahiers Internationaux du symbolisme)』를 창간하며 1966년에 그들과 함께 샹베리에 위치한 사부 아 대학에 〈상상계 연구센터(Centre de Recherche sur l'imaginaire, CRI)〉를 설립하게 된다.

이후 그르노블 대학으로 옮겨진 〈상상계 연구센터〉는 프랑스 국내는 물론 해외에서도 상상력 연구의 본산으로 자리를 잡고 프랑스 국내의 대학들과 해외에 60여 지부를 가진 중요한 기구로 성장한다. 서울에도 유평근 선생님의 주도로 '서울 상상력 연구센터(CRIS)'가 설립되어 지부로 활동하고 있다. 다시 강조하지만 프랑스와 세계 각지에 세워진 〈상상계 연구센터〉는 상상력이 무엇인가를 추상적으로 연구하는 곳이 아니다. 상상력의 이름으로 기존의 학문 분류에서는 이질적으로 간주되었던 학문들이 넘나들고 수렴되는 곳이다.

그러한 유기적 종합정신의 연장선상에서 뒤랑은 첨단의 자연과학자들과의 만남도 실현한다. 1988년 스페인 남부의 코르도바에서 CRI를 중심으로 하는 인문학자들과 물리학, 의학, 생물학을 전공으로 하는 과학자들이 〈과학과 전통〉이라는 이름으로 학술대회를 개최한 이래 세계 각지에서 같은 이름과 의도하에 학술대회가 여러 번 개최된다. 뒤랑은 그 학술대회를 열고 난 감회를 이렇게 쓴다.

> 카프라, 봄, 코스타 드 보르가르 같은 물리학자들, 리브 같은 천체 물리학자, 프리브람 같은 신경과 의사들이 우리같이 부정확한 학문에 종사하는 사람들, 즉 인류학자, 심리학자, 시인들과 자리를 함께 하게 된 것이다. 내가 기억하는 한 그러한 만남의 자리는, 그러니까 저 르네

상스 시대 이래로 꿈도 꾸어보지 못했던 자리가 아니었나 싶다. 그런데 우리들에게 정말로 놀라웠던 것은 예컨대 코스타 드 보르가르 같은 이론 물리학자가 우리 같은 인류학자들보다 더 태평스럽고 당당한 태도로 이전까지는 금기로 여겨졌을 주제들, 예컨대 심령학이라든지 형이상학, 즉 메타-피지크에 대해 이야기하고 있었다는 사실이다. 우리 인류학자들은 지난 세기의 실증주의의 벽에 가로막혀서, 혹은 실증주의의 눈치를 보느라 감히 우리의 인문과학 대학 내에서 그런 것에 대해 말할 엄두도 못 내고 있었던 데 반해, 그들 과학자들은 당당하게 현장에서, 비분리성, 상대성, 객관적 관찰의 불가능성 등의 현상을 설명해주는 그들의 방정식에 대해 자신 있게 말하고 있었던 것이다.(뒤랑, 『신화비평과 신화분석』 제2장 「시니피에의 인식론」, 77-78쪽)

그 만남은 아주 의미 있는 만남이었다. 상상력을 중심으로 한 뒤랑의 인간학은 무엇보다 종합정신을 그 근간으로 하고 있다. 그리고 그 종합정신은 이질적인 것을 연결해주는 맥을 발견하는 것으로 가능해지는 정신이다. 그러한 종합정신에서 더 이상 자연과학과 인문과학 사이의 단절은 존재하지 않는다. 단절이 존재한다면 이른바 전문성의 이름으로 학문들 간의 벽을 당연시하고 소통을 거부하는 낡은 인식과의 단절만 존재한다. 그 단절의 내용에 대해서도 우리는 나중에 자세히 알아보게 될 것이다.

그의 상상력에 입각한 인류학의 기본 정신이 보여주듯이 그는 정말로 다양한 분야를 넘나든다. 미술, 문학, 음악들의 예술 분야를 섭렵하면서 구체적 저술을 쓰기도 하고 철학, 종교학, 심리학, 사회학, 신화학, 민속학 등도 넘나들고 첨단의 자연과학 이론들도 그의 관심의 대상이 된다. 하지만 그의 학문적 업적들은 시간의 흐름에 따라 변모한 모습을 보여주는 것이 아니라 일종의 동심원적 궤적을 그리며 깊어가는 모습을 보여준다. 그래서 그는 그가 최초로 세상에 내놓은 『상상계의 인류학적 구조들』에서 사용한 개념들 중에 상당히 낡은 개념이 있음을 인정하면서도 기본 정신은 별로 변하지 않았다고 자주 말하곤 한다. 이제부터 그 기본 정신의 내용을 가까이서 살펴보자.

제2부

상상계의 인류학적 구조에서 신화방법론까지

1. 상상계의 인류학적 구조들

– 상상력에도 보편적인 구조가 존재한다

뒤랑은 상상력을 인간 존재의 근원으로 간주하고 그 입장에서 새로운 인간학을 설립했지만 사실상 상상력은 서구에서 아주 오랜 기간 평가절하되어 왔다.

앞에서도 지적했지만 '상상계의 인류학적 구조들'이라는 표현은 얼핏 보아 모순처럼 보인다. 구조는 우리가 '건물의 구조'라는 말을 흔히 사용하는 데서 볼 수 있듯이 본래 건축에서 사용되는 용어이다. 따라서 구조의 개념은 안전성, 효용성, 예술성의 여러 측면에서 하나의 건물이 제대로 기능을 발휘하기 위하여 '건물'이라는 '전체'를 구성하고 있는 각 '부분'들이 안정된 틀을 지니고 있어야 한다는 전제하에 성립되는 개념이다. 그 경우 중요한 것은 안정된 틀이다. 그런데 상상력은 일반적으로 자유롭다는 것을 그 특성으로 하고 있다. 뒤랑은 일정한 틀을 거부하는 듯이 보이는 상상력과 틀을 전제로 하는 구조를 어떻게 결합시킨 것일까? 그 내용을 정확히 이해하기 위해서는 상상력의 코페르니쿠스적 전환을 이룩한 가스통 바슐라르를 일별할 필요가 있다. 뒤랑의 상상계의 인류학적 구조는 바슐라르가 이룩한 상상력에 대한 혁명적 인식의 전환을 바탕으로 설립된 것이기 때문이다.

뒤랑은 상상력을 인간 존재의 근원으로 간주하고 그 입장에서 새로운 인간학을 설립했지만 사실상 상상력은 서구에서 아주 오랜 기간 평가절하되어 왔다. 앞서 말했듯이 뒤랑은 상상력과 이미지를 평가절하하고 억압해온 서구의 흐름을 '성상파괴주의'라고 명명한다. 그리고 뒤랑은 그러한 성상파괴주의의 역사가 저 멀리 기독교적 이원론으로까지 거슬러 올라간다고 말한다. 그래서 그는 서구의 '성상파괴주의'를 일종의 풍토병이라고까지 말한다. 물론 서구의 역사 속에서는 풍토병적인 성상파괴주의에 대항하는 흐름들도 꾸준히 존재해 왔던 것이 사실이다. 단지 그 흐름은 주류가 아니라 주류에 저항하는 간헐적 흐름이었을 뿐이다. 기독교사에서의 비잔틴 교회의 승리의 시기, 13~14세기의 기독교 전범주의의 승리와 고딕 예술의 번성, 16세기의 바로크 예술과 18세기와 19세기의 낭만주의 운동, 20세기의 초현실주의 운동들은 그 대표적인 예들이다. 하지만 그 흐름들은 일시적인 세력을 얻는 데는 성공을 거두었을지 몰라도 곧 성상파괴주의의 흐름에 압도되어 족쇄에 채워지고 변방으로 몰려나며 억압을 당한다. 특히 19세기와 20세기에 이르러 실증주의와 과학주의의 흐름이 강력한 지배력을 행사하게 되면서 상상력은 '오류와 거짓의 원흉'으로 파문을 받기에까지 이른다.

물론 그러한 실증주의의 승리의 시기에도 상상력의 자주성에 주목하고 상상력의 가치를 재발견하려는 흐름들은 꾸준하게 존재해 왔다. 프로이트의 정신분석학을 필두로 융의 심층심리학, 카시러의 상징적 형태의 철학, 엘리아데와 앙리 코르뱅의 종교학, 리쾨르의 해석학, 더 나아가 레비스트로스의 구조주의 인류학들은 상상력, 신화 등에 새로운 의미를 부여하면서 데카르트의 합리주의에 의해 '텅 비워진' 객관적 자아를 '알록달록한 주관성'으로 다시 채우려는 귀중한 노력들이었다. 하지만 상상력이 인간 내부의 창조적인 의식의 한 부분으로 그 위상을 드높이고 인간 존재의 핵심으로 자리 잡게 된 것은 전적으로 가스통 바슐라르의 공로라고 볼 수 있다.

> "합리적인 자아는 변화하는 자아이고 상상하는 자아
> 는 보편적인 자아이다."
>
> — 바슐라르의 상상력의 코페르니쿠스적 혁명

뒤랑이 늘 '나의 스승'이라는 호칭을 덧붙이는 가스통 바슐라르는 그 출발에서는 과학철학자였다. 당연한 일이지만 그가 처음부터 상상력 자체에 대해 관심을 기울인 것은 아니다. 뒤랑이 '서구 인식론에서의 하나의 정점이면서 동시에 전환점이 되고 있다'고 지적한 바슐라르는 우선은 극단의 합리주의자의 모습으로 우리에게 다가온다. 그는 인간의 객관적 사유, 과학적 사유에 장애가 되는 모든 것을 근원으로부터 제거하는 일이 어떻게 가능한가를 탐구한 사람이었다.

과학이 어떻게 발전하여 오늘날에 이르게 되었는가, 라는 관점에서 온갖 과학적 지식의 형성과정을 깊이 있게 탐구한 그는 과학사를 물들이고 있는 모든 과학적 지식들 중에 말 그대로 과학적인 지식은 하나도 없다고 충격적으로 말한다. 과학사에 존재하는 과학적인 지식들은 과학자, 혹은 일반인들이 과학적이거나 객관적이라고 믿고 있던 지식들에 불과할 뿐이라는 것이다. '객관화는 목표이지 현상이 아니다'라든지, '인간은 객관적인 인식에 절대로 도달할 수 없고 근접인식만 할 수 있을 뿐'이라는 그의 말들은 과학적 지식에 대한 우리의 일반적인 생각들을 뒤집어 놓기에 충분한 지적들이다. 우리는 과학적 지식이란 객관적이며 그렇기에 보편적이라는 생각을 일반적으로 하고 있다. 과학적 지식이란 1＋1＝2처럼 자명하며 누구나 그것이 정답임을 의심하지 않는 보편적인 지식이라는 생각을 누군들 하지 않겠는가? 그리고 과학의 발전은 그러한 자명한 진리들이 축적되면서 이루어진다고 누구나 생각한다.

하지만 그는 과학의 발전은 지식의 축적으로 이루어진 것이 아니라고 말한다. 과학의 발전은 지식의 습득으로 이루어진 것이 아니라 당대에 규범으로 받아들여지고 있는 과학적 지식에 의문을 제기하고 그것을 부정하면서 이루어졌다는 것이다. 수학에서의 1 +1 =2라는 간단한 덧셈을 예로 들어 보자. 수학의 발전은 1 +1 =2라는 간단한 계산을 익히고 그것을 바탕으로 보다 복잡한 수의 덧셈을 쉽게 할 수 있게 되고 곱셈 나눗셈이 발전하면서 이룩된 것이 아니다. 새로운 수학의 탄생은 오히려 1 +1은 얼마인가 하는 문제 자체를 문제 삼는 것에서 이루어진다. 예컨대 1은 무엇인가? 더한다는 것은 무엇인가? 앞항의 1과 뒤항의 1은 과연 동일한 것인가? 과연 완전히 동일한 것들이 존재한다는 것이 가능한가? 사과 하나와 배 하나를 합하면 정말 둘이 되는 것인가? 아니 같은 사과를 하나씩 더해도 정말 둘이 되는 것인가? 그것들을 그렇게 합하는 것이 가능하기는 한 것인가? 등등 문제 자체에 대해 의문을 품고 문제 자체에 문제를 제기하는 순간 전혀 다른 수학이 탄생한다. 새로운 과학의 탄생은 그런 식으로 이루어지고 그런 과정을 거쳐서 과학은 발전해 왔다는 것이다.

다시 예를 든다면 지동설은 천동설에 의문을 제기하면서 탄생한 것이고 아인슈타인의 상대성 이론은 뉴턴의 역학을 부정하면서 탄생한 것이다. 만일 그렇다면 후대의 과학적 지식에 의해 부정될 운명에 놓인 당대의 과학적 지식은 새로운 과학적 지식에 비해 볼 때 오류를 빚고 있다고 볼 수 있지 않은가?

그의 그러한 생각은 저 유명한 '**단절과 감싸기**' 개념으로 정립되고 '**인식론적 단절**'이라는 개념을 낳지만 여기서 우리가 주목해야 할 것은 그 개념의 내용보다는 과학의 발전이 지식의 축적으로 이루어진 것이 아니라 과학적 지식에 들어 있는 오류의 교정으로 이루어진다는 사실이다. 그리고 지금 우리가 객관적이고 과학적이라고 믿고 있는 지식들도 실은 말 그대로 객관적이고 과학적인 것이 아니라 언제고 교정되어야만 할 운명에 놓여 있다는 것이다.

　객관적인 유일한 진리의 믿음을 신봉하는 합리주의자의 입장에서라면 참으로 견디기 어려운 결론이다. 확고하고 유일한 진리에 대한 믿음 자체를 부정해버리기 때문이다. 그렇다면 과연 객관적인 사유는 인간에게 불가능한 것인가? 바슐라르는 그 견디기 어려운 모순을 인정하고 견디면서 극복하기 위해 탐구의 방향을 전환한다. 자신이 객관적으로 사유한다고 믿고 있으면서도 끊임없이 오류를 범하게 만드는 인간의 근본적인 심리적 원인이 도대체 무엇인가를 탐구의 대상으로 삼은 것이다. '객관적 인식의 정신분석'이라는 용어는 그렇게 탄생하며 『불의 정신분석』이라는 작은 책자는 객관적 인식을 방해하는 '인식론적 방해물', '인간 인식의 근본적인 오류'의 정체를 밝히려는 노력의 결과물이다.

　그 노력의 결과 **그는 그 오류가 인간에게는 숙명일 수밖에 없다**는 것을 오히려 확인한다. 끝끝내 합리주의자의 입장을 고수하고 있다면 참으로 무력한 결론일 수밖에 없다. 하지만 그는 동시에 **그 숙명이 인간에게는 하나의 축복일 수 있음**을 발견한다. **그 숙명이 바로 상상력**이다. 인간에게는 합리적으로 사유하는 씩씩한 자아만 존재하는 것이 아니다. 인간에게는 합리적인 자아와 맞서 보다 부드럽게 몽상을 지향하는 상상하는 자아가 동시에 존재한다. 그 자아는 객관성을 방해하는 장애물이 아니라 객관성을 지향하는 자아와는 다른 방식으로 활동하는 또 다른 자아이다.

　바슐라르가 발견한 상상하는 자아, 상상하는 주체는 분석하고 추론하는 주체와 대립되는 자아이다. 그 자아는 분석하고 추론하는 자아에 균형을 잡아준다. 그 자아는 인간과 세계, 인간과 인간, 인간과 우주와의 은밀한 일치(화합)를 가능하게 해준다. 그 자아는 상상하는 자아이다. 그 자아의 활동, 즉 상상력에 의해 인간은 존재의 근원에까지 가 닿을 수 있고 초월을 경험할 수 있다. 바슐라르는 추론하는 '합리적 자아'와는 다른 '상상하는 자아'의 존재를 확인했으며 더 나아가 그 자아의 존재론적 우위를 확인한다. 자신 내부의 그 두 자아를 교대로 발동시켜 과학철학자로서의 연구와 상상력의 현상학자로서의 작업을 병행시켜 나갔던 바슐라르가 종국에는 상상력에 대한 결정적인 저술들로 마무리한 것은 상상하는 자아의 존재론적 우위를 확신했기 때문이다. 아니 '확신했다'라는 표현은 옳지 않다. 자연스럽게 그런 식으로 이끌렸다는 표현이 맞겠다.

다시 말하지만 합리적이고 과학적인 인식은 보편적인 진리를 추구한다. 데카르트가 방법적 회의의 과정을 거쳐 도달한 곳은 모든 것의 확실성이 의심되는 그 순간, 모든 것이 진리가 아니라고 의심하는 자신의 사유만은 확고부동한 그 무엇이어야 한다는 생각이었다. 합리주의의 원칙은 확고부동한 최후의 진리에 대한 믿음과 불가분으로 맺어져 있다. 그런데 바슐라르에 의하면 객관적이고 과학적인 지식과 인식은 합리적 사유 자체의 속성에 의해 언제고 부정되고 수정될 운명에 놓여 있다. 객관적이고 과학적인 지식은 단지 당대에 과학적이고 객관적이라고 인정되는 지식일 뿐인 것이다. 그렇다면 합리적인 인식이 그 자체 불변적인 보편성을 갖기는 어려운 것이 아니겠는가? 변하는 것에서 보편성을 찾을 수는 없지 않겠는가?

한편 바슐라르는 물·불·대지·공기의 4원소에 대한 상상력과 몽상의 저술을 써나가는 동안 일견 다양해 보이는 이미지들을 형태적인 측면, 달리 말해 표현의 측면에서가 아니라 그 의미의 측면(이미지를 낳게 한 힘, 이미지가 내게 촉발시키는 힘 모두 포함해서)에서 볼 때, 이미지들이 일정한 몇 개의 축위로 일종의 별자리를 형성하는 것을 발견한다. 그리고 그는 그 이미지들에 에너지를 주는 불변의 요소들이 존재하고 있음을 발견한다. 수많은 시인들이 만들어낸 한없이 자유로운 이미지들은 말 그대로 자유로운 것이 아니라 일정한 분류가 가능하다. 일견 잡다해 보이고 자유로워 보이는 상상력에 일정한 논리가 있고, 분류화가 가능하다는 것이다. 뒤랑은 바슐라르의 그러한 발견을 다음과 같이 요약한다.

바슐라르는 상상적인 것이, 인간 기술의 그 무궁무진한 변동 한복판에서, 인간에게 호모 사피엔스로서의 그 확실한 영속성을 형성해 주는 커다란 몇몇 테마, 몇몇 이미지 위에 닫힌다는 것을 보여주었다.
(뒤랑, 『알록달록한 영혼(L'Ame Tigrée)』)

왜 그런 일이 벌어지는 것일까? 간단히 말하자. 인간의 상상력에 한계가 있기 때문이다. 물론 그 한계라는 말을 우리는 잘 이해해야 한다. 그 한계를 인간의 상상력의 기능의 한계라는 뜻으로 이해하면 안 된다. 그 한계는 말하자면 인간 존재의 한계이다. 인간이 시간과 공간과 역사 속에서 수많은 변화를 거듭해 왔다 할지라도 벗어버리지도, 벗어날 수도 없는 한계이다. 인간이 지구상에 출현한 이래 무수한 진화를 거듭해온 것으로 우리는 알고 있다. 더욱이 인간이 이룩한 문화는 눈부신 변화와 발전을 이룩해 왔다는 것이 일반적인 통념이다. 하지만 그러한 변화와 발전 속에서도 호모사피엔스로서의 특질은 조금도 변하지 않은 채 영속해 왔다는 것을 상상력의 한계는 보여주고 있다. 상상력이란 시간과 공간적인 차이, 역사와 문화의 차이에도 불구하고 인간에게 불변적으로 내재해 있는 공통분모인 것이며 바로 상상력의 그러한 특질 때문에 상상력은 시공을 뛰어 넘으며 초월적인 특성을 갖게 된다.

　여기서 우리는 불변적인 요소라는 말의 뜻도 정확하게 이해할 필요가 있다. 불변적이라는 말은 말 그대로 고정되어 있다는 것을 뜻하는 것이 아니다. 불변적 요소라는 것은 모든 가변적인 것과 차이를 낳는 하나의 토대이며 궁극적 원인이라는 뜻이다. 그런 의미에서 상상력이 지닌 불변성이란 심층심리학자인 융의 원형 개념과도 일맥상통한다.

모든 문화적 차이, 역사적 차이에도 불구하고 인간에게는 공통적인 특질이 들어 있다고 주장한 융은 그 특질에 원형이라는 이름을 붙인다. 그 원형이라는 것을 우리는 어떻게 이해해야 할까? 인간의 내부에 하나의 불변적 요소로서 고정되어 들어앉아 있는 것이 원형인가? 그렇지 않다. 이런 비유가 가능하다면 원형은 팔레트의 색들이나 피아노의 건반과 비슷한 것이다. 인간은 무수히 많은 그림을 그리고 무수히 많은 음악을 만든다. 똑같은 그림은 하나도 없으며 똑같은 음악은 하나도 없다. 하지만 그 다양한 그림들은 일정한 수의 색들의 조합에 의해 이루어지는 것이며 그 다양한 음악들도 일정한 수의 음들의 조합에 의해 이루어지는 것이다. 차이는 조합의 방식에 있지 색이나 음 자체에 있지 않다. 그 무한한 차이를 낳게 한 근본 색이나 음은 일정하게 제한되어 있다.

인간의 작품이나 인간 사회를 원형의 관점에서 바라보자는 것은 그 모든 것들의 차이를 무시하고 불변적이고 공통되는 요소만을 찾아내자는 것이 아니다. 그것은 모든 차이와 변화의 원인을 표면적인 차이 자체에서 찾는 태도를 거부하는 것을 의미한다. 원형학은 따라서 변화 속에서 그 변화를 낳는 근본 동인을 발견하는 태도이다. 인간의 모든 현상에 대한 보편적인 이해를 위해 상상력을 근간으로 삼는 인간학은 일종의 원형학이다. 그리고 그 원형의 수가 일정 한도로 제한되어 있기에 상상력의 분류, 즉 구조적 고찰이 가능한 것이다. 뒤랑은 상상력에 대한 바슐라르의 그러한 업적을 일반화하는 일이 바로 자신의 몫이라고 말한다.

> 바슐라르의 탁월함은, 성상파괴주의를 초월하는 방법은, '과학적'
> 인 비평과 단순하면서도 혼미한 꿈에 침잠하는 방법을 동시에 똑같이
> 숙고하고 뛰어넘어야만 실현될 수 있다는 사실을 이해한 데 있다. 융
> 의 낙관주의보다는 보다 구체적인 설명이 덧붙여진 바슐라르의 낙관

주의는 시적 언어의 '천진성(naïveté)'이라는, 그가 적용한 분야가 정확하다는 사실 자체에 의해서도 정당화된다. 그럼에도 불구하고 바슐라르가 이 '유년기의 정신', 이 신성함, 혹은 최소한 이 상상적인 것의 '지고의 행복' 자체에 그쳐 버린 데 아쉬움을 품고 그것을 뛰어넘어 상상적인 것에 총체성을 부여하는 방법은 없을까 하고 자문해 볼 수 있으며, 또한 의식의 경험이라는 것을 시뿐만 아니라, 종교·기적·노이로제들로 변형되어 나타난 옛 신화들이나 제의(祭儀)들에까지 접근시킬 수 있도록 길을 열어 놓으려고 시도할 수도 있을 것이다. 달리 말한다면 바슐라르 이후에는, 몽상의 시학의 저술가의 국한된 인류학을 일반화하는 일밖에는 남은 것이 없다는 얘기가 된다. 그리고 그 일반화라는 것이, 그 방법 자체로 보아, 의식 활동의 한가운데에서, 보다 위대한 상상적인 힘들을 통합하는 길일 뿐이라는 것을 우리는 알고 있다.(뒤랑, 『상징적 상상력』)

뒤랑의 '상상계의 인류학적 구조들'이라는 개념은 그렇게 해서 탄생한다. 조금 전에 원형 개념을 빗대어 말했듯이 상상계의 인류학적 구조는 가변적인 것을 낳은 근본 동인, 호모 사피엔스 내부에 영속하고 있는 특성을 근간으로 하여 인간 삶의 역동적 변화의 모습을 탐색하겠다는 의도를 그 안에 품고 있는 구조이다. 인간을 총체적으로 연구할 수 있는 틀을 세우되(불변하는 원형적 요소들의 구조들) 그것들이 어떻게 역동적으로 변화하는가 하는 점(변화의 요인과 양상들)도 동시에 고려하겠다는 생각이 그의 구조 개념의 기본을 이룬다. 특히 그가 말한 구조는 단수의 구조가 아니라 복수의 '구조들'이다. 바로 그 구조들의 관계에서 뒤랑이 제시한 상상계의 틀에 역동성이 부여된다. 그 구조는 이를테면 끊임없이 회전하며 그 배합이 바뀌는 큐빅과 같은 구조라고 보면 된다. 뒤랑은 자신이 설립한 '상상계의 인류학적 구조들'에 흐르고 있는 그러한 기본 정신을 인류학적 도정(trajet anthropologique)이라는 단어로 압축해서 표현한다.

인류학적 도정 – 인간의 본능적 에너지와 그것을 둘러싼 환경 사이에는 상호교환 작용이 존재한다.

뒤랑이 인류학적 도정이라는 표현을 통해 무엇을 말하고자 한 것인지 알아보기 위해 그의 글을 직접 인용해보자.

> 인류학적 도정이라는 것은 주체적이고 동화(同化)하는 충동들과 우주적이고 사회적인 환경으로부터 나오는 객관적인 요청 간에, 상상계의 위상에서 존재하는 끊임없는 상호 교환 작용이다. …… 충동적인 몸짓과 물질적 혹은 사회적 환경 사이에는 끊임없이 왕복하는 상호 발생이 존재한다. …… 상상적인 것이란 대상의 표현은 주체의 충동적인 요청에 의해서 동화되고 모양을 이루며, 역으로 주체적인 표현들은 주체의, 객체적 환경에 대한 앞선 적응에 의해서 밝혀지는 그러한 도정을 일컬음에 다름 아니다.(뒤랑, 『상상계의 인류학적 구조』)

인류학적 도정이라는 표현을 통해 뒤랑이 전하고자 하는 메시지는 어찌 보면 단순해 보이기도 한다. 그 메시지는, '인간은 포유동물로서 주체적인 본능을 지니고 있다, 그 본능은 언제나 한껏 충족되고자 하는 에너지, 즉 힘을 가지고 있다, 그런데 그 역동적 힘은 언제나 그 힘을 둘러싸고 있는 환경과의 만남에 의해서 구체적으로 표현되며 그러한 본능적 욕망과 그 욕망을 둘러싸고 있는 환경 사이에는 상호 영향 관계가 성립된다, 인간의 본능은 그 본능을 잘 표현할 수 있는 환경, 혹은 물질을 향하여 발현되어 그 환경과 물질을 변형시키고 반대로 인간을 둘러싸고 있는 환경은 인간의 본능이 그 환경에 적응되기를 요구한다, 즉 본능과 욕망이 만나는 관계는 상호 지배적이며 상호 발생적이다.'라고 쉽게 풀어쓸 수 있을 것이다. 하지만 그 내용을 찬찬히 살펴보면 그 의미가 그렇게 단순하지만은 않다.

사실상 뒤랑의 '인류학적 도정'이라는 개념은 인간이라는 존재가 지구상에서 이룩한 모든 문화현상에 대한 정의라고 보아도 된다. 인간의 문화란 인간이라는 존재가 인간을 둘러싸고 있는 환경과 만나서 이룩한 모든 결과물들을 말하는 것이 아니겠는가? 뒤랑의 '인류학적 도정'이 결국 인간이 지구상에서 이룩한 문화를 정의한 것이라고 간주할 때 인류학적 도정이라는 표현을 통해 뒤랑이 전하고자 하는 메시지는 사실 그리 간단한 것이 아니다.

우리는 흔히 동양의 역사와 문화를 자연과 화합해온 결과로 간주하고 반대로 서양의 역사와 문화를 자연을 정복해온 결과로 간주한다. 하지만 현재 우리에게 익숙해져 있는 것은 서구적 문화의 개념이다. 우리는 모두 어느 정도 서구화되어 있다. 서구적 문화의 개념을 낳은 인식은 한마디로 말한다면 지극히 인간 중심적이다. 인간은 동물과 달리 이성을 가지고 있고 불을 비롯한 도구를 사용할 줄 알며 그러한 것들 덕분에 자연을 유용하게 이용할 수 있었고 그 결과 문명을 이룩했다는 생각, 지금 거의 보편적인 상식으로 되어 있는 그 생각은 인간이 이룩한 문화는 물론 인간을 둘러싸고 있는 자연을 해석할 때 인간을 그 중심에 둔다.

그런데 여기서 주목할 만한 사실이 하나 있다. 영어로 자연을 의미하는 단어는 nature이다. 그러나 nature에는 자연이라는 뜻만 들어 있지 않다. 그 단어는 본성, 천성을 의미하기도 하며 실은 그것이 본래의 뜻이기도 하다. nature의 본래의 의미는 변형을 겪기 전의 타고난 성질인 것이다. 사정이 그렇다면 자연을 정복해온 역사라는 표현을 우리는 본성을 정복해온 역사로 해석해도 될 것이다. 즉 인간의 문화는 인간을 둘러싸고 있는 자연환경을 인간에게 유용하게 정복해온 역사이기도 하면서 동시에 인간이 포유동물로서 타고난 동물적 본성을 정복해온 역사도 될 수 있다. 인간이 포유동물로서 타고난 본성이란 바로 인간 내부의 동물성을 말한다. 그렇다면 무엇으로 인간 내부의 동물성을 정복할 수 있었는가? 물론 인간의 이성이고 인간의 의지이다. 이성을 통해 인간은 동물성을 정복했고 그를 통해 발전을 이룩했으며 바로 그 점에서 인간과 동물은 구별된다. 인간이 동물 상태에서 출발한 것은 사실이지만 인간이 이성을 지녔다는 점에서 인간과 동물은 질적으로 구별된다. 이것이 우리가 익숙해 있는 인간관이고 문명관이다. 바로 그 관점에서 인간의 문화는 동물성으로부터의 탈출을 의미하게 되었고 인간은 동물과 질적으로 구분되며 인간이 이룩한 문화들 사이에도 야만적인 문화와 선진적인 문명의 차별이 존재하게 된다.

인간의 문화는 인간의 본능적 욕망과 결별하면서 이루어진 것이 아니다. 인간의 문화는 본능적 욕망으로 얼룩져 있다.

– 프로이트의 정신분석학

인간의 문화에 대한 그러한 생각에 일침을 가한 것이 바로 **프로이트**이다. 정신분석학자인 프로이트는 범성주의(汎性主義, pansexualisme)를 내세우면서 인간의 모든 표현에는 성적인 욕망이 그 동력으로 작용하고 있다고 주장한다. 명백히 의식적인 것처럼 보이는 인간의 행동과 표현 속에 무의식이 자리 잡고 의식적인 것처럼 보이는 행동과 표현을 지배하고 있으며 그 무의식은 억압된 성욕의 저장소로 이루어져 있다는 것이다. 하지만 프로이트의 정신분석학의 중요성은 성욕이 인간을 지배하고 있다며 성욕을 부각시킨 데 있는 것이 아니다. 프로이트의 정신분석학의 중요성은 인간의 명확한 의식, 달리 말하면 이성에 의해서 정복했다고 믿어온 인간의 본능적인 욕망이 실은 정복이 불가능하다고 말한 것에 있다. 그는 그 욕망이 정복이 불가능할 뿐만 아니라 그 본능적 욕망이 무의식화되어 인간의 의식적인 활동을 지배하기까지 한다고 주장한다. 놀라운 과학적 발견들 앞에서 인간 이성의 무한한 발전 가능성을 믿고 인간의 힘으로 지상에 유토피아를 건설할 수 있다는 자부심에 사로잡혀 있던 실증주의, 과학주의 시대의 사람들에게 프로이트가 얼마나 충격을 주었을지는 충분히 짐작할 수 있을 것이다. 또한 비인간적이라고 경멸받는 동물적 욕망이 자신의 내부에서 꿈틀거리는 것을 느끼고 그늘에서 부끄러움을 느끼던 사람들, 자신이 비정상적인 인간이며 동물에 가까울 수도 있다는 자책에 시달리던 사람들에게 얼마나 큰 위안을 주었을지도 우리는 충분히 짐작할 수 있다. 프로이트는 인간성의 이름으로 인간 연구에서 배제되었던 인간의 본능을 학문적 탐구 영역으로 도입할 수 있게 해주었다.

하지만 프로이트는 여전히 인간의 욕망을 둘러싸고 있는 인간의 현실은 그 욕망을 억압한다고 보았다. 단지 그의 생각이 이전과 다른 것은 그 현실원칙이 아무리 강하더라도 인간의 원초적 욕망을 억압하는 데 절대로 성공할 수 없다고 생각했다는 데 있다. 욕망의 직접 발현을 억압하는 현실원칙의 절대성과 그럼에도 불구하고 그 욕망의 절대 실현을 꿈꾸는 인간의 비극! 바로 그것이 프로이트의 인간 해석이고 꿈 해석이다. 그렇더라도 인간의 밝은 이성, 의지의 뒤안에는 어두운 그림자가 존재한다는 것을 밝힌 것은 프로이트의 지대한 공로이다. 인간 이해에 깊이의 개념이 도입될 수 있게 된 것이다. 프로이트로 인해 인간이 만든 문화는 인간의 원초적 욕망과 결별하면서 이룩된 것이 아니라 욕망으로 얼룩진 것이 된다.

인간이 만든 작품이나 인간의 문화의 어느 정도 비극적인 그 모습이 인간이 지닌 에너지가 긍정적으로 발현된 모습, 인간의 욕망이 꽃피어낸 모습으로 바뀌게 된 데는 **융**의 공이 크다고 할 수 있다. 프로이트의 제자로서 출발했지만 결국 그와 결별하고 심층심리학이라는 전혀 다른 이론을 내세운 융에게 이르러 프로이트의 비극적 세계관은 행복한 세계관으로 바뀌게 된다. 프로이트의 정신분석학에서 리비도는 도저히 제어할 수 없는 성적인 에너지를 의미한다. 그러나 융은 리비도라는 단어를 인간 내부에 존재하는 보편적인 심리적 에너지라는 뜻으로 사용한다. 융이 프로이트와 결정적으로 다른 점은 그 보편적인 심리적 에너지가 다원적이라고 주장했다는 사실에 있다. 그리고 융은 프로이트의 개인 무의식의 개념 대신에 집단 무의식과 원형 개념을 내세운다. 자세한 설명은 생략하거니와 융이 리비도의 다원성을 주장하게 되면서, 그리고 집단 무의식과 원형의 개념을 그의 이론에 도입하게 되면서 인간이 지닌 심리적 욕망 혹은 에너지와 그 욕망을 둘러싸고 있는 환경 사이에는 프로이트식의 억압관계만이 존재하지 않게 된다. 인간의 원초적 욕망과 환경 사이에는 오히려 은밀한 연루관계가 존재한다. 그리고 인간을 둘러싸고 있는 환경은 말 그대로 객관적인 환경이 아니라 인간의 욕망이 투영되거나 실현된 곳이 된다. 인간이 만든 도구, 문화, 더 나아가 인간이 만든 인간의 환경은 현실적 필요성에 의해서 인간의 욕망이나 자연을 정복한 결과 존재하게 된 것도 아니고 충족되지 못한 인간의 욕망이 왜곡되어 표현된 것도 아니다. 그 말의 뜻을 실감하기 위해서는 '**불의 발견**'과 관련된 바슐라르의 이야기를 예로 들어볼 필요가 있다.

인간이 만든 모든 도구는 인간의 행복한 꿈의 산물이다.

– 바슐라르

인류가 어떻게 불을 발견하고 불을 보존하고 사용하게 되었는가에 대해서 바슐라르는 프레이저의 저술인 『황금가지』 시리즈 중 「불의 기원에 관한 신화」에 나와 있는 이야기(일반적으로 정설로 인정하고 있는 이야기)를 반박하면서, 일반적인 정설을 뒤집는 새로운 견해를 내세운다.

우리가 불에 관해서 일반적으로 알고 있는 상식은 프랑스인 영화감독인

장 자크 아노의 〈불을 찾아서〉라는 영화에 잘 표현되어 있다. 그 영화는 인간이 불을 피우고 보존하는 방법을 터득하면서 동물적인 야만성에서 벗어나서 '인간의 길'로 접어들게 되었음을 보여준다. 또한 인류의 원시 종족들 중, 불을 피우고 보존할 줄 알았던 종족이 진화되어 인간의 길로 접어들었고 그렇지 못한 종족은 야만 상태에 머물러 있다가 멸망하게 되었음을 아름다운 화면으로 보여준다. 영화의 마지막 장면은 불을 다스릴 줄 알게 된 종족의 성행위 모습을 보여준다. 이전의 동물적인 자세에서 벗어나 이른바 정상위의 자세로 성행위를 하는 것이다. 불을 다스릴 줄 알게 되는 것이 야만에서 벗어나 인간의 길로 접어들게 되었다는 것을 그 마지막 장면은 보여준다. 그 정설이 어떻게 뒤집힐 수 있는가?

바슐라르가 제기하는 근본적 질문은 이런 것이다. 과연 우리의 조상들은 어떻게 해서 불을 발견하게 된 것일까? 어떻게 해서 불을 피울 수 있게 된 것일까? 바슐라르는 그 근본적 질문에 답하기 위해서는 현대인들의 이른바 유용성의 관점이나 합리성의 관점에서 인류의 조상들의 삶을 판단하고 분석하는 태도에서 벗어나야 한다고 말한다. 중요한 것은 불을 만들어 낼 때의 인류의 조상의 심리를 정확하게 이해하는 것이다.

유용성의 관점에서 불에 관한 현상을 설명하고 있는 프레이저의 견해를 따른다면 아마 이런 가정이 성립될 수 있을 것이다.

어느 날 원시인들이 살고 있던 산림에 불이 난다. 인류의 조상은 다른 동물들과 함께 도망을 간다. 도망을 갔던 원시인들이 호기심에, 혹은 몸을 덥히려고 불이 났던 곳으로 다시 돌아오니 미처 도망가지 못해 불에 타 죽은 동물들이 있었다. 요즘 식으로 말하면 짐승들의 통 바비큐가 눈앞에 무수히 있었던 것이다. 게다가 그 바비큐들에게서는 이전에 경험할 수 없었던 맛있는 향기가 풍겼다. 그들은 고기를 맛본다. 그 전의 생고기와 비교할 때 너무나 맛이 있었던 것은 당연한 사실. 그로부터 그들은 불이 유용하다는 것을 알게 된다.

그렇다면 불을 피우는 방법은 어떻게 배웠을까? 역시 자연으로부터 배웠다고 우리는 짐작할 수 있을 것이다. 즉 불이 일어나는 현상을 유심히 관찰한 후 그 방법을 그대로 모방하여 불을 피우게 되었다는 것이다. 자연으로부터 불의 유용성을 배우고 자연으로부터 불 피우는 법을 배운 후, 불을 피우고 보존하고 이용하는 기술을 발전시켜 온 종족이 다른 종족을 지배하게 되고 더 나아가 지구상의 모든 동물들을 지배하게 되었다는 것이 일반적인 상식이며 논리에도 정확하게 부합하는 듯이 보인다.

하지만 바슐라르는 반박한다. 호기심에 불이 난 곳으로 돌아가고 불의 현상을 유심히 관찰한다는 가설 전체가 현대인의 관점, 혹은 메마르고 결론이 빤한 합리주의적 입장에서 조합된, 말 그대로, 가설일 뿐이라는 것이다. 폭발하고 있는 화산, 벼락으로 불이 난 숲이 있다고 치자. 벌거벗고 지냈기에 계절의 변화에 대해 단단히 단련이 된 인류의 조상들이 불을 쬐려고 곧 그리로 뛰어갔을까? 오히려 많은 동물들과 마찬가지로 도망가지 않았을까? 과연 자연 속에서 만들어진 불이 우리의 조상들의 호기심과 유혹과 관찰의 대상이 되었을까? 더욱이 설사 자연이 부여해준 불의 그 안락한 효과를 느꼈다고 할지라도 어떻게 그걸 다시 피우고 보존할 수 있었을까?

바로 그 점에서 바슐라르는 인류가 자연으로부터 불 피우는 방법을 배웠으리라는 주장을 일축한다. 만일 자연으로부터 불 피우는 방법을 배웠다면 인류의 조상들이 남긴 불 피우는 도구는 분명히 충격에 의한 것이어야 한다. 그런데 원시인들이 두 조각의 메마른 나뭇조각을 마찰시켜서 불을 얻었다는 것은 누구나 동의하는 객관적 사실이다. 인류의 조상들이 남긴 불을 피우는 도구는 끈기 있는 마찰에 의해 불을 일으키게 되어 있다. 그런데 자연 현상에서 마찰에 의해 불이 일어나는 광경은 인간에게 한 번도 관찰된 적이 없다. 자연 현상에서는 충격에 의해서 불이 일어나는 광경만을 관찰할 수 있을 뿐이다. 그렇다면 자연 현상으로부터 불의 유용함을 알게 되고 그 유용한 불을 피우는 방법을 자연으로부터 배웠다는 가설은 폐기되어야 한다.

바슐라르는 한편으로는 프레이저의 주장을 하나하나 뒤집으면서, 다른 한편으로는 불에 관한 여러 기록들, 제의들, 상징들, 신화들을 참조하면서 대담한 주장을 한다. 그는 인간의 목이 노래를 위한 기관이듯이 손은 애무를 위한 기관이라고 말한다. 인간은 두 손으로 그 무언가를 만들면서 즐거움과 행복의 몽상에 빠진다. 불을 피우던 인류의 조상은 현실적으로 유용한 불을 피워야 한다는 요구에 열심히 두 손으로 나무를 비벼대고 있지 않다. 그들은 두 눈을 감은 채 행복한 꿈에 젖어 부드럽게 나무를 비빈다. 그 작업을 하는 그를 행복하게 만드는 것은 성적인 몽상이다. 그 작업은 빨리 불을 피워야 한다는 조바심에 사로 잡혀 열심히 두 손을 움직이는 작업이 아니다. 그 작업은 성적인 리듬에 맞추어 콧노래를 흥얼거리면서, 작업 자체가 주는 즐거움에 취한 행복하고 부드러운 작업이다. 그 작업은 인간의 내면에서 성적인, 따뜻한 불을 피워내는 행복한 작업이다. 그런 행복한 작업의 결과 나무에 불이 붙는다. 즉 행복한 내면의 불이 밖으로 옮아간 것이다. 후에 인간이 현실적으로 유용하게 사용하게 될 불은 원초적으로는 인간의 내면에서 언제고 타오르던 불이다.

불의 발견과 관련된 바슐라르의 견해는 우리의 상식을 뒤집어 놓기에 충분하다. 프레이저의 견해대로라면 인간이 불을 발견하게 된 것도 불을 피우게 된 것도 모두 우연의 산물이다. 인류의 조상은 우연히 불의 유용성을 배우게 되었고 그 유용성에 입각해서 자연으로부터 불을 피우는 방법을 우연히 배우게 된다.

하지만 바슐라르의 견해를 따르면 불은 인간의 행복한 꿈의 산물이다. 그것은 행복을 꿈꾸게 되어 있는 인간이 필연적으로 만들어 낸 것이다. 불의 유용성은 그 과정에서 부수적으로 발견해낸 것일 뿐이다. 바로 거기서 현실

원칙과 즐거움의 원칙이 뒤집힌다. 바슐라르는 만일 우리가 인류의 조상의 삶을 결핍과 불행의 관점에서 바라보지 않는다면, 그리고 인류의 조상이 현대인들보다 행복에 대해 더 의식적이었음을 인정한다면 자신의 주장이 쉽게 받아들여질 수 있다고 말한다. 그의 그 말은 인간은 원초적으로 '행복하기 위해 세상에 태어났다'는 말로 이어진다. 인간은 현실적 요구에 짓눌려 자신이 지닌 원초적 욕망을 억누르는 존재가 아니다. 인간은 그 욕망을 충족시킬 수 있는, 그래서 깊은 행복을 느낄 수 있는 대상을 찾는 존재이다. 두 손을 가지고 그 무언가를 만드는 도구인(道具人, homo faber)으로서의 인간은 현실적 필요성에 의해서 조급함에 젖어 있는 사람이 아니라 두 손으로 그 무언가를 만들면서 행복을 느끼는 자이다.

그런데 그 불은 인간 누구나의 내면에서 언제나 타오르고 있다. 그 불씨는 언제나 인간의 내면에 살아 있다. 그 불씨를 살려낼 수 있을 때 인간은 행복을 느끼게 된다.

이쯤에서 다시 인류학적 도정으로 돌아가기로 하자. 뒤랑의 인류학적 도정이라는 개념은 인류가 이룩한 모든 문화는 인간이 포유동물로서 지니고 있는 생물학적 특성이 특수하게 발현된 것이라는 생각을 전제로 하여 성립한 것이다. 불의 발견에 관한 바슐라르의 견해에서 볼 수 있듯이 인간은 인간이 지닌 그러한 본능적 욕망을 충족시키면서 행복을 느끼는 존재이며 인간이 만든 도구들, 더 나아가 문화들은 인류의 내밀한 꿈이 충족된 결과 이룩된 것이다.

인간에게서 포유동물로서의 생물학적 특성을 지우지 않고 인간학을 세운다는 것은 다시 말하지만 '인간에 관한 것이면 그 어느 것도 낯설지 않다.'는 포괄적인 관점에서 인간 현상을 연구하겠다는 태도를 의미한다. 그 태도는 합리성의 이름에서 배제되었던 동물성, 자연, 우연, 일상성, 하찮은 것, 감각, 욕망 등을 모두 탐구의 대상으로 삼는다. 그 중 대표적인 것은 아무래도 인간의 본능, 본성, 동물성 같은 것이 될 것이다. 인간의 모든 표현, 모든 문화의 근저에는 인간이 원초적으로 지니고 있는 동물적 욕망이 알록달록하게 실현되어 있다. 인간의 문화는 인간이 지닌 동물성과 결별하면서 이룩된 것이 아니라 인간이 지닌 동물성이 다른 동물들과는 달리 특수하게 발현되어 만들어진 것이다. 어떻게 달리 발현된 것인가? 인간과 동물의 차이는 과연 어디에 있는가?

인간의 모든 표현은 인간의 주관적 욕망의 간접 발현이다. 그때 발생하는 것이 상징이며, 그렇기에 인간은 상징적 동물이다.

우리는 인류학적 도정의 개념에 대한 뒤랑의 정의를 인용한 바 있다. 그는 인간이 근본적으로 지니고 있는 주체적인 욕망과 객관적인 환경 사이의 관계를 인류학적인 도정이라는 개념을 통해 요약해서 설명한 것이다. 그 개념에서 우리가 유념해야 할 것은 충동적인 본능의 차원과 사회적 혹은 문화적 맥락의 차원 중 그 어느 것도 지배적인 위치에 있지 않다는 것이다. 본능이 우선이냐 사회가 우선이냐, 라고 묻는 것은 닭이 먼저냐 달걀이 먼저냐, 라고 묻는 것과 같은 것이다. 그것들은 상호 가역적이고 상호 발생적인 관계를 맺고 있다. 바로 그 위상에서 인간의 문화가 존재하는 것이며 인간은 언제나 문화화된 존재라는 점에 인간의 특성이 존재한다. 조금 자세히 살펴보기로 하자.

동물들은 대개 천성적으로 타고난 본능을 직접적으로 표현한다. 먹고 싶으면 먹고 자고 싶으면 잔다. 아주 솔직하다. 물론 조건 반사 실험이 보여주듯이 학습에 의해 욕망의 표현 방식이 조금 달라지기도 한다. 하지만 그 변화는 아주 미미하며 동물들의 표현은 대개 천성적으로 타고난 본능을 직접 표현한 것에 가깝다고 할 수 있다. 바로 거기서 인간의 오해가 생긴다. 인간들의 행동과 표현에서 동물적인 본능을 찾아내기란 쉽지 않다. 프로이트의 정신분석학이 사람들에게 충격을 줄 수 있었던 것은 그 어려운 일을 그가 해냈기 때문이다. 더욱이 인간이 이룩한 사회, 정치 제도, 윤리적 규범들을 생각해보라. 그 합리적인 인간의 작품들 어디에 동물성이 끼어들 틈이 있겠는가? 그래서 우리는 아주 쉽게 이런 생각을 할 수 있게 된다. 인간의 사회는 인간이 지닌 동물성과의 결별을 통해 이룩된 것이며 인간에게는 그 동물성을 억압할 줄 아는 특별한 능력이 있다고. 인간과 동물을 구별짓게 해주는 것은 바로 그 능력의 유무에 달린 것이라고. 그 능력이 바로 인간의 이성이라고.

하지만 인간의 표현, 인간의 사회, 인간의 문화에서 동물적인 본능의 모습을 찾기 어려운 것은 그 본능이 제압되어 사라졌기 때문이 아니다. 그 본능이 변장을 하고 나타났기 때문이다. 물론 그 변장은 프로이트식의 변장이 아니다. 더 정확하게는 그 본능이 직접 표현된 것이 아니라 간접 표현되어 나타났기에 본능과 멀어 보이는 것이다. 인간을 동물과 구별짓게 해주는 것은 인간에게서 동물적 본능이 사라졌다는 데 있는 것이 아니라 그 본능이 동물과는 달리 간접적으로 표현된다는 데 있다. 즉 어떤 식으로건 변형되어 표현된다는 데 있는 것이다.

좀 알기 쉽게 설명해 보자. 우리 인간은 포유동물(척추동물)이다. 따라서 몸을 일으키고자 하는 본능, 먹고 싶은 본능, 프로이트가 그의 정신분석 이론의 근간으로 삼은 성적인 본능들을 공통적으로 지니고 태어난다. 그러나 그 본능은 어떻게 표현되는가? 사람마다 다르며 문화마다 다르다. 먹고 싶은 본능의 경우, 사람에 따라, 그 사람이 어떤 가정환경에서 성장했고 어떤 문화환경에 속해 있는가에 따라 다양하게 변형되어 표출된다. 즉 식욕이라는 본능도 언제나 문화화된다. 누구는 고기를 좋아하고 누구는 채식을 좋아한다. 누구는 먹는 일에 그다지 관심이 없으며 누구는 게걸스럽게 탐식적이기도 하다. 그들의 식욕 표현이 그렇게 다른 것은 그들이 애당초 각기 다른 식욕을 가지고 태어났기 때문이 아니다. 그들은 모두 공통된 본능을 가지고 태어났지만 그 본능이 그 본능을 둘러싸고 있는 환경과 만나서 변형되었기 때문이다. 다르게 표현하자면 인간의 본능적인 욕망과 그것의 충족, 혹은 표현 사이에는 그 변형된 것만큼의 거리가 존재하며 그 욕망의 표현은 언제나 욕망이 간접화되어 표출된 것이라고 볼 수 있다. 그와는 달리 동물의 경우는 같은 종에 속하는 동물의 식욕의 표현은 대개 비슷하다. 즉 그 욕망의 표현은 본능과 거리가 별로 떨어져 있지 않으며 변형도 거의 일어나지 않는다. 그것은 본능의 직접 표현에 가깝다.

인간에게만 왜 그런 일이 벌어지는 것일까? 그것은 인간이 지구상의 그 어떤 동물들보다 미성숙의 상태로 이 세상에 태어나기 때문이다. 영장류의 우두머리인 인간이 가장 우수한 자질을 가지고 이 세상에 태어나는 것이 아니라 가장 미성숙의 상태로 태어나다니? 그것이 대체 무슨 뜻인가?

우리는 텔레비전에서 '동물의 왕국' 같은 자연 프로그램을 본 적이 있을 것이다. 야생 동물이 태어나면 새끼는 금방 제 스스로 몸을 추스르고 걸어 다닌다. 그리고는 곧장 어미의 젖을 찾아 입에 물고 젖을 빨아먹는다. 보다 하등 동물의 경우, 어미는 새끼를 낳아놓기만 할 뿐 먹는 문제는 새끼 스스로 해결하는 경우가 대부분이다. 그러나 인간은 어떠한가? 인간은 식욕이라는 본능적 욕망도 스스로 충족시킬 능력을 가지고 태어나지 못한다. 생존의 기본이 되는 식욕조차 제 스스로 충족시키지 못하는 것이다. 적어도 스스로 생존할 수 있는 능력 면에서 보자면 인간은 가장 무능한 동물이라고 볼 수 있다. 바로 그 이유로 해서 식욕이라는 근원적 욕망의 표현도 그 욕망이 어떤 환경을 만나느냐에 따라 사람마다 다양해질 수밖에 없다.

그렇다면 인간이 가장 자랑스러워하는 인간의 두뇌는 어떠한가? 인간의 뇌에 관한 근래의 연구 결과에 따르면 인간의 뇌가 완전히 성장하는 데는 25년이 걸린다고 한다. 인간과 가장 가깝다고 하는 침팬지도 6개월이면 뇌의 성장이 완성된다는 사실에 비해 보면 인간은 미성숙도 한참 미성숙인 채 세상에 태어나는 셈이며 삶의 많은 부분을 미성숙인 채 지내는 셈이다.

인간이 미성숙으로 세상에 태어나서 상당 기간을 미성숙인 채 지낸다는 것은 달리 말하면 인간은 잠재적 가능태로 세상에 태어나서 그 가능성의 세월을 오랫동안 보낸다는 것을 의미하기도 한다. 동일한 욕망을 타고난 인간이 그 욕망의 표현에 있어 다양한 편차를 보여주는 것은 바로 그 변형 가능성이 크기 때문이다. 그 사실은 또한 인간에게는 언제나 문화적 교육, 환경 교육의 중요성이 크다는 것을 우리에게 말해주는 것이기도 하다. 우리는 '늑대인간'의 일화를 알고 있다. 늑대 사이에서 자란 인간의 습성은 늑대와 아주 가까워진다. 인간이 늑대가 될 수 있는 것은 역으로 그가 인간이기 때문이다. 고양이나 여우는 늑대와 성장을 해도 늑대가 되기보다는 고양이나 여우로 머물게 된다. 인간은 동물의 그 어떤 단계에도 머물러 있을 수 있으며 성자가 될 수도 있다. 그게 인간의 한계이며 가능성이기도 하다.

다시 말하자. 분명히 인간의 천성이란 것은 있다. 그러나 그 천성은 그 천성을 둘러싸고 있는 문화에 의해 독특하게 활성화될 하나의 잠재성으로만 존재한다. 그리고 그 잠재성이 활성화되는 순간 타고난 본능과는 거리가 생긴다. 그러나 그 표현은 본능의 간접적 표현일 뿐 본능과 단절된 것은 아니다. 따라서 인간의 원초적 표현은 하나의 상징이 된다.

본원적 욕망의 간접 표현을 왜 상징이라고 말할 수 있는 것인가? 상징이란 도대체 무엇인가? 우리는 일단 상징을 기호와는 달리 저 유명한 기호의 '자의(恣意)성'이 작용하지 않는 표현의 경우로 이해하기로 하자. 기호가 자의적이라는 것은 우리가 사용하는 기호적 표현(기표)과 그것의 의미(기의) 사이에 그 어떤 필연적인 연관성이 존재하지 않는다는 뜻이다. 예를 들어 우리가 '물'이라는 기호를 사용했을 때 그 기표(記標)가 의미하는 뜻, 즉 기의(記意)와 '물'이라는 기표 사이에는 아무런 필연적인 관계가 없다. 물은 영어로는 water이고 불어로는 l'eau이다. 똑같은 것을 놓고 우리는 '물'이라고 표기하기로 약속한 것이며 영어와 불어도 마찬가지이다. 즉 '물'을 '물'이라고 표기해야만 하는 필연적인 이유는 존재하지 않는다. 그게 바로 기의의 자의성이다. 한 가지 예를 더 들어보자. 서울의 거리마다 이름이 있다. 세종로가 있고 을지로가 있고 퇴계로가 있다. 하지만 세종로는 세종대왕과 아무 연관이 없으며 을지로도 그렇고 퇴계로도 그렇다. 세종로가 세종로인 것은 그냥 그 거리를 그렇게 부르자고 약속했기 때문이다.

그런데도 우리는 세종로가 어디인지 누구나 안다. 즉 세종로라는 표현의 의미를 정확히 안다. 표현과 의미 사이에 아무런 필연적인 연관성이 없는데 어떻게 의미가 전달이 되는 것일까? 그것은 세종로라는 표현이 세종로를 대체할 수 있는 수많은 다른 기표들, 즉 을지로, 퇴계로, 청계로 등등의 표현과 구별이 되기 때문이다. 즉 각각의 표현이 나름대로의 필연적인 의미를 지니고 있어서 그 뜻이 소통되는 것이 아니라 각각의 표현이 다른 표현과 맺고 있는 관계와 차이에 의해서 그 뜻이 소통되는 것이다. 사람들의 이름의 경우를 생각하면 아마 이해가 쉬울 것이다. 기호가 그렇게 자의적으로 이루어져 있으며 기호의 의미는 기표들의 관계와 구조에 있다는 것이 바로 유명한 언어학자 소쉬르의 구조주의 언어학이다.

다시 말하자. 엄밀한 의미에서의 기호의 경우 표현과 의미 사이에는 단절이 있고 그 의미는 순전히 표현된 것들 간의 관계에 의해서만 드러나게 된다. 그러니 하나의 언어가 구조적으로 잘 조직이 되어 있을 경우, 즉 기막히게 체계화되어 있을 경우 하나의 기표에는 하나의 기의만이 정확하게 결합할 수 있게 된다. 즉 기표를 통해 드러내는 의미가 아주 명확해진다. 기표와 기의가 필연적 관계를 맺고 있지 않으면서 하나의 기표에는 하나의 기의가 거의 1:1로 조응하고 있다는 것, 그것이 바로 기호의 성격이다. 그 기의가 이른바 기호의 본래의 의미(本意)라는 것인데 그 의미는 그 언어의 약속 코드를 익힌 사람이면 누구나 이해할 수 있는 객관적 의미이며 명확한 의미이다.

반대로 상징이란 기표와 기의 사이의 자의성이 현저하게 약화된 경우를 말한다. 즉 기표와 기의 사이에 단절이 존재하는 것이 아니라 그것들이 자연스럽고 적절한 관계로 맺어져 있되 일정한 거리가 존재하는 경우를 말한다. 앞서 예를 든 '물'이라는 표현을 두고 다시 생각을 해보자. 우리가 일상적으로 사용하는 물이라는 표현은 구체적으로 존재하는 물을 말한다. 아버지가 아들에게 물 좀 갖다 달라고 했을 때 한국어를 배워 쓸 줄 아는 아들은 금방 마실 물을 컵에 담아 갖다 줄 것이다. 하지만 한대수라는 가수가 애절한 멜로디에 실어 '물 좀 주소!'라고 절규하듯 노래 부를 때 그 의미는 사뭇 모호해지고 주관적이 된다. 그 의미는 그 노래를 부르는 사람의 심리를 직접 겪어 본 사람만이 거기에 동참할 수 있는 의미이다. 그 의미는 누구나 확실하게 파악하거나 누구하고나 소통할 수 있는 객관적인 의미가 아니다. 그 의미는 실제로 존재하는 물처럼 '바로 이것을 의미하지.'라며 눈앞에 구체적으로 보여줄 수 있는 것이 아니다. 단지 어렴풋이 짐작만 할 수 있을 뿐, 모호하기만 한 의미이며 그 절절한 갈증을 함께 느낄 수 있을 때 그 의미에 동참할 수 있을 뿐이다.

그런데 여기서 이상한 일이 벌어진다. 그런 주관적인 의미를 그 어떤 표현 속에 담으려면 그 표현이 적절해야만 하는 일이 벌어지는 것이다. 즉 기호의 자의성이 현저하게 약해진다. '물 좀 주소!'라는 절규를 통해 담고 싶은 의미를 '빵 좀 주소'라고 표현할 수는 없다. 기표와 기의가 어느 정도 적절한 관계를 맺게 되면서 역으로 그 기의는 모호해질 때 그 표현은 비유적 표현이 되고 단순한 기호의 영역에서 벗어난다. 물론 상징에 대한 엄격한 정의를 내리기 위해서는 보다 섬세한 구분과 설명이 필요할 것이다. 그러나 여기서는 아주 단순하게 그 경우를 상징적 표현에 가까워진 경우로 이해하고 이렇게 정의내리기로 하자. 상징적 표현이란 의미와 표현 사이에 거리는 있되 단절은 없는 경우를 말한다. 달리 말해 표현 속에 의미가 들어 있되 그 사이에는 거리가 있어 그 의미가 모호해진 경우가 바로 상징적 표현에 해당된다.

우리는 앞서 '분명히 인간의 천성이란 것은 있다. 그러나 그 천성은 그 천성을 둘러싸고 있는 문화에 의해 독특하게 활성화될 하나의 잠재성으로만 존재한다. 그리고 그 잠재성이 활성화되는 순간 타고난 본능과는 거리가 생긴다. 그러나 그 표현은 본능의 간접적 표현일 뿐 본능과 단절된 것은 아니다.'라고 썼다. 본능과 천성을 욕망이라는 단어로 바꾸어 사용해도 무방하다. 어쨌든 인간은 인간이 근원적으로 지니고 있는 천성이나 욕망을 간접적으로 표현한다는 것, 그 욕망과 욕망 표현 사이에는 거리는 있되 단절은 존재하지 않는다는 것이 위의 문장의 뜻이다. 우리는 여기서 욕망을 의미로 바꿀 수 있지 않을까? 어떤 표현을 할 때 거기에 담고 싶은 자신만의 의미, 그것이 바로 욕망이 아닌가? 그렇다면 위의 문장은 인간의 표현에 대한 정의이면서 동시에 상징에 대한 정의가 된다. 즉 인간은 상징적 동물이며 바로 그 점에서 다른 동물과 구별되는 것이다.

다시 정리하자. 인간이 상징적 동물이라는 것은 무엇을 의미하는가? 그것은 인간의 원초적 표현은 상징적이라는 것을 의미한다. 하지만 그 말은 인간의 모든 표현이 상징으로 간주될 수 있다는 뜻이 아니다. 인간의 표현들에는 순수 기호로 간주할 것도 많고 상징적 표현도 많다. 인간이 상징적 동물이라는 뜻은 상징적 표현이 기호적 표현보다 존재론적으로 우선이라는 뜻이다. 기호보다 상징이 존재론적으로 우선이라는 것은 상징이 먼저 발생하고 그 상징적 표현이 역사와 문화 속에서 그 다의성을 상실했을 때 기호적 표현으로 바뀐다는 뜻이다. 쉽게 이해를 하려면 다시 불의 발견과 관련된 바슐라르의 견해를 참조하면 된다. 불의 기원에 관한 바슐라르의 견해는 즐거움의 원칙이 현실 원칙에 우선한다는 것이었다. 그 유용한 불을 만든 것은 현실적 필요성에 의해서가 아니라 인간이 지니고 있는 욕망을 적절한 물질을 통해 표현해 내면서였다. 더 쉽게 이야기한다면 인간은 현실적 필요성에 의해 인간이 지니고 있는 욕망을 억압하면서 열심히 노력한 결과 불을 발견하고 만든 것이 아니다. 인간 내부의 욕망을 가장 잘 표현할 수 있는 가장 적절한 재료를 찾아 그 욕망과 재료가 화합한 결과 불이 생산된 것이다. 상징이 기호보다 우선이라는 말은 인간의 손은 애무를 위한 기관이며 원시인에게 있어서는 애무와 노동이 결합되어 있었다는 바슐라르의 말과 일맥상통한다. 지금 우리에게 힘든 노동처럼 보이는 우리 조상의 작업이 실은 욕망을 충족시키는 행복하고 부드러운 몽상의 실현이라는 것을 인정하는 것, 그것은 인간의 원초적 표현은 기호가 아니라 상징이라는 것을 인정하는 것과 같다. 그 작업은 의미와 표현을 결합시키려는 작업이다. 부드러운 애무의 손길에 담긴 인간의 욕망(그것이 바로 의미가 아니겠는가!)과 그 욕망을 받아들일 준비가 되어 있는 물질이 화합해서 만들어 낸 불! 그래서 불은 일차적으로 인간에게 상징이 된다. 인간의 욕망이 간접화되어 담긴 인간의 원초적 표현으로서의 불! 거기에는 남과 소통하려는 노력(기호의 일차적 성격)이 들어있는 것이 아니라 주체적 욕망이 만난 세계를 이해하고 그와 화합하려는 몸짓이 들어 있다. **상징이 기호보다 우선한다는 말은 소통보다 이해가 우선이라는 말과 상응한다.** 소통은 이해의 뒤에 오게 되는 부수적 소득이며 결과이다. 인간은 상징적 동물이다, 라는 말은 이해가 소통에 우선한다는 것을 뜻하며 그런 의미에서 이른바 객관적 진리나 가치에 의해 평가절하되어 있던 주관적 가치의 권리 선언이기도 하다.

달라지는 문화의 개념
– 인간은 언제나 문화화된 존재이다.

여기서 우리가 필히 검토하고 넘어가야 하는 개념이 바로 문화라는 개념이다. 일반적 통념을 따르면 문화라는 개념은 야만과 대립되는 개념이다. 통넘대로라면 인간은 야만 상태에서 벗어나면서 비로소 문화를 이룩해온 것이 된다. 하지만 인간을 상징적 동물로 간주하는 입장에서라면 문화의 개념이 전혀 달라진다. 인간이라는 존재 자체가 이미 문화적인 존재가 되기 때문이다. 우리는 뒤랑의 인류학적 도정이라는 개념을 통해 인간에게는 충동적인 본능의 차원과 사회적 혹은 문화적 맥락의 차원 중 그 어느 것도 존재론적으로 선행하는 것이 아니며 그것들은 상호 가역적이고 상호 발생적이며 바로 그 위상에서 인간의 문화가 발생하고 존재한다고 이미 지적한 바 있다. 달리 말하면 인간은 언제나 문화화된 존재라는 점에서 인간의 특성이 존재한다는 것이다. 그렇기에 인간의 작품이 없다면 인간도 없다. 따라서 추상적인 개념의 순수 동물, 야만의 상태라는 것은 인간에게 존재하지 않는다. 표현 자체가 인간이고 문화이고 인간의 생존 조건 자체이다. 인간은, 문화를 창출하고 집단을 이루어 살고 있는 한, 그 어떠한 경우건 문화와 유리된 채 개념화될 수 없으며, 인간에게서 척추동물 혹은 포유동물이라는 원초적 기반을 감추어 버릴 수 없는 것과 마찬가지로 인간 속에 내재한 동물적인 천성을 그가 접하게 되는 특수한 문화와 따로 떼어놓을 수 없다. 왜냐하면 인간의 천성이라는 것은 그 천성을 둘러싸고 있는 문화에 대해서 수동적 반응체로 존재하는 것이 아니라 주체적이고 능동적인 속성을 지니고 있기 때문이다. 인간의 천성은 항상 잠재성으로서만, 가능성으로만 존재하며, 문화적으로 특수하게 활성화됨으로써 그 표현을 얻는다. 중요한 것은 인간이 이룩한 문화가 욕망의 억압, 즉 동물성의 억압으로 이루어진 것이냐 아니면 상징화를 이룬 것이냐의 관점의 차이이다. 인간이 야만 상태에 머물러 있는가 아니면 문화를 꽃피웠는가의 구분은 비현실적이고 추상적인 구분일 뿐이다. 인간은 문화를 만들면서 그 문화가 또 하나의 자연 환경이 되는 존재이며 자연과 문화의 구분이 없는 존재이기도 하다.

그렇다면 인간이 본능적으로 공통적으로 지니고 있는 식욕이 환경과의 만남에 의해 변형되어 다양하게 표현되듯이 지구상의 다양한 문화는 그러한 변형의 다양한 양상들일 뿐이라고 우리는 말할 수 있다. 구조주의 인류학자인 레비스트로스가 '인간은 언제나 똑같이 잘 생각해 왔다.'라고 말한 것의 의미가 바로 그것이며 그가 주창한 문화 상대주의의 의미도 바로 그것이다. 레비스트로스는 비논리적인 사유의 대표처럼 간주되는 신화도 아주 훌륭한 논리를 가지고 있음을 보여주지 않았는가? 레비스트로스에 따르면 신화는 야만적 사고가 낳은 비논리적인 사유의 결과물이 아니다. 신화는 인류의 인식이 발전하면서 다른 표현 양식에 의해 대체된, 미개한 인식의 산물이 아니라 그 신화를 낳은 사회의 집단적 인식을 아주 논리적으로 구조화해 놓은 것이다.

인간은 짐승도 될 수 있고 성자도 될 수 있으며 기계처럼 될 수도 있다 – 상징의 등급

상징이 발생론적으로 우선한다는 말을 우리는 다시 정확하게 이해할 필요가 있다. 발생론적이라는 말이 아마도 오해를 불러일으킬 수도 있을 것이기 때문이다. 그 말은 마치 인간은 어린아이일 때부터 상징적 표현을 하게 되고 어른이 되어 합리적으로 생각을 할 줄 알게 되면 기호적 표현을 주로 하게 된다는 뜻으로 오해될 수도 있다. 하지만 사정은 전혀 그렇지 않다. 그 말을 정확히 이해하기 위해 상징에 대한 뒤랑의 다른 정의를 인용해보자.

뒤랑은 '상징이란 간접적 인식의 제한된 경우인데, 역설적으로 이 간접적 인식이 직접적이 되려는 — 그러나 생물학적인 신호나 논리적인 언술과는 다른 국면에서 — 경향을 지닌 경우이다.'라고 요약해 표현한다. 상징은 모든 간접적 인식을 일컫는 것이 아니라 간접적 인식의 제한된 경우이며 더욱이 그 '간접적' 인식이 '직접적'이 되려는 경향을 지닌 경우이다. 그렇다면 직접적 인식이란 무엇을 말하는 것이고 직접적이 되려는 경향이 없는 경우란 무엇을 말하는 것인가? 왜 상징은 직접적 인식도 아니고 간접적 인식도 아니며 직접적이 되려는 간접적인 인식이라는 제한된 경우를 말하는 것인가? 거기에는 어떤 등급이 있는 것인가?

다시 뒤랑의 말을 인용해보자.

> 동물의 세계와 같은 가장 낮은 위상, 어떤 점에서는 파블로프의 위상이라 부를 수 있는 위상에서 상징이란 신호의 콤플렉스처럼 나타난다(물론 상징적 세계의 지도에서 그 위상은 제외된다.). 웩스킬(Uexküll)이 연구한 바 있는, 저 유명한 진드기는 결코 상징화하지 않는다. 그것의 의미하는 세계는 세 개의 일의적인 차원으로 이루어져 있는 반면에, 개라든가 혹은 새와 같이 최소한 뇌를 지니고 있는 동물에게서는 — 자세적 몸짓이나 반사적 행동을 살펴볼 때 — 반사나 본능이 본래의 직접적인 기능으로부터는 어느 정도 떨어진 경우를(물론 아주 드문 경우이긴 하지만) 발견할 수 있다. 고등 동물은 조심스런 행동을 보이고, 파블로프의 개도 신호로부터 옮아간다.…… 그러나 상징화의 독특하고 주된 특성이 나타나는 것은, 발가벗은 원숭이인 이 이상하고 독특한 영장류, 인간이라는 육식성 영장류에서이다. 그것은 유형 성숙 혹은 미성숙 상태에서의 욕망과 현실 사이에 놓인 간극이 그 어떤 영장류의 동물에게보다 인간에게 크기 때문일 것이다. 간접적인 사고의 과정이나, 다양한 의미화의 장(場)들 중에서 기호적 방법에 의한 이해의 과정이 아주 풍요롭게 꽃피는 것은, 바로 호모 사피엔스에게서이다. 이런 상징화는 점진적으로 이루어진다.(뒤랑, 『신화의 형상들과 작품의 얼굴들』, 24쪽)

위의 인용에 따르면 가장 낮은 위상의 동물에게서와 마찬가지로 어린아이의 단계에서는 상징화가 이루어지지 않는다. 갓난아이에게는 아이가 지니고 있는 욕망과 현실 사이에 놓인 간극에 대한 성찰이 거의 없다. 그래서 아이들이 하는 표현은 본능적 충동을 거의 직접적으로 보여준다고 말할 수 있다. 본능이나 욕망과 그 표현 사이에 거리가 없고 변형도 없는 것이다. 정신질환자의 경우도 마찬가지이다. 정신질환자의 경우도 자신의 욕망과 현실 사이의 상징적 거리가 와해되어 있다. 그의 표현은 상징적으로 활성화되어 있기보다는 욕망의 직접적 표출에 가깝다. 우리가 흔히 쓰는 '철면피'라는 표현도 마찬가지이다. 철면피는 인격이라는 가면(욕망과 거리를 둔 간접적 자기표현) 위에 두꺼운 철가면을 하나 더 뒤집어 쓴 듯한 사람을 일컫는다고 보면 된다. 그는 인격이라는 가면 위에 또 하나의 가면을 뒤집어씀으로써 아무 거리낌 없이 자신의 날 욕망을 드러내고 그것을 채우는 사람이다. 그가 하는 행동이나 표현은 두 가면의 이중 작용에 의해서 욕망의 직접적인 표출에 가까운 것이 된다. 망설임도 없으며 아무런 거리낌도 없이 자신의 욕망만을 채우기 위해 행동하는 사람을 우리가 철면피라고 부르는 것은 그 때문이다. 요약하자면 어린아이의 경우이건 정신질환자의 경우이건 철면피를 뒤집어 쓴 어른의 경우이건 상징화는 이루어지지 않는다. 욕망이 너무 직접적으로 표출되기 때문이며 달리 말해 욕망과 표현 사이에 거리가 없기 때문이다. 그 경우 상상력은 지극히 제한된다.

그렇다면 반대의 경우는 어떠한가? 즉 욕망과 그것의 표현 사이의 거리가 너무 멀어지는 경우는 어떻게 될 것인가? 욕망과 그 표현 사이의 거리가 너무 멀어져서 자의성만이 남게 될 때, 즉 그 둘 사이에 아무런 필연적인 관계가 존재하지 않을 때의 표현을 우리는 엄밀한 의미에서의 기호로 간주할 수 있다고 이미 말한 바 있다. 그러니 그 사이의 거리가 너무 멀어진다는 것은 상징이 기호로 변했다는 것을 의미한다고 보면 된다. 하나의 상징이 기호가 된다는 것은 상징적 표현이 지니고 있는 기본 성격, 즉 욕망과 그 표현 사이의 적합한 관계가 문화나 역사적 맥락에서 사라지고 의미의 주관성, 모호성, 다가성을 상실하게 된다는 것을 말한다. 모순되는 것들의 종합을 의미하는 원형적 이미지인 십자가가 기독교의 역사라는 맥락에서 예수의 수난을 의미하게 되고 이어서 아주 단순한 덧셈의 부호가 되는 경우가 아주 좋은 예이다. 모순의 종합이라는 상징적 의미가 덧셈의 부호가 되면서 그 표현이 의미하는 바가 너무나 명확해지고 객관적이 되는 것이다. 욕망이 간접화되지 못하고 너무 직접적으로 표출되는 경우와는 반대로 그 경우에는 거의 모든 표현에서 객관성과 효율적인 소통의 이름으로 주관적 욕망이 배제된다. 그렇게 되면 상징은 그 기능을 정지하게 된다.

여기서 우리는 아주 중요한 생각을 하나 할 수 있게 된다. 우리는 인간의 행동이나 표현이 타고난 본능적 욕망과 너무 붙어 있는 경우 그 행동이나 표현을 짐승 같다고 말한다. 그리고 그러한 짐승 상태에서 벗어나는 것이 바로 인간답게 사고하고 행동하는 것이라고 생각할 수 있다. 그래서 그 거리가 멀수록 즉 본원적 욕망에서 멀어질수록 인간다워지는 것이라는 결론에 도달하게 될지도 모른다. 그 생각에 입각해 있으면 기호가 가장 인간다운 표현이 된다. 기호를 우선하는 인식, 합리성을 우선으로 두는 인식, 인간의 이성을 우위에 두는 인식은 바로 거기에서 생길 수도 있다.

하지만 그 생각이 극대화되면 개인이라는 주체는 그 설 자리를 잃게 된다. 개인은 합리적 시스템, 객관적 시스템의 한 구성원으로 전락한다. 그때 한 개인이 하나의 주체로서 고독한 존재가 될 수 있는 권리가 사라진다. 객관적 의미, 합리적 의미, 합리적 체계라는 이름하에 인간 주체는 소외가 되는 것이다. 인간은 인간이 만든 이른바 객관적인 의미(그 의미는 그 체계에 속한 사람들의 약속에 의해 형성된 의미로서 인간이 만든 다양한 의미들 중의 하나일 뿐이다.)의 틀 안에 갇힌다. 융이 지나치게 합리화되고 과학화된 서구 사회가 인간이 사라진 로봇의 사회가 될 수 있다고 비판한 것은 그런 이유에서이다.

조지 오웰의 『1984년』에서 비판적으로 그려진 세계, 헉슬리의 『멋진 신세계』, 영화 〈데몰리션 맨〉의 무대가 되고 있는 세계들이 바로 그러한 세계들이다. 그리고 우리는 현대인이 이룩한 기술문명의 노예가 되고 있다는 이야기를 자주 하고 있지 않은가? 그 세계는 인간의 알록달록한 욕망이 통제되고 인간의 숨결이 사라진 살균된 세계이다. 살균된 세계는 순수할 수는 있어도 그 안에서 호흡을 하는 것은 불가능하다. 더욱이 그러한 믿음이 단 하나의 진리, 단 하나의 굳어 있는 합리성에 대한 믿음으로 강화되면 그 위험은 더 커진다. 이른바 합리성이라는 것도 유일한 것이 아니라 가변적이며 그런 이유로 여러 합리성이 존재할 수 있다는 것을 우리는 바슐라르에게서 확인한 바 있다.

인간을 상징적 동물로 간주한다는 것은 그 두 극단을 모두 배제하는 동시에 그 극단적인 면들을 다양한 인간 표현들 중의 하나로 수용한다는 것을 의미한다는 것을 이제 쉽게 이해할 수 있을 것이다. 그런 의미에서 인간을 상징적 동물로 간주한다는 것은 인간 존재에 대한 종합적이고 포괄적이며 근본적인 이해의 한 방법이기도 하면서 그와 동시에 인간다움이란 어떠한 것인가를 규정해주는 것이기도 하다. 그것은 인간 이해의 근간이면서 동시에 인간이 구현해야 할 하나의 지표이기도 하다. 인간은 상징적 동물이기에 짐승도 될 수 있고 성자도 될 수 있는 무한한 가능성을 지니고 있는 것이지 유일한 과정을 거쳐 궁극적으로 똑같은 인간이 될 수 있는 것은 아니다(놀라운 평등주의!). 그것은 시험 점수가 똑같은 사람이라고 해서 그들이 똑같은 인간이라는 것을 뜻하지 않는 것과 마찬가지 이치이다. 상징이라는 어휘를 상상력으로 바꾸어 말해도 사정은 마찬가지이다. 인간은 풍요로운 상상력을 지닐 가능성을 충분히 지니고 태어난다. 하지만 인간은 앞서 살펴본 두 극단의 경우처럼 상상력이 지극히 제한된 모습으로 살아갈 수도 있다. 그러니 우리는 짐승처럼 제 욕심 채우기에 급급한 사람에 대해서도 혹은 너무 차가워서 인간미가 풍기지 않는 사람이나 독선적인 사람에 대해서도 모두 '왜 그리 상상력이 없지?'라고 한데 묶어서 안쓰러움을 표현할 수 있다.

이제 상징이 발생론적으로 우선한다는 말의 뜻을 우리는 어느 정도 이해할 수 있을 것이다. 또한 '상징이란 간접적 인식의 제한된 경우인데, 역설적으로 이 간접적 인식이 직접적이 되려는— 그러나 생물학적인 신호나 논리적인 언술과는 다른 국면에서— 경향을 지닌 경우이다.'라는 말도 정확히 이해할 수 있을 것이다. 인간의 표현은 언제나 욕망의 직접 표현이 아니라 간접 표현이다. 기호의 세계, 창백한 개념과 논리의 세계는 그 간접적 표현의 극단적 경우이다. 그 세계는 주체적 욕망과의 단절로 이루어진 세계이다. 반대로 욕망의 직접 표현으로 이루어지는 세계는 어린아이의 경우처럼 동물과 비슷한 세계이다. 상징의 세계는 그 욕망과 단절된 세계가 아니라 근원적 욕망과 가까워지려는 그러나 결코 붙어버릴 수는 없는 세계이다. 다른 식으로 말한다면 본원적 욕망이 간접적으로, 즉 변형을 이루어 발현된 세계이다. 거리는 있되 단절은 없는 세계, 그 세계가 상징의 세계이다. 그때 그 변형된 표현을 낳는 힘이 바로 상상력이다. 바슐라르가 불의 발견에 관한 글에서 '불은 필요의 산물이 아니라 즐거움의 산물이다.'라고 말한 것은 그러한 상상력, 즉 상징을 낳는 힘이 인간 표현과 문화의 근간이며 그것이 인간 존재의 궁극 의미라는 것을 말하는 것이 아니겠는가? 그리고 우리는 당연히 상징이 풍요롭게 나타난 세계와 그렇지 않은 세계, 달리 말해 상상력이 풍요롭게 발휘된 세계와 그렇지 않은 세계를 구분할 수 있지 않겠는가?

뒤랑의 말을 빌리지 않더라도 상상계의 지도가 풍요롭게 펼쳐지는 것은 인간이라는 주체가 자신을 둘러싸고 있는 환경과 만나 거기에 생산적으로 작용할 때이다. 물론 거기에도 여러 양상이 있다. 순수 상징적 표현으로 나타나는 경우도 있고 신화적으로 나타나는 경우도 있으며 지상에 유토피아를 건설하겠다는 꿈으로 나타나기도 하며 문학의 형태로 나타나기도 한다. 또한 한 사회의 문화적 맥락에 구체적으로 참여해서 새로운 문화를 건설하겠다는 의지로 나타나기도 한다. 뒤랑은 '상징적 의식이 가장 높은 위상에서 발휘되는 것은 예술과 철학과 종교에서이다.'라고 말한다. 하지만 우리는 뒤랑의 그 발언을 어느 특정한 표현 양식을 통해서만 상징적 의식이 풍요롭게 발휘된다는 뜻으로 이해하고 싶지 않다. 인간이 상징적 동물이라면, 상상력이 인간 누구에게나 보편적으로 내재해 있는 기능이라면 상상력이 풍요롭게 발휘되는 영역이나 양식도 일정하게 제한되어 있는 것이 아니라 보편적으로 확산이 가능할 것이기 때문이다. 그 양식이 일상적인 우리의 행동이나 사고이건 대중문화의 형식을 띤 것이건 심지어 정치나 교육제도이건 간에 그것들이 속해 있는 사회에 역동성을 부여하고 변화를 낳고 생명력을 부여하는 힘으로 작용할 수 있는 것이라면, 그래서 그 사회 전체가 균형 감각을 갖는 데 도움을 줄 수 있는 생각이며 행동이라면 우리는 그 생각과 행동에 대해 상상력이 풍요롭게 발휘되었다고 말할 수 있을 것이다. 상징의 등급은 표현 양식에 의해 구분되는 것이 아니라 **'욕망과 표현 사이에 거리는 있되 단절은 없는'** 그 아슬아슬한 상태, 객관적인 의미를 버리는 것이 아니라 그것과 대화하는 자신의 주체성을 의식하고 있느냐 아니냐에 따라 구분이 될 수 있다고 말하는 것이 옳을 것이다.

그렇다면 우리가 지금 이미지 상상력의 시대를 살고 있다는 것은 우리에게 무엇을 의미하는 것일까? 문자 그대로 이해한다면 합리주의적 인식에 입각한 세계관, 인간관과 그에 입각한 제반 가치, 윤리 등에 지친 나머지 새로운 인식의 변화가 일어나고 있다는 것을 의미할 것이다. 하지만 사태가 그렇게 간단하지만은 않다. 앞서도 지적했듯이 우리가 맞이한 이미지와 상상력의 시대는 역설적이게도 이미지와 상상력을 억압해온 서구의 과학기술 문명의 발전에 힘입은 것이기 때문이다. 사정이 그러하기에 이미지 상상력의 시대는 현실로 도래한 것처럼 보이지만 인식의 차원에서는 아직 근본적인 변화가 일어나고 있다고 보기 어렵다. 더욱이 우리의 현실에 초점을 맞추어 생각하면 사정은 더욱 복잡해진다. 우리는 서구식의 합리주의적 인식의 절정에서 상상력의 시대를 맞이한 것이 아니라 우리가 서구식의 합리적 인식에 도달하려면 아직 멀었다는 일종의 자괴감을 지닌 채 상상력의 시대를 맞이한 것이기 때문이다. 따라서 무의식적으로 우리는 상상력을 서구보다 더 평가절하하고 있는지도 모른다. 그런 한편 경제적 가치, 경제적 효율성이 전방위적인 위력을 발휘하면서 상상력에 대한 왜곡은 아주 심해진다. 상상력은 경제적 효율성을 발휘하기 위한 수단으로 축소되고 21세기를 살아내기 위한 수단이 되어버린다. 더욱이 우리는 이른바 IT강국이다. 그 결과 정보과학의 발전에 힘입은 디지털 기술과 상상력이 아무런 유보 없이 은밀하게 결합하는 일까지 벌어진다. 이미지와 상상력이 정보화 시대에 살아남기 위한 수단이 되는 그 역설!

하지만 그 모든 양상을 여기서 자세히 검토할 필요는 없을 것이다. 단지 상상력에 입각한 인간학은 시대의 새로운 조류에 발맞추는 인류학이 아니라 우리에게 좀 더 긴 안목에서의 새로운 인식과 윤리를 제시하는 인간학이라는 사실만 강조하기로 하는 것으로 대신하기로 하자.

상상력의 시대란 집단의 윤리 대신 개인적 가치만이 강조되는 시대를 말하는 것이 아니다. 개인의 창의성을 강조한다는 것이 개인의 경박한 이기주의를 인정한다는 것을 말하지는 않는다. 상상력에 입각한 인간학은 오히려 경박함보다는 진지함을 요구한다. 그 인간학은 인간과 인간, 인간과 사회, 인간과 자연 사이의 깊은 연대감이 선행되는 인간학이다. 그 인간학은 파편적으로 흩어진 다양성이 아니라 다원주의에 입각한 연대감을 전제로 한다. '인간에 관한 것이면 그 어느 것이건 낯설지 않다는 관점' 자체가 이미 그러한 연대감을 전제로 한 것이기도 하다. 인간이 지니고 있는 공통분모를 출발점으로 삼은 상상력의 인간학은 바로 그 지점에서 **'인간은 조금도 진보해오**

지 않았다.'는, 어찌 보면 우리를 아주 어리둥절하게 만드는 선언, 우리가 이 글의 맨 앞에서 살펴본 선언으로 이어지는 것이다. 그리고 바로 그 선언에서 새로운 윤리가 탄생한다. 그러한 선언에 의해 상상력에 입각한 인류학은 어떤 구조로 그 모습을 드러내는가? 이제부터 간략히 살펴보기로 하자.

인간의 삶의 근원에는 끊임없는 싫증주의가 자리잡고 있다. 그것이 인간 삶의 역동성을 낳고 이질적인 것들을 유기적으로 맺어준다 – 상상계의 인류학적 구조들

　질베르 뒤랑의 『상상계의 인류학적 구조들』은 500쪽이 넘는 방대한 저술이다. 그 책의 내용을 모두 소개한다는 것은 물리적으로 무리이다. 우리는 일목요연하게 요약해 놓은 도표를 중심으로 그 구조의 기본 정신만을 이해하는 것에 만족할 수밖에 없다.

　'이미지들의 동위적 분류도'라는 제목이 붙어 있는 다음 도표를 우리는 일종의 이미지의 수렴도로 이해하면 된다. 뒤랑은 인류의 상상계의 유산들을 '인류학적 도정'의 정신에 입각해 연구하는 방법으로 수렴 방법을 내세운다. 수렴 방법이란 겉보기에 상이해 보이는 온갖 표현과 사유 분야에서 항목별로 유사한 이미지의 성좌들을 찾아내어 한데 묶는 방법이다. 즉 그 표현 방식이 다르더라도 하나의 성좌에는 마치 하나의 핵처럼 동일한 원형이 자리 잡고 있다. 다음 도표에서 분열 형태적 구조, 종합적 구조, 신비적 구조로 나누어진 세 구조들은 각각 상이한 원형들을 핵으로 가지고 있는 세 개의 별자리를 의미한다고 보면 된다. 도표에서 보듯이 각각의 구조들에는 세로축을 따라 '논리적 원칙, 반사적 특징, 동사적 구도, 형용사적 원형, 실사적 원형, 상징부터 종합소까지'의 분류가 되어 있다. 그것은 하나의 원형적 테마가 나오게 된 심리적 뿌리로부터 그 테마가 전개되어 나타나는 온갖 문화적 표현과 논리적 표현들을 분류한 것이다.

〈이미지들의 동위적(同位的) 분류도〉

체재 (혹은 극성(極性))	낮 체제 diurne		밤 체제 nocturne			
구조 structure	분열형태적 schizormorphes (혹은 영웅적 héroïques) – 이상화 혹은 자폐적 후퇴 – 분열주의(분열) – 기하주의, 대칭, 거인증 – 논쟁적 대구법		종합적 synthétiques (혹은 극적 dramatiques) – 모순의 병존과 체계화 – 대립적인 것 같의 변증법, 극화 – 역사화 – 부분적 (순환) 혹은 전체적 진보주의		신비적 mystiques (혹은 반어적 antiphrastique) – 중복과 끈기 있음 – 점착성, 반어적 집착성 – 감각적 사실주의 – 축소 변형(갈리버)	
설명 및 정당화 원칙, 혹은 논리적 원칙 principles d'explication et de justification ou logigues	– 객관적으로 이질화 지향과 주관적으로는 동질화 지향(자폐증) – 배척, 대립, 동일성의 원칙이 지배		– 시간의 요인에 의해 모순을 연결하는 통시적 재현 – 갖가지 형태를 띤 인과성의 원칙이 지배		– 객관적으로는 동질화 지향(끈기 있는)과 주관적으로는 이질화 지향(반어적 노력) – 유추, 유사의 원칙이 지배	
지배 반사 Réfexes dominants	자세적 지배와, 손으로 만든 도구와, 거리를 두는 감각적 고안물들 (시각, 청각 등)		계합적 영역, 리드미컬한 고안물들, 그리고 그에 해당하는 감각적 고안물들(운동감각적, 음악적, 리듬적 등등)		소화 지배와, 체내 감각 및 체온의 고안물 및 촉각적·후각적·미각적 고안물	
동사적 표상	구분하다		연결하다		뒤섞다	
schèmes 〈verbaux〉	나누다 ≠섞다	오르다 ≠추락하다	오르다 ≠추락하다	되돌아오다 대조하다←	내려가다, 소유하다 →침투하다	
형용사적 원형 archétypes 〈epithètes〉	순수하다 ≠더렵혀진	높은 ≠낮은	앞으로, 미래의	뒤로, 과거의	깊은, 고요한, 따뜻한, 내밀의, 감추어진	
실사적 원형 archétypes 〈substantifs〉	빛≠어둠 공기≠독기 영웅의 무기≠사슬 세례 ≠더렵혀짐	정상≠심연 하늘≠지옥 우두머리≠부하 영웅≠괴물 천사≠동물 날개≠파충류	불–불꽃 자손, 나무 씨앗	바퀴, 십자가 달, 남녀 양성 복수신	소우주, 어린아이, 엄지손가락, 동물인형, 색, 밤, 어머니, 그릇	거주지, 중심, 꽃, 여성, 음식물, 실체
			달력, 계수학, 세 짝, 네 짝, 점성학			
상징부터 종합소까지 des symboles aux synthèmes	태양, 황도, 아버지의 눈, 룬문자, 만트라, 무기, 갑옷, 울타리, 할례, 삭발례 등등	사다리, 계단, 신석(神石), 종루, 독수리, 종달새, 비둘기, 주피터 등등	입문, 두 번 태어남, 주신제(酒神祭), 메시아, 화금석, 음악 등등	희생, 용, 나선, 달팽이, 곰, 어린 양, 산토끼, 바퀴, 부싯돌, 교유기 등등	배, 삼키는 것과 삼키우는 것, 코볼트(독일의 귀신), 장단단격, 오시리스, 물감, 싹, 멜리진, 돛, 망토, 잔, 컵 등등	무덤, 요람, 번데기, 섬, 동굴, 만다라, 배, 연돌구, 알, 우유, 꿀, 포도주, 금 등등

예를 들어 분열 형태적 구조라는 별자리는 인간이 지닌 반사적 특징들 중에서 자세 지배 반사에 그 뿌리를 두고 있다. 그때 반사라는 표현은 본능적인 반사적 반응을 의미한다. 포유동물로서의 인간이 지닌 가장 생물학적인 차원에서의 힘이다. 그 자세 지배 반사는 대상을 나누고 수직적으로 상승하려는 동사적 힘으로 연결되어 순수한 것과 더러운 것, 밝은 것과 어두운 것, 높은 것과 낮은 것을 이분법적으로 구분하는 원형적 표현을 낳는다. 그리고 검, 세례식, 정상, 우두머리, 빛 등의 원형적 표현들도 낳는다. 그러한 원형적 표현들은 불변적이고 일의적이다. 즉 상승의 구도에 대응하는 하늘의 원형 같은 것은 불변적이다. 하지만 문화적 맥락에서 하늘을 대신하는 표현이 사다리, 날아가는 화살, 초음속 비행기, 우주선으로 바뀔 수도 있으며 원형적 표현이 그렇게 문화적 맥락에서 개별적 형태로 나타날 때 그 표현은 상징이 된다. 우리가 앞서 살펴보았듯이 그 상징은 다의적이다. 그리고 그러한 상징이 다의성을 상실하고 객관적인 단 하나의 의미만을 갖게 되면 그것은 기호(종합소)가 된다. 바퀴라는 원형이 십자가의 상징체계로 바뀌었다가 덧셈을 의미하는 단순한 기호로 바뀌는 경우를 예로 들 수 있을 것이다. 또한 분열 형태적 구조에 속하는 논리적 원칙은 이분법, 강조법, 대조법 등이다.[1]

사실상 이런 간단한 요약으로 도표의 내용을 정확히 이해하는 것은 불가능하여 그 도표에 대한 정확한 이해는 다음 기회로 미룰 수밖에 없다. 우리로서는 앞의 도표가 보여주는 기본적인 성격들을 파악하는 것으로 그 이해에 대신하기로 하자.

분열 형태적 구조를 예로 들면서 보았듯이 하나의 성좌에는 반사적 특징

---

1) 지나칠 정도로 간단하게 요약한 이 부분을 정확하게 이해하기는 쉽지가 않을 것이다. 반사적 특징, 구도, 원형, 상징과 종합소라는 다양한 개념들에 대한 이해가 전제되지 않는 한 그 의미를 명확히 파악하기는 쉽지가 않다. 보다 자세한 내용은 『상상계의 인류학적 구조들』(번역본) 65-82쪽을 참조할 것.

으로부터 논리적 원칙이 모두 수렴되어 있다. 반사적 특징이란 무엇을 말하는가? 그것은 인간이 포유동물로서 지니고 있는 가장 본능적인 차원을 의미한다. 앞의 도표는 인간이 지니고 있는 본능적 차원을, 달리 말하면 동물성의 차원을 문화적 차원과 나누지 않을 뿐 아니라 인간의 온갖 논리적 표현들까지도 그 차원과 연결시킨다. 그렇다면 앞의 도표는 자연스럽게 아주 놀라운 사실을 보여주고 있는 셈이다. 가장 논리적이고 합리적인 형태를 띤 표현도 그 출발은 동물적 본능에서 비롯되었다는 사실! 합리성이라는 것도 거대한 이미지의 성좌의 일부분이라는 사실! 가장 추상적인 논리까지도 인간이 포유동물로서 지니고 있는 다양한 본능적 충동들 중의 하나에 뿌리를 두고 있다는 사실을 인정하면 인간의 모든 표현은 그것이 가장 추상적인 형태를 하고 있건 가장 논리적인 형태를 하고 있건 이미 거대한 상상계에 속하게 되지 않겠는가. 바로 그 점에서 뒤랑의 『상상계의 인류학적 구조들』은 인간의 모든 표현을 두루 포섭하는 거대한 틀이 될 수 있는 것이다.

다음에 우리가 주목해야 할 것은 각 구조들이 맺고 있는 관계이다. 뒤랑의 상상계의 구조가 인간의 반사적 특징들에 그 뿌리를 두고 있듯이[2] 그 구조들 간의 관계는 반사적 특징들 간의 관계와 일치한다. 뒤랑은 러시아의 베흐테레프의 반사학에서 이룩한 업적을 차용하여 지배 반사라는 개념을 사용한다. 지배 반사라는 개념은 하나의 반사적 특징이 발휘되면 그 경우 그 반사적 특징이 지배적이 되어 다른 모든 반사들을 억제하고 조정한다는 개념이다. 예를 들어 인간의 몸을 세우게 해주고 신체 균형을 유지하게 해주는 자세 지배 반사가 작동되어 어린아이가 몸을 세우게 되면 다른 반사들은 기능

---

2) 이 표현이 인간에게 반사적 특징이 존재론적으로 우선한다는 것을 의미하지 않음을 다시 명심하기로 하자. 앞에서 말했듯이 인간의 동물적 천성은 잠재적 가능성으로만 존재하며 인간이 인간인 것은 그 본능의 표현을 통해서일 뿐이다. 즉 인간은 문화와 유리되어 존재할 수 없다.

을 멈춘다는 것이다. 반대로 신생아가 젖을 빨 때는 영양 섭취 반사가 지배 반사가 되고 짝짓기 지배 반사가 작동 중일 때는 다른 반사들은 제어가 된다. 교미 중의 개구리에게 담뱃불을 갖다 대도 꼼짝도 않는 것은 그 때문이다. 개구리가 교미에 몰두해서 위험 감지 능력이 떨어진 것이 아니라 몸 자체가 말을 듣지 않는 것이다.

인간이 포유동물로서 세 가지 반사적 특징을 지니고 있다는 것은 반사적 지배가 교대로 일어날 수 있고 일어나야만 한다는 뜻도 된다. 즉 각각의 반사적 특징들은 다른 반사적 특징들을 제어하고 억압하면서 상호 역동적인 길항관계를 갖는다. 즉 위의 세 구조들의 관계는 역동적인 관계이다. 하나의 구조가 지배적이 되면 다른 구조들은 일시적으로 제어를 당하지만 언제고 다시 지배적이 되려는 잠재적 에너지를 축적하게 되는 것이다. 따라서 위의 구조는 굳어 있는 구조가 아니라 구조들 상호간에 밀고 당기는 힘이 작용하는 **역동적 관계**를 갖고 있는 구조이다.

한편 각각의 반사적 특징들은 절대로 다른 반사적 특징들과 섞이지 않는다. 자세 지배 반사가 우세하다고 해서 다른 반사들이 자세 지배 반사에 동화되지 않는 것이다. 단지 일시적으로 억제되어 있을 뿐이다. 그런 의미에서 인간은 이미 **다원적**이다. 지배 반사들의 관계가 그러하듯이 상상계의 각각의 구조들은 결코 하나로 수렴될 수 없는 독자적 구조들이며 그 구조들의 다원성이 인간 존재와 인간이 이룩한 문화, 인간의 인식, 표현 자체의 다원성을 그대로 반영한다. 그 구조들 간의 관계는 정반합으로 이루어진 헤겔의 변증법과는 전혀 다른 관계이다. 명제 A와 반명제인 B가 합해져서 종합 명제인 C를 형성하는 것이 아니라 A는 끝끝내 A이고 B와 C도 마찬가지로 자신의 속성을 잃지 않은 채 끊임없는 역동적 관계를 유지한다. 그 역동성으로 인해 인간의 내면도 인간의 사회도 언제나 변화할 수밖에 없는 것이며 인간은 좀체 만족하지 못한 채 그 무언가 결여되어 있는 것, 억압되어 있는 것을 갈구하게 되는 것이다. 조금 재미있게 표현하자면 인간의 삶의 근원에는 끊임없는 **싫증주의**가 자리잡고 있다. 그 무엇에도 만족할 수 없는 싫증주의는 인간을 언제나 갈증에 시달리게 하지만 바로 그 때문에 인간의 사회는 언제나 변화할 수밖에 없는 동적인 생명체가 된다.

　싫증주의라는 조금 재미있는 표현에 대해 좀 더 이야기해보자. 인간이 싫증을 쉽게 느끼는 존재라는 것은 사실상 누구나 알고 있으며 인정하고 있다. 인간이 싫증을 느끼는 것은 인간의 욕망이 끝이 없기 때문이기도 하며 누구나 그렇게 이해한다. 재산이 아무리 많아도 조금 더 벌고 싶은 게 인간이며 아무리 간절히 바라던 것도 정작 획득하고 나면 금방 싫증을 느끼는 것이 인간이다. 새로운 텔레비전 프로그램에 열광하다가도 금방 시들해지는 게 인간이다. 그래서 텔레비전 기획자들은 그 끝없는 욕망을 만족시키기 위해서 강도를 점점 더 늘리고 단위를 높이는 데 열중한다. 하지만 인간이 싫증을 쉽게 내는 것은 인간의 욕망이 끝이 없기 때문만이 아니다. 인간의 욕망이 여럿이기 때문이다. 돈을 벌고 출세를 하기 위해 열심히 살아온 끝에 갑자기 허무감을 느끼는 것은 그렇게 살아온 인생이 자신의 자연스러운 여러 욕망들 중에 하나만 충족시키면서 다른 욕망들을 억압해 왔기 때문이다. 억눌렸던 욕망이나 가치관이 고개를 들게 되면 이제까지 중요하게 생각했던 것들이 갑자기 시들해진다. 갑자기 편안하게 지내고 싶어지고 쉬고 싶어진다. 바쁘고 사는 것에 몰두하고 빠르게 변화하는 것에 적응해 있다가 갑자기 한가한 것, 느린 것이 더 신선해 보이고 귀중해 보인다. 매일 싸움에 몰두해 있다가 갑자기 싸움 자체가 시들해지고 쉬고 싶어진다. 화려한 것에 열광하다가 갑자기 아주 단순하고 소박한 것에 이끌린다. 변덕도 그런 변덕이 없다. 그러니 인간의 싫증주의라는 것은 인간의 욕망이 한없음을 보여준다기보다는 인간이 여러 욕망에 시달리고 있다는 것을 보여준다. 그래서 인간은 언제나 고통스럽기도 하다. 하지만 인간의 싫증주의는 인간이 그런 한계를 타고 났으며 인간은 찢길 수밖에 없는 존재라는 고통스런 결과를 인정하게 하지만 **'인간의 영혼은 알록달록하다.'**라는 열린 정신을 가능하게 하기도 한다. 그 것이 다원주의와 역동주의의 의미이다.

그렇다면 인간의 그 알록달록한 영혼이 어떻게 상상력을 낳는 것인가? 뒤 랑은 여러 번에 걸쳐 인간은 죽음을 의식하는 유일한 동물임을 지적한다. 그 리고 상상력은 바로 그 죽음에 대한 의식에서 출발한다. 실제로 상상력의 세 구조는 각기 나름대로 인간이 마주하고 있는 피할 수 없는 운명이자 실존인 죽음을 나름대로 극복하고 길들이고 완화하는 방법의 차이에 의해 그 구조 적 특성들을 드러낸다. 그 알록달록한 영혼들이 죽음을 각기 다르게 상상하 고 변용시키는 것이다. 죽음을 있는 그대로 수락하지 않는 것, 그것을 변용 시키고 거기에 다양한 의미를 부여하는 것, 그것이 바로 인간의 운명이다. 어차피 죽을 수밖에 없다는 객관적 현실을 수락하지 않고 거기에 주관적 변 용을 가하는 것, 그것은 바로 기호적이고 객관적인 진리에 대한 저항이라는 의미에서 '인간은 상징적 동물이다'라고 말한 것과 일맥상통한다.

마지막으로 하나만 더 지적하기로 하자. 인간은 합리적 동물이라는 주술 (呪術)에 우리가 너무 깊이 빠져 있다는 생각 때문에 덧붙이는 말이다. 인간 에게 반사적 특징들이 여럿이고(이쯤에서 나는 반사적 특징들을 영혼들이라는 말로 바꾸고 싶어진다.) 각각의 반사적 특징들이 나름대로 그에 합당한 합리적 표현을 낳는다면 이른바 합리성이라는 것도 여럿일 수 있지 않겠는가? 합리 성이 그 자체 여럿이라면 서구가 믿어온 유일한 합리성이라는 것은 자연 부 정되어야만 하지 않겠는가? 실제로 뒤랑은 『상상계의 인류학적 구조들』에 서 서구를 지배해온 합리성은 이미지의 낮 체제, 즉 분열 형태적 구조에 속 하는 합리성일 뿐이라고 지적한다. 그 합리성은 분리와 분석에 입각한 합리 성일 뿐이며 반대로 유추, 유사 원칙이 지배하는 합리적 표현(신비적 구조)도 있음을 지적하기도 하고(한의학이 그것이 아니겠는가?) 헤겔의 변증법은 이미지의 종합적 구조에 속한다고 지적하기도 한다. 인간에게서 동물적 천성을 따로 떼어 놓을 수 없으며 인간의 영혼은 알록달록하다는 인식, 따라서 인간의 합리적 인식이나 표현도 인간의 본능과 유리된 것이 아니라 그 연장선상에 존재한다는 인식, 인간의 이성은 인간이 인간임을 보증하는 유일한 척도가 아니라 인간의 간접 표현의 하나라는 인식, 합리성이라는 것이 유일한 것이 아니라 다원적일 수 있다는 인식을 바탕으로 하여 설립된 인류학이 얼마나 방대한 틀 안에서 얼마나 섬세하게 인류의 상상력의 유산들을 우리 앞에 펼쳐 놓고 있는지 맛보려면, 그 유산들에 침잠하여 다시 '나'라는 존재의 거대함을 맛보려면, 동시에 우리가 얼마나 좁은 인식의 틀에 갇혀 있었는지를 깨달으려면 『상상계의 인류학적 구조들』이 유혹하는 세계 속에 빠져 보는 것만으로 충분하리라.

2. 신화 방법론

질베르 뒤랑의 상상력에 입각한 인류학을 뒤에서 받치고 있는 기본 정신은 무엇이며 그 인류학이 어떻게 하나의 구조로 설립될 수 있는가를 이해하기 위하여 우리는 꽤나 많은 시간을 할애한 셈이다. 이제부터 우리는 뒤랑의 그러한 상상력에 입각한 인류학이 인간 사회를 이해하고 연구하는 방법론의 성격을 규명해보기로 하자. 뒤랑은 자신의 방법론을 규정하기 위해 신화방법론(mythodologie)이라는 신조어를 사용한다. 그가 신화(mythe)와 방법론(méthodologie)의 합성어인 신화방법론이라는 단어를 사용한 것은 신화를 인간 사회 연구의 중심에 놓겠다는 의도를 확실히 드러내기 위해서이다. 뒤랑은 신화를 어떻게 이해하고 있기에 신화가 인간의 사회를 연구하는 척도가 될 수 있는 것일까? 과연 신화란 무엇일까?

신화는 인간의 꿈의 집적물이고 인간의 꿈이 영속하는 한 신화는 영속한다. 신화는 과거의 이야기가 아니

라 현재에도 살아있으며 또한 신화는 절대로 역사에 종속되지 않는다.

　조금 과감하게 말한다면 요즘 우리 사회에서 신화의 귀환 현상이라고 부를 만한 일이 벌어지고 있다. 현대 테크노 시대에 걸맞지 않게 사람들 입에 자주 오르내리고 있는 단어를 두 개 들라면 아마 상상력이라는 단어와 신화라는 단어일 것이다. 그리스 로마 신화를 알기 쉽게 재해석한 책이 한동안 장안의 지가를 올리더니 동양의 신화를 소개하는 책이나 그에 대한 연구서들이 자못 활발하게 출간되고 있다. 또한 문화 산업의 중요성에 대한 인식이 높아지면서 문화콘텐츠 개발의 측면에서 신화에 대한 관심은 날로 증가하고 있으며 작가들의 창작욕을 자극하기도 한다. 즉 우리 문화를 대표하는 원형들을 찾으려는 의도에서 우리 신화 속의 인물들을 발굴하고 재해석하려는 움직임이 있고 우리의 신화에서 스토리텔링의 소스를 찾아내려는 노력도 제법 활달하게 이루어지고 있는 것이다. 요즘 사람들의 관심을 끌고 있으며 소설로도 등장한 바리데기 신화도 그런 움직임들의 일환이다.

　왜 그런 일이 벌어지는 것일까? 과연 신화는 무엇이고 신은 우리에게 무엇이기에 이 첨단의 테크노 시대에 케케묵은 옛날이야기로 알고 있는 신화에 대한 관심이 날로 증가하고 있는 것일까?

　신화가 무엇인지 알기 위해서는 우선 사람들이 신화에 대해 일반적으로 가지고 있는 편견부터 살펴보는 것이 유리할 것이다. 사실 신화에 등장하는 신들의 모습이나 그들 간에 벌어지고 있는 이야기들은 우리가 상식적으로 이해하기 어렵다. 더욱이 신화를 논리적으로, 혹은 합리적으로 설명하는 것은 불가능하다. 그래서 신화는 신비스럽게 보이기도 하지만 황당한 이야기라는 생각을 하게 되기도 한다. 신화가 황당한 이야기라는 생각은 황당하게 꾸미지 않을 수도 있는 이야기를 황당하게 꾸민 것이라는 생각으로 이어질 수 있지 않을까? 우리의 선조들이 아직 세상사에 대해 합리적 이해의 능력이 없었을 때 세상사 모든 일들이 알지 못할 힘에 의해서 움직이는 것처럼 보이고(신비스럽게 보이고) 그런 깨이지 못한 눈으로 세상에서 벌어지고 있는 일들을 그려내다 보니 황당한 이야기가 될 수밖에 없었다는 생각을 할 수 있는 것이다. 그때 신화는 실제로 있었던 일에 미성숙한 믿음과 미성숙한 상상력이 덧붙여져 꾸며낸 이야기가 되고 그런 생각에서 **신화실재설**이 등장하게 된다. 신화 속의 모든 이야기들은 인류의 역사 속에서 실제로 벌어진 일들에 대한 기록이라는 것이다. 그때 신화를 해석하는 작업은 꾸며진 이야기 속에 감추어진 실상을 밝혀내는 작업이 된다. 신화의 모든 수식들과 장치들은 그 실상을 덮고 있는 베일들일 뿐이다. 신화가 역사 속에서 벌어진 추한 일들을 왜곡하기 위해 의도적으로 꾸며진 이야기라는 생각을 하는 사람들의 경우도 마찬가지다. 신화를 해석하는 것은 그 의도적 왜곡의 실상을 밝히고 실제로 벌어진 일을 알아내는 작업이 된다는 것은 마찬가지인 것이다. 그러한 신화실재설은 건국신화에 대한 해석에서는 더욱 신빙성을 획득하기도 한다.

　사실 객관적 진실을 향한 인간의 열망은 언제나 인간을 유혹한다. 심지어는 열렬한 종교 신자의 경우도 그런 태도를 흔히 드러낸다. 열렬한 기독교 신자인 나의 친한 친구 한 명은 그의 친구들을 교회로 이끌기 위해서 구약의 모든 내용들은 실제로 역사 속에서 있었던 일이라고 자주 강조한다. 물론 그가 강조하는 것은 구약 속의 기적들 이야기이며 하느님이 행한 그 기적들을 믿으라는 뜻에서 그 말을 하는 것이다. 하지만 성서의 이야기들을 역사 속에서 실제로 벌어진 일로 간주한다면 그 이야기들의 상징성과 초월성은 훼손될 수밖에 없다. 역사의 어느 순간에 일어난 일이 아니라 언제고 어느 곳에서고 누구에게나 일어날 수 있는 일이라야 진정으로 초월적이 되는 것이 아닌가? 그래야 상징적인 의미를 띨 수 있는 것이 아닌가? 종교를 믿는 신자의 경우에도 성서의 이야기가 객관적 진실이라고 믿고 싶은 마음, 객관적인 진실이어야 더 설득력이 강하다는 믿음을 그 친구의 태도는 보여주고 있다.

그 무언가 확실한 것에 기대고 그것을 붙들고 싶은 욕망에 늘 사로잡힐 수 있는 것, 그것이 인간이 아니던가!

모든 신화실재설들은 궁극적으로는 신화를 훼손하고 신화의 의미를 폄하한다. 신화는 미성숙한 인식의 결과로서 비논리적이고 비합리적이 되는 것이다. 그때 신화라는 양식은 서사시를 거쳐 소설이라는 발전된 양식에 자리를 내주고 소멸했다는 이론도 나온다. 그렇다면 요즘에 목도하는 신화의 귀환 현상은 단순한 과거로의 회귀의 열망만을 반영하는가? 잃어버린 낙원에 대한 우리의 그리움만을 보여주는 것인가?

한마디로 말하자. 신화는 인간의 꿈의 집적물이고 인간의 꿈이 영속하는 한 신화는 영속한다. 신화는 과거의 이야기가 아니라 현재에도 살아있으며 또한 신화는 절대로 역사에 종속되지 않는다. 신화의 가장 큰 특징이 무엇인가? 지은이가 없으며 신화가 만들어진 연대가 불확실하다는 것이다. 지은이가 없다는 것은 지은이가 여럿이라는 것, 즉 집단의 산물이라는 것을 의미하며 그 연대가 불확실하다는 것은 역사 내의 어느 특정한 시기에 만들어진 것이 아니라는 것, 따라서 탈역사적이라는 것을 의미한다. 그것은 인간의 꿈과 상상력이 어느 특정한 시대에 속하는 것이 아니라 인간이 존재하는 한 영속하는 것과 마찬가지이다. 융이 신화 속의 신들을 이상형(types idéaux)이라고 말했듯이 신화는 인간의 집단적 꿈과 상상력의 집적물이며 '인간에게는 꿈꿀 권리가 있다'는 바슐라르의 말은 그에 화답하면서 신화가 인간의 절대적 권리의 산물임을 보여주기도 한다. 또한 꿈은 인간의 권리이면서 동시에 인간이 정상적인 삶을 영위하는 데 필수적인 것이기도 하다. 꿈이 정상적인 삶에서 필수적이라는 사실을 실증적으로 확인하려면 프랑스의 임상의학자인 미셸 주베 교수가 고양이를 대상으로 행한 실험을 예로 들어보면 된다. 그는 고양이에게서 꿈을 빼앗아버리면 그 고양이는 노이로제에 걸리고 불면증에 빠지며 환각에 사로잡힌다는 사실을 실험으로 증명해냈다. 그런 실험이 어떻게 가능할까?

　물을 가득 채운 양동이에 미끄러운 반구 모양의 섬 같은 것을 띄워 놓은 후 잠들어 있는 고양이를 그 위에 살짝 올려놓는다. 깊은 잠에 빠져 있을 때는 몸자세의 통제 기능이 그대로 유지되어 균형을 취할 수 있기에 고양이는 그 위에서 안전하게 잠을 잘 수 있다. 하지만 꿈을 꾸자마자 고양이는 균형을 잃고 물속으로 떨어져 잠에서 깨어나게 된다. 꿈을 꾸는 상태에서는 온갖 근육 조직이 이완되어 균형을 잡을 수 없기 때문이다. 그러니 그 간단한 실험은 고양이에게서 꿈을 빼앗는 실험인 것이다. 그 결과 고양이는 금방 무서운 환각에 시달리게 되고 갑자기 아드레날린을 방출하여 신경질과 공격성을 보이고 노이로제 증상을 보인다. 사람에 대하여 실험을 해도 결과는 마찬가지이다. 사람을 물에 빠뜨리는 대신 가벼운 전기 자극을 준다거나 종을 울려서 꿈을 방해하는 것이다. 그러면 그도 같은 종류의 교란 상태에 빠진다. 즉 꿈은 정상적인 생명력의 일부를 구성하고 있는 것이다.

　그렇다면 신화의 귀환 현상은 꿈이 사라져 가는 현대 테크노의 시대에 꿈을 되찾으려는 자연스런 현상의 하나로 볼 수도 있지 않을까? 생각해보라. 우리가 받는 교육은 기술적, 기능적, 실용적, 관료적 능력을 배양하는 데 온통 기울어져 있다. 거기에 경제적 실용성이 사회 전체를 지배하는 가치가 되어 있다. 그런 분위기에서 인간은 하나의 자원이 되어 간다. 지난 정부에서 교육을 담당하는 부처의 명칭이 교육인적자원부였다는 것이 좋은 예가 될 수 있을 것이다. 그런 사회는 꿈에서 깨어나기를, 정신 똑바로 차리기를 우리에게 강요한다. 하지만 그렇게 깨어 있기만을 강요하는 사회에서 우리의 영혼은 지쳐간다. 그런 의미에서 신화의 귀환 현상은 그런 잃어버린 꿈의 귀환 현상의 하나이고 자연스런 생명 현상의 하나로도 볼 수 있지 않을까? 근거가 있는 그 질문에 대한 답은 유보하더라도 어쨌든 신화실재설은 우리가 앞에서 그토록 강조한 상상력과 상징의 힘을 평가절하하는 흐름, 즉 합리주의적이고 실증주의적 인식의 결과일 뿐이라는 것만을 다시 강조하기로 하자. 신화실재설은 애당초 객관적 진리 혹은 진실의 이름으로 신화와 상상력을 평가절하할 준비가 되어 있던 인식의 결과일 뿐이다. 실증주의 시대가 대표적인 탈신화화의 시대로 규정되는 것은 그 때문이다. 그러니 신화를 신화실재설의 압박에서 벗어나게 해주는 것은 상상력을 실증주의의 압박에서 벗어나게 해서 그 가치를 다시 발견하는 것과 같은 일이다. 신화가 인간의 꿈과 상상력의 집적소라면 상상력에 대한 재평가는 신화에 대한 재평가와 그대로 상응하는 것이 아닌가? 상상력에 대한 재평가를 바탕으로 이제 신화의 성격과 의미를 다시 물어보기로 하자.

신화는 신들의 싸움으로 되어 있다. 그것이 인간의 운명이며 인간의 지평선이다.

신화는 한마디로 말한다면 **신들의 이야기**이다. 물론 산해경이라는 동양의 가장 오랜 신화에서 보듯이 온갖 기이한 존재들이 그리스 로마 신화와 같은 이야기와 줄거리 없이 등장하는 신화도 있다. 또한 신화 속에는 신들만 등장하는 것이 아니라 각종 괴물들도 등장하고 인간도 등장한다. 하지만 아무래도 신화의 주인공은 신들이며 중심이 되는 것은 그들 간의 이야기이다. 다시 융의 말을 빌려 이야기하자면 그 신들은 바로 인간의 집단적 꿈이 그려낸 이상형들이다. 그런데 신화에서는 그 인간의 이상형들이 사이좋게 지내는 것이 아니라 온통 질투하고 시기하고 싸움을 벌인다. 그래서 뒤랑은 신화를 '신들의 전쟁'이라고 규정하기도 한다. 신들이 인간이 그려낸 **이상형**들이고 신화가 신들의 이야기로 되어 있다면 신화는 일종의 유토피아가 되어야 하는 것이 아닌가? 인간이 꿈꾼 이상적인 존재들의 세계에서 왜 신들은 싸움을 하는 것일까? 뒤랑은 신들의 싸움을 바로 인간 운명의 한계라고 말한다. 우리는 뒤랑의 상상계의 구조들에 대해 '싫증주의는 인간이 그런 한계를 타

고 났으며 인간은 찢길 수밖에 없는 존재라는 고통스런 결과를 인정하게 하
지만 **인간의 영혼은 알록달록하다**는 열린 정신을 가능하게도 한다.'라면서
그 구조의 역동성과 다원성에 대해 말한 바 있다. 신화에서의 신들의 싸움은
바로 인간의 이질적인 욕망들 간의 갈등을 그대로 보여준다. 그래서 뒤랑은
이렇게 말한다.

> 신통계보학(신들의 족보 연구라고 이해하면 된다. 신들이 어떤 뿌
> 리를 두고 있으며 어떤 관계를 이루고 있는지 밝혀내는 작업: 인용자)
> 에 이르게 되면 그곳에 나타난 것은 우리들 내부에 존재하는 궁극적
> 구성 능력, 그 너머에서는 아무 말도 할 수 없는 최고의 상징적 요소들
> 이며 편의상 그것을 신들이라 부르는 것이다. 신들 혹은 신들의 전쟁
> 은 우리 인간의 운명 혹은 휴머니즘의 한계 바로 그것이다.(뒤랑, 『신
> 화적 형상들과 작품의 얼굴들』, 30쪽)

　뒤랑이 신화를 그의 연구의 중심에 놓는 것은 그 무엇보다 인간 존재의 다
원성에 대한 믿음을 그가 확고하게 지니고 있기 때문이다. 신화는 인간의 꿈
의 집적물이면서 인간 존재의 다원성을 그대로 반영한다. 인간에 관한 학문
들이 파편적이 되거나 인간을 소외시키는 일이 벌어지는 것은 인간 존재가
다원적이라는 엄연한 현실을 무시한 채 인간에 대한 관념적인 이해에 몰두
해 있기 때문이다. 그래서 그는 〈신들의 귀환〉이라는 제목 하에 최근에 행한
「누벨 클레(새로운 열쇠라는 뜻)」와의 인터뷰에서 자신이 **다신교주의자**라고
단호하게 말한다. 그는 유일신 종교인 기독교에도 대중적인 차원에서는 고
대의 켈트족의 신들과 라틴의 신들이 스며들어 있다고 말하며 가톨릭은 어
느 정도 다신교적이라는 과감한 말까지 한다. 그리고 이론적인 유일한 신을
부정하는 것보다 우리 내부에 존재하고 있으며 우리를 지배하고 있는 다원

성을 부정하는 것이 더 위험한 일이라고 그는 덧붙인다. 그가 보기에 유일신을 잃는 것보다 여러 신들을 잃는 것이 더 위험하다. 그렇게 되면 인간 삶에서의 윤리적 지표가 사라지기 때문이다. 그 윤리적 지표란 바로 우리의 일상 어디에나 스며들어 있는 신적인 존재들이다. 그 신들이란 미신이라는 이름 하에 쫓겨난 작은 신들, 집 구석구석, 나무 한 그루, 돌 하나하나에 스며들어 있던 신들을 말한다. 그 작은 신들은 인간의 다원성을 보여주는 존재이면서 동시에 인간의 꿈과 열망이 구체적 삶 속에 구석구석 투영되어 살아난 존재들이다.

다시 요약하자면 신화는 인간의 상상계가 이룩한 드높은 건조물이다. 신화는 상상계의 드높은 건조물이기에 기호론적이고 객관적 논리에서는 벗어난다. 신화에는 뒤랑의 『상상계의 인류학적 구조들』이 보여주는 역동성, 다원성이 그대로 반영되어 있으며 그렇기에 그 어떤 로고스의 체계로도 환원이 불가능한 상호 이질적인 요소들이 대립하고 있다. 달리 표현한다면 신화는 상징적 동물로서의 인간의 특징을 그대로 보여주며 상징적 동물로서의 인간 표현의 완벽한 표본이 된다. 신화가 보여주는 신들의 싸움은 다원적으로 이루어진 인간의 주관적 욕망을 그대로 반영하며 그것이 바로 인간이라는 존재가 지닌 운명이고 한계이다. 그리고 그 운명의 끝에는 인간의 죽음이 존재한다. 신들은 서로 싸우면서 인간의 운명과 한계를 보여주면서 동시에 인간의 운명을 극복하려는 인간의 꿈들을 보여준다.

신화는 과거의 유물이 아니라 인간 존재의 운명 자체이다.

인간은 상징적 동물이며 인간은 조금도 진보해오지 않았다는 인식에서 출발한 뒤랑의 인간학, 각 문화의 차이나 변주에도 주목하되 그 모든 변화를 낳은 동인을 인간이 지닌 공통분모에서 찾는 일종의 원형학으로서의 뒤랑의 인간학이 신화를 인간 연구의 중심에 놓는 것은 어찌 보면 당연한 일이기도 하다. 신화는 문화의 차이를 보여주는 동시에(각 문화권의 개별 신화들이 드러내는 차이들) 그 차이 너머에서 서로 소통을 가능하게 하는 공통분모를 지니고 있다. 그래서 신화는 **'번역은 반역이다'라는 기호학의 공식에서 벗어나는 이상한 담론**이 된다. 프랑스의 구조주의 기호학자인 롤랑바르트의 '번역은 반역이다'라는 말은 한 언어의 구조 속에는 그 언어를 사용하는 문화권의 모든 역사, 인식이 포함되어 있기에 그것을 고스란히 옮기는 것은 불가능하다는 뜻이다.

여기서 앞서 이야기한 저 유명한 기호의 자의성을 다시 상기해보기로 하자. 엄밀한 의미에서의 기호를 통해 전달되는 의미는 객관적 의미이며 명확한 의미이다. 기표와 기의와의 관계가 자의적일 뿐인데 명확한 의미가 전달되는 것은 기표의 구조와 체계에 의해서라는 것을 우리는 이미 밝힌 바 있다. 그 의미는 그 언어의 약속 코드를 익힌 사람이면 누구나 소통할 수 있는 의미이다. 그런데 그 약속 코드라는 것은 이미 그 언어를 사용하는 문화권의 인식 체계를 그대로 반영한다.

예를 하나 들어보기로 하자. 노자의 도덕경에는 유(有)와 무(無)의 개념이 나온다. 그런데 도덕경의 불역본에는 '유'는 l'Être로 '무'는 non l'Être 혹은 Néant으로 번역이 되어 있다. 그 불어를 우리말로 다시 옮기면 존재와 비존재, 혹은 없음이 된다. 도덕경의 '유'의 개념이 실존하는 것으로 '무'의 개념은 존재하지 않는 것으로 옮겨져 있는 것이다. 하지만 도덕경의 유의 개념은 존재하는 것을 의미한다기보다는 차라리 가변적이고 가시적인 현상에 가깝다. 그리고 무의 개념은 존재하지 않는 것이라기보다는 변화하는 그 모든 현상을 낳게 한 궁극 원인이며 변화하는 것들 속에 숨어 있으면서 그 변화를 이끄는 동인이며 원리에 가깝다. 무는 우리 눈앞에 현상적으로 그 모습을 드러내지 않을 뿐 절대로 비존재가 아니다. 나와 도덕경을 함께 읽은 프랑스의 한 젊은 학자는 도덕경의 유와 무의 개념에 대해 합의를 이룬 순간 바로 이런 말을 한 적이 있다. 그 개념은 불어에는 존재하지 않으며 그 말을 옮기려면 Yu, Mu로 표기하고 주석을 다는 수밖에 없다는 것이다. 그 말은 프랑스인들의 사고 속에는 도덕경의 유와 무의 개념이 명확하게 들어 있지 않다는 것을 의미한다. 하나의 언어는 그 언어를 사용하는 문화권의 인식을 그대로 보여주는 것이다.

그뿐만이 아니다. 하나의 언어에는 그 언어를 사용하는 문화권의 모든 문화가 축적되어 있다. 한 언어 체계는 그 언어권의 인식뿐만 아니라 그 언어권의 역사와 문화가 집적되어 있다. 지나는 길에 당연한 이야기를 하나 덧붙이자면 우리가 외국어를 배우고 익힌다는 것은 단순하게 소통의 도구를 배우는 것만을 뜻하지 않는다. 그것은 그 언어권의 역사와 문화를 익히는 것이 된다. 그래서 여러 나라 언어를 자유자재로 구사하는 사람이 그 무언가 창의적인 새로운 생각을 하고 싶을 때면 생각 자체를 다른 나라 언어로 해보는 것도 좋은 방법 중의 하나이다.

어쨌든 언어 체계가 그 언어권의 문화와 역사의 집적물이라는 사실 때문에 '번역은 반역이다'라는 공식이 성립될 수 있다. 예컨대 불어로 된 텍스트를 우리말로 옮길 때 그 의미를 고스란히 옮기는 것은 불가능하다는 뜻이다. 의미가 체계 혹은 구조에 들어 있고 그 구조가 집적된 역사와 문화를 반영한다면 한글로 옮긴 불어 텍스트는 이미 한국어의 구조와 한국의 문화와 역사 속으로 들어와 그 의미가 변형될 수밖에 없다. 즉 번역은 의미의 반역인 것이다.

그러나 상징과 원형의 차원으로 가면 이야기가 전혀 달라진다. 상징의 의미는 모호한 대신 주관적이다. 주관적인 의미가 객관적인 의미보다 보편적이라는 것을 다시 강조할 필요가 있을까? 그 의미는 기호의 객관적인 체계를 넘어서서 전달되는 의미인 것이다. 더욱이 원형적인 의미는 문화와 역사의 차이 너머에서 인간에게 공통으로 존재하는 의미이다. 훌륭한 예술 작품이 전달해주는 의미도 기호의 차원을 넘어서는 상징적이고 원형적인 의미이며 예술이 주는 감동이 시간과 공간을 초월할 수 있는 것도 그 때문이다. 하나의 예술 작품이, 살아온 환경도 다르고 문화도 다르며 역사적 배경도 다른 타자에게 감동을 줄 수 있는 것은 기호의 차원을 넘어서는 의미, 문화의 차이를 넘어서는 인간 존재로서의 공통 의미가 전달되어 울림을 주기 때문이다. 신화는 인간의 공통된 꿈의 집적물이며 인간의 공통된 운명과 한계를 보여준다는 의미에서 기호의 차원을 벗어난다. 신화는 상징과 원형의 집적소이다. 상징의 의미를 밝혀내겠다고 논리적으로 분석하는 것은 양파가 무엇인지 찾으려고 양파 껍질을 계속 벗겨내는 것과 같은 짓이듯이 신화의 의미는 단순한 논리에 의해서 밝혀지지 않는다. 신화실재설을 주장하는 것은 바로 양파가 무엇인지 밝히려고 양파 껍질을 계속 벗겨내라고 하는 것과 같은 짓이다. 우리는 앞에서 모호한 상징의 의미는 구체적인 내적 체험을 통해서 그 의미가 되살아나고 전달될 수 있다고 말했다. 그래서 상징의 의미는 그 체험에 동참하는 사람들끼리만 나눌 수 있는 비밀, 혹은 비의가 된다. 다시 말하지만 그 비의는 객관적인 의미의 영역을 넘어서며 그렇기에 엄밀한 의미에서의 기호를 통해서는 전달될 수 없다. 그렇기에 신화의 의미는 언제나 우리의 구체적 체험과 만나서 살아날 준비가 되어 있는 비밀이 된다.

뒤랑이 신화를 인간 사회의 모든 변화의 동인으로 삼겠다는 것은 우리가 앞서 말한 그의 인간학의 원형학적 성격과 그대로 부합한다. 신화를 인간학의 중심에 위치시킨다는 것은 인간의 사회를 인간이 존재론적으로 지닌 한계와 상징적 동물로서의 특징, 죽음을 의식하고 그것을 변형시키고자 하는 근원적 욕망들의 발현체로, 즉 인간 사회를 거대한 상상계로 보겠다는 그의 출발점과 그대로 부합한다. 그리고 그것은 인간의 다양한 문화나 역사의 변화들과 차이들을 낳게 한 근본 동인을 그 차이 자체에서 찾는 것이 아니라 그 차이를 낳게 한 공통 토대의 차원에서 찾겠다는 그의 의도에 부합한다. 그런 의미에서 신화는 역사상 벌어지는 모든 사건들의 척도가 된다. 그의 의도를 정확히 이해한다면 뒤랑의 아래 발언도 쉽게 이해할 수 있다.

> 문화 혹은 개인적인 삶의 지속 기간 내에서 ─ 불어로는 역사 (histore)라는 참으로 혼란스러운 용어로 불리겠지만 나는 괴테처럼 운명(Schiksal)이라고 부르고 싶다 ─ 역사의 역할들을 분배하고 역사적인 순간, 한 시대, 한 세기, 한 생애의 어느 시기의 영혼 혹은 정수라고 부를 만한 것을 결정하는 것은 바로 신화이다. 신화는 역사의 표준 척도이며 그 역은 사실이 아니다.(뒤랑, 『신화적 형상들과 작품의 얼굴들』, 31쪽)

신화가 지니고 있는 의미는, 아니 신화 자체는 역사적 문화적 차이에 종속되지 않는다. 신화는 오히려 역사와 문화적 차이를 낳게 하는 근본 동인이다. 달리 말하면 역사적 문화적 차이 너머에서도 언제나 그 의미가 살아나서 전달될 수 있다. 그래서 신화는 '번역은 반역이다'라는 공식에서 벗어나는 이야기가 된다. 다른 식으로 말한다면 신화가 전하는 의미는 시간과 공간을 초월해 존재한다. 신화는 지나간 고대의 어느 특정한 문화의 산물이 아니라 인류의 모든 꿈을 담고 있는 곳이고 우리의 역사와 문화라는 것은 그 꿈의 일부분이 펼쳐진 것에 불과하다. 그런 의미에서 신화는 영속한다. 신화가 영속할 수 있는 것은 인간이 꿈을 지닌 존재이고 인간이 상징적 동물이기 때문이며 그 꿈이, 그 상상력이 신화를 만들어내기 때문이다. 인간에게 꿈과 상상력이 존재하는 한, 아니 인간이 존재하는 한 신화는 영속한다. 신화는 우리 삶의 궁극 동인으로서 언제나 멀리(역사적 사건들보다는 멀리) 그리고 가까이 있다. 우리는 여전히 신들과 함께 살고 있으며 신들은 끊임없이 귀환하고 있다. 심지어 탈신화화의 흐름이 절정에 달했던 실증주의 시대에도 실증주의자들 내부에서 신들이 꿈틀거리고 있음을 뒤랑은 지적하고 있지 않은가?[3] 신화는 첨단 정보화, 테크노의 시대에 그 시대의 건조함을 보완하기 위하여, 우리의 잃어버린 꿈을 되살려주기 위하여, 그 자체 하나의 꿈이 되어 다시 귀환할 뿐만 아니라 이 기계화된 시대의 우리의 모든 정신과 인식과 도덕과 제도를 낳는 젖줄로서 언제나 살아있기도 하다.

**모든 비평의 중심에는 신화비평이 있다. 신화비평은
작품에 대한 이해와 설명을 종합한다.**

신화를 인간 이해의 근간으로 놓는 뒤랑의 방법론은 그 대상이 예술 작품이 되었을 때 신화비평이 된다. 사실상 여러 갈래를 이루고 있는 예술 비평의 모든 방법론들은(적어도 실증주의 비평 이후의 신비평의 경우에는) 하나의 예술 작품을 비평의 대상으로 삼았을 때 그 작품을 구조적 설명의 대상으로 삼을 것이냐 아니면 창조의 순간에 대한 동참이나 이해를 우선할 것이냐에 따라 크게 두 부류로 구분될 수 있다고 볼 수 있다. 간단하게 말한다면 전자의 경우는 객관적인 비평방법이라고 할 수 있을 것이며 후자는 주관적인 비평의 방법이라고 할 수 있을 것이다. 구조주의 언어학에 뿌리를 둔 언어학적 구조주의 비평은 마치 기호학이 그러하듯이 작품의 의미를 형식적인 구조에서 찾는다. 그 방법이 문학을 대상으로 했을 때 일종의 문학의 과학을 설립하는 방향으로 나간다. 한편 골드만의 발생론적 구조주의 비평은 한 작품 속

---

3) 뒤랑은 탈신화화를 주장하고 실현한 실증주의를 향한 믿음 자체가 하나의 신화, 즉 신화 파괴가 가능하다는 진보주의적 신화로 나타난 것이라고 말한다. 그 진보의 신화는 13세기 요아킴 드 플로르와 그 후계자들이 창안한 신화이며 역사를 통해 강화되어 나타났다가 모더니즘이라는 피를 수혈하면서 더 강화되었다는 것이다. 뒤랑의 『신화비평과 신화분석』(유평근 옮김, 살림, 2002) 30~31쪽 참조

에서 그 작품을 태어나게 한 집단적인 계급적 세계관을 찾는다. 그 두 방법이 전자에 속하는 것은 물론이다. 한편 프로이트의 정신분석의 방법론을 문학비평에 도입한 보두앵의 비평방법이나 한 작가의 작품 세계를 지배하고 있는 개인적 신화를 찾아내는 모롱의 심리비평, 한 작가의 작품에 나타나는 이미지에서 그 작가의 세계관을 찾아내는 주제비평 등은 후자에 속한다고 볼 수 있다.

뒤랑은 신화비평은 그 모든 비평방법들을 종합하면서 그 중심에 설 수 있는 비평방법이라고 말한다. 우리는 상상계의 인류학적 구조들에 대한 설명에서 구조라는 객관적인 용어와 상상력, 혹은 상징이라는 주관성이 어떻게 결합할 수 있는지에 대해 이미 이해한 바 있다. 인간의 상상력은 지극히 주관적이지만 그 주관적인 상상력도 구조적인 분류가 가능한 것을 우리는 이미 확인했으며 그 구조가 역동적인 구조라는 것도 확인한 바 있다. 따라서 신화비평 방법은 하나의 예술 작품을 상징으로 간주하면서 동시에 구조적 시각도 잃지 않는 방법이다. 한 마디로 말한다면 하나의 예술 작품의 구조적 역동성을 판별해내는 것이 신화비평의 방법이다. 하나의 예술 작품은 그 예술 작품이 태어난 시대의 주도적 구조(주도적 신화라는 말을 써도 무방할 것이다.)를 강화하기도 하고 그에 길항하기도 한다. 그 어떤 경우이건 예술 창조 행위는 지극히 개인적인 것도 아니고 단 하나의 유일한 구조로 환원되는 것도 아니다. 예술 창조 행위는 그 자체 한 사회의 인식, 그 사회의 주제, 그 사회의 상상계를 형성해 나가는 능동적인 참여 행위이다. 그리고 인간 자체와 인간의 사회가 다원적인 한 그 참여 행위는 이미 주어진 구조의 단순한 반영이 아니라 한 개인의 주관성이 환경과 만나 드러낼 수 있는 온갖 역동성을 품고 있다. 신화비평의 방법은 바로 그 독특한 창조 행위 한가운데 위치한 역동적 의식을 포착하는 방법이다.

뒤랑의 그 신화비평 방법이 어떻게 구체화될 수 있는지 검토하는 일은 생략하기로 하자. 단지 『상상계의 인류학적 구조들』의 부록으로 발간된 『파르므 승원의 신화적 장식들』은 신화비평의 구체적인 결과물이며 『신화적 장식들과 작품의 얼굴들』에 신화비평의 방법 및 미술과 문학 작품에 대한 구체적인 신화비평의 예들이 나와 있다는 사실만 알리는 것으로 만족하자. 우리로서는 신화비평의 방법이 한 작가의 작품 세계를 이해하거나 설명하는 데 그치는 것이 아니라 그 작품이 하나의 상징적 표현으로서 그 작품을 둘러싸고 있는 역사적 문맥, 사회적 환경과 불가분의 관계를 맺고 있다는 것을 전제로 하고 있기에 당연히 신화분석이라는 보다 큰 틀과 자연스레 연결된다는 사실만을 강조하고 싶을 뿐이다.

> **한 작품에 대한 신화비평은 개인의 작품 세계에 대한 이해, 그 울림의 공간에의 참여의 차원에서 벗어나서 집단적 문화나 역사적 순간의 커다란 신화적 움직임을 밝혀낸다는 신화분석의 길로 나가게 된다.**

　사실상 한 작가를 대상으로 한 신화비평은 그 자체 이미 집단적인 문화와 역사적 순간의 커다란 신화적 움직임을 밝혀내는 초석이 된다. 한 작품에서 드러난 신화적 의미는 한 개인에게 닫혀 있는 것이 아니라 그 작품을 둘러싸고 있는 집단적 문화와 필연적인 관계를 맺고 있는 것이다. 우리는 인간은 상징적 동물이라는 사실을 강조하면서 인간의 모든 표현은 한 개인을 둘러싸고 있는 환경과 관련을 맺을 수밖에 없음을 확인한 바 있다. 그리고 인간은 언제나 문화화된 존재라는 점에 인간의 특질이 존재한다고 썼으며 뒤랑의 인류학적 도정이라는 개념은 그 모든 것을 요약하고 있는 개념임을 알아본 바 있다. 인간은 문화와 결코 유리되어 추상적으로 존재할 수 없으며 인간은 이미 타인과 연대를 맺게 되어 있는 존재인 것이다. 한편 뒤랑이 인류학적 도정의 개념을 정의내리면서 그 작용이 **상상계의 위상**에서 행해진다고 덧붙인 부분에 우리는 유의해야 할 것이다. 상상계의 위상에서 행해지는 작용이라고 그가 덧붙인 것을 상상력을 인간 이해의 근간으로 삼는다는 의도의 천명으로 볼 수도 있지만 역동적인 상상력이 드높게 발휘되었을 때 인류학적 도정의 역동성도 제대로 기능한다는 뜻도 될 것이기 때문이다. 위대한 예술 작품은 상상력이 가장 드높게 발휘된 장소가 아니던가? 상상력이 드높게 발휘될수록 그 작품은 이미 개인적 신화이기를 그치고 문화적 신화, 혹은 원형의 차원으로 격상될 수 있으며 더 멀리 간다면 인류 전체로서의 집단성을 상기시키는 보편적인 신화로까지 확장될 수 있는 것이 아닌가? 아니 거기까지는 가지 않더라도 상상력이 훌륭하게 발휘된 개별 작품은 이미 그 작품을 둘러싸고 있는 사회적이고 집단적인 구조 및 인식과 '인류학적 도정'의 주고받기 작용의 결과가 아니던가? 따라서 개별적인 작품의 분석은 이미 집단적이 되고 사회적이 된다. 한 작품에 대한 신화비평은 개인의 작품 세계에 대한 이해, 그 울림의 공간에의 참여의 차원에서 벗어나서 집단적 문화나 역사적 순간의 커다란 신화적 움직임을 밝혀낸다는 신화분석의 길로 나가게 된다. 아니 좀 더 과감하게 말한다면 신화비평은 이미 신화분석이기도 하다.

　하지만 우리는 신화분석의 구체적 방법과 예에 대한 소개도 생략할 것이다.[4] 뒤랑의 신화분석의 방법이 한 사회의 온갖 인식과 정신을 움직이는 근본 동인으로서의 신화를 밝혀내는 작업이라면 그의 신화분석은 자연스레 한 사회나 문화의 상상계의 지도를 통시적, 공시적으로 살펴보는 방향으로 나가게 되며 그 작업을 그는 심층사회학이라고 명명한다. 심층사회학도 신화방법론이라는 큰 틀 안에 포함이 되는 것은 물론이다. 또한 신화비평과 신화분석, 그리고 심층사회학이 동심원적이고 유기적인 연관을 맺고 있으며 뒤

---

4) 신화분석에 대해 좀 더 자세히 알고 싶으면 역시 『신화적 장식들과 작품의 얼굴들』을 참조할 것. 한편 졸저 『상상적인 것의 인간학』(문학과 지성사, 1992) 제2장을 참조할 것.

랑의 구체적인 탐구의 대상이나 방법에는 약간의 변모가 있을지 몰라도 그 기본 정신은 변화가 없는 것이 사실이다. 하지만 우리로서는 뒤랑의 신화방법론은 심화와 확대 과정을 거쳐 심층사회학에서 확실한 구체성과 실천성을 지니고 그 모습을 드러내고 있는 듯이 보인다. 우리가 신화분석의 구체적 방법과 그것이 적용된 예를 생략하고 바로 심층사회학으로 넘어가는 것은 바로 그 때문이다.[5]

　하지만 우리는 뒤랑이 심층사회학이라는 이름으로 구체적으로 행한 작업을 살펴보는 일은 이 책의 가장 뒷부분으로 미룰 예정이다. 우리는 상상력을 인간 이해의 근간으로 놓는 뒤랑의 기본 정신과 신화방법론의 의미와 방법은 이제 충분히 이해했다. 그러므로 바로 그 정신과 방법이 한 사회를 깊이 있게, 그리고 아주 긴 관점에서 살펴볼 때 어떻게 구체화되어 나타나는지를 살펴볼 때가 된 셈이다. 하지만 인간은 언제나 정리를 필요로 하는 동물이라던가. 그의 심층사회학의 구체적 방법과 예를 살펴보기 전에 우리는 상상력에 입각한 인간학과 신화방법론이 우리에게 익숙해 있는 인식들을 어떻게 바꾸게 만드는지 인식의 차원에서 한 번 정리해볼 필요를 느낀다.

---

5) 뒤랑은 18세기 말부터 20세기 초까지의 프랑스 사회를 신화분석하여 그 기간 동안 어떻게 프로메테우스 신화가 주도적 역할을 하다가 디오니소스 신화를 거쳐 헤르메스 신화로 옮겨 가고 있는가를 보여준다. 물론 그 신화들은 언제나 중첩되어 있는 것이지 마치 릴레이 주자처럼 바통을 이어받는 것이 아니다.

제3부

새로운 인식론

- 유기적 사유를 향하여

1. 신인류학정신과 전통

신인류학정신과 신과학정신 – 상상력에 입각한 신인류학정신은 로고스 중심주의를 부정하면서 그것을 부분으로 감싼다.

뒤랑은 자신의 인류학의 기초를 이루고 있는 정신을 바슐라르의 〈신과학정신〉에 빗대어 〈신인류학정신〉이라고 일컫는다. 신과학정신이란 아인슈타인 이후의 과학의 흐름을 그 이전의 과학정신과 구분하기 위한 명칭이다. 우리가 앞서 살펴본 대로 신과학정신은 뉴턴의 물리학으로 대변되는 과학정신과 단절과 감싸기의 관계를 맺고 있다. 여기서 단절과 감싸기 개념에 대해 잠시 알아보기로 하자.

바슐라르가 단절과 감싸기 개념을 사용한 것은 과학이 어떻게 발전해 왔는가라는 질문에 답하기 위해서이다. 그의 결론은 이렇다. 과학사를 살펴보면 과학은 우리가 흔히 생각하듯 지식의 축적에 의해서 발전을 이룩해온 것이 아니라 과학사에서 나타나는 커다란 혁명들로 인한 '단절과 감싸기'에 의해 발전을 이룩했다는 것이다.

그가 보기에 과학사는 두 번의 혁명기를 겪는다. 그 중 한 번은 지동설을 주장한 코페르니쿠스에 의해서이고 다른 하나는 아인슈타인의 상대성 이론을 기준으로 해서이다. 그는 그 기준으로 과학사를 '전과학정신의 시대'(코페르니쿠스의 지동설 이전), '과학정신의 시대'(코페르니쿠스부터 뉴턴까지), '신과학정신의 시대'(아인슈타인의 상대성 이론 이후)의 세 단계로 나눈다. 그리고 그가 보기에 각각의 단계에는 단절이 존재한다. 전과학정신 시대의 과학이 발전한 결과 과학정신을 낳았고, 과학정신의 시대에서 발전한 과학이 신과학정신을 낳은 것이 아니라, 그 각각의 단계 사이에는 단절이 있다고 주장했다. 즉 뉴턴의 역학이 발전하여 아인슈타인의 상대성 이론을 낳은 것이 아니라 뉴턴의 역학을 낳은 인식적 토대와 상대성 이론을 낳은 인식적 토대는 완전히 상이하다는 것이다. 뉴턴과 아인슈타인은 전혀 다른 관점으로 세상을 바라보았기에 다른 과학이 탄생한 것이라는 것이다.

그렇다면 뉴턴의 역학과 아인슈타인의 상대성 이론은 그 자체 상대적이란 것인가? 과학사는 상이한 인식의 교대만 보여줄 뿐 전혀 발전해온 것이 아니란 말인가? 거기에 어떻게 전과학, 과학, 신과학이라는 이름을 붙일 수 있다는 것인가? 바슐라르는 과학은 분명히 발전해 왔다고 말한다. 그러나 그 발전은 선적인 발전이 아니라 감싸기에 의한 발전이다. 즉 뒤에 나온 과학정신은 그 인식적 토대에서 볼 때 앞선 시대의 과학정신과 단절되어 있지만 앞선 시대의 과학정신을 틀린 것으로 부정하는 것이 아니라, 일정한 조건하에서만 옳다는 식으로 부분적으로 감싼다는 것이다. 지동설은 천동설을 부분적 진리로 감싸고 상대성 이론은 뉴턴의 물리학을 부분적 진리로 감싼다.

손쉬운 예를 하나 들어보자. 우리는 $2+2=4$ 라는 수학적 등식을 '참'이라고 믿는다. 그것이 '참'이라고 믿어지는 한 그것은 객관적이고 과학적인 지식이다. 그러나 각각의 항에 질(質)의 개념을 도입하면 문제가 전혀 달라진다. 그리고 손쉽게 '집합'이라는 새로운 개념을 도입해 생각해도 사정이 달라진다. 2+2 는 2도 될 수 있고 3도 될 수 있고 4도 될 수 있는 것이다(동물이 두 마리, 날짐승이 두 마리 있다. 모두 몇 마리냐? 라는 문제를 생각해보자.).

'집합'이라는 전혀 새로운 과학적 지식에 의하여 2+2 는 항상 4라는, 앞선 과학적 지식은 비과학적이 된다. 그렇다고 해서 2+2 는 4라는 대답이 틀린 대답은 아니다. 그 대답은, '집합'이라는 새로운 지식 체계 속에서, 덧셈의 앞항과 뒤항의 요소들이 서로 다른 경우라는 단서 하에서만 '참'임을 보증 받는다. 즉 부분적인 진실로만 인정되는 것이다. 바슐라르는 그것을 '감싸기'라고 불렀다.

바슐라르의 단절과 감싸기 정신은 과학의 발전을 부정하지는 않는다. 하지만 그러한 발전은 오귀스트 콩트 같은 실증주의자가 주장하는 선적인 발전과는 근본적으로 그 발상이 다르다. 콩트의 선적인 발전 개념에는 필경 최후의 이성의, 과학의 승리 단계가 설정되게 마련이다. 하지만 바슐라르에 의하면 새로운 과학정신은, 현재의 과학정신을 이어받아 그것을 더욱 발전시킴으로써 탄생하는 것이 아니라 그것을 부정하고 새롭게 과학적으로 사유하려고 애쓸 때에만(즉, 현재의 과학정신이 물들어 있을지 모를 오류를 교정하려고 애쓸 때에만) 탄생하는 것이다. 따라서 과학사는 지식의 계승과 축적의 과정이 아니라 계속되는 오류 교정의 역사이며, 그 오류 교정의 노력 덕분에 앞선 과학과 단절된 새로운 과학정신의 탄생이 가능해진다. 그리고 과학정신이 끊임없는 발전을 추구하는 것이라면 '현재의 과학', '현재의 합리적 정신'도 여전히 오류 교정의 대상, 부정의 대상이며 필경 다음 단계의 과학정신에 의해 '단절'되고 '감싸일' 운명에 놓여 있다고 보아야 한다. 즉, 과학의 발전은 끝이 없으며, 더 나아가 합리성 자체도 고정불변의 것이 아니라 끊임없는 수정의 과정에 놓여 있게 된다. 우리가 앞서 상상력이 닫혀 있는데 반해(불변성) 과학정신은 열려 있다라는 바슐라르의 말을 인용할 수 있었던 것은 그 때문이다.

다시 한 번 요약해보기로 하자. 신과학정신은 이전의 과학정신에 대한 부정으로부터 출발한다. 그것은 이전의 과학정신의 연장선상에서 출현한 것이 아니라 그와 단절되어 있다. 하지만 신과학정신은 이전의 과학정신 전체를 완전히 부정하는 것이 아니라 일정한 조건하에서만 옳다는 부분적인 지위를 거기에 부여한다. 즉 부분으로 감싸는 것이다. 뉴턴의 역학은 아인슈타인의 상대성 이론에 의해 틀린 이론으로 폐기되는 것이 아니라 상대성 이론이라는 보다 큰 틀 속에 부분으로 포함된다. 이것이 단절과 감싸기이며 과학정신과 신과학정신의 관계이다.

신인류학정신은 이전의 인식론과 단절되어 있다. 하지만 신인류학정신은 이전의 인식론을 부분으로 감싸면서 로고스를 거대한 이미지의 성운 속에 포함시킨다.

뒤랑의 신인류학정신은 〈이미지 중심주의〉를 내세우면서 서구의 〈로고스 중심주의〉와 단절과 감싸기의 관계를 맺고 있다. 우리가 앞에서 확인했듯이 이미지 중심주의는 인간을 합리적 동물로 보는 관점, 이성을 인간 이해의 축에 놓는 사유를 부정한다. 인간의 모든 표현에는 상상력이 근간을 이루고 있으며, 더 나아가 인간 존재 자체가 이미 상징적이라는 것이다. 하지만 이미지 중심주의가 설립되는 순간 이미지 중심주의는 로고스 중심주의를 완전히 배격하는 것이 아니라 인간의 상상력의 한 부분으로 감싸게 된다. 서구의 로고스 중심주의는 객관지향이라는 단 하나의 주관에 집착해서 발생한 인식이라는 말이 가능한 것은 그 때문이다. 로고스 중심주의 역시 거대한 이미지의 별자리에서 한 부분을 차지하는 상상력의 한 부분이 되는 것이다. 인간의 모든 표현은 간접적이며, 이성이라는 것은 그런 간접적 인식의 한 형태라고 말하는 것, 합리성이 유일한 것이 아니라 여럿이며 그 다원적인 합리성들은 각기 다른 상상계의 구조에 속한다고 말하는 것도 〈이미지 중심주의〉가 〈로고스 중심주의〉를 부분으로 감싸고 있음을 확인하게 해준다. 그것은 서구의 인식론적인 장(場)들 밖에 위치해서 그 장 자체를 상대화하는 것을 의미하기도 한다. 로고스 중심주의를 상대화하기 위해서는 로고스 중심주의 밖에서 로고스 중심주의를 바라보아야만 한다.

그런데 바로 그 사실에서 우리는 아주 묘한 현상과 마주치게 되는 셈이다. 분명히 신인류학정신은 이전의 인식론과 단절되어 있다. 하지만 신인류학정신은 이전의 인식론을 부분으로 감싸면서 로고스를 거대한 이미지의 성운 속에 포함시킨다. 우리가 흔히 생각하듯이 로고스는 상상력과 대립하는 것이 아니라 상상력의 품에 안기게 되는 것이다. 조금 구체화해서 말한다면 이미지 중심주의에서 시와 과학은 대립하지 않으며 과학도 시학의 범주에 포함이 된다. 그 말은 물론 과학의 특성이 사라진다는 뜻이 아니다. 엄격한 객관성에 기대고 있는 듯이 보이는 과학도 실은 주관적인 상상력의 지배를 받는다는 뜻이다. 즉 이미지 중심주의는 상상력의 이름, 인간 주체의 이름으로 그 이전의 인식론에서는 단절관계에 놓여 있던 것들을 하나의 맥으로 연결시킨다. 그런 의미에서 상상력은 인간의 모든 행동과 표현을 낳는 근본 동인이고 인간 현상을 모두 포함하는 거대한 품이면서 동시에 이질적으로 보이는 것들을 맺어주는 접합제이기도 하다. 한마디로 요약한다면 신인류학정신은 이전의 인식론을 부정하면서 그 인식론과는 단절됨과 동시에 그 새로운 인류학 내에서 단절된 것들을 맺어준다.

그렇다면 우리에게는 확인해야 할 두 가지가 남는 셈이다. 하나는 이미지 중심주의가 로고스 중심주의와 구체적으로 어떤 면에서 단절을 이루고 있는 것인가 하는 것이며 다른 하나는 어떻게 단절되어 있던 사유들과 표현들이 이미지 중심주의 내에서 유기적으로 맺어지게 되는가 하는 것이다. 이미지 중심주의는 로고스 중심주의의 핵을 이루고 있던 어떤 인식들을 부정하는 것인가, 그 인식들을 부정한 결과 어떻게 이질적인 것들이 유기적으로 서로 맺어지게 되는 것인가? 우리가 이번 장에서 살펴볼 것들은 바로 그러한 것들이다.

신인류학정신과 전통 – 신인류학정신은 인간에 대한 전통적 인식의 회복을 요구한다. 오늘날에도 여전히 살아 있는 전통적 인식!

그런데 흥미로운 것은 뒤랑의 신인류학정신이 분명 기존의 인식론과의 단절을 천명하면서 동시에 그러한 신인류학정신이 말 그대로 새로운 것이 아니라 실은 인간과 우주에 대한 전통적 인식과 연결되어 있다고 말한다는 데 있다. 신인류학정신에서의 새로움이라는 것이 무엇을 의미하는가를 정확히 이해하기 위해서는 뒤랑의 그 말의 뜻을 필히 점검해보아야만 한다. 가장 새로운 것이 전통적인 것과 맞닿아 있다니 어떻게 그런 일이 가능한가? 뒤랑의 신인류학정신을 바슐라르의 신과학정신에 빗대어 이해할 수 있다면 신인류학정신도 새로운 것이어야만 하지 않겠는가? 과학정신이 새로운 것을 향해 끝없이 열려 있는 것이라면 인류학정신도 끝없이 새로운 것을 향해 열려 있는 것이 아닌가?

그 의문을 풀기 위해서 우리는 우선 전통이라는 단어의 의미를 정확하게 이해할 필요가 있다. 우리는 흔히 전통을 지나간 과거의 삶의 양식이나 문화로 생각하기 쉽다. 그래서 전통을 살린다는 것은 언제나 사라진 것을 되살리는 것과 비슷해진다. 전통을 강조하는 것이 언제나 복고주의적이고 보수적인 색채를 띠는 것은 그 때문이다. 그때, 전통을 강조한다는 것은 변화를 부정하는 것과 같은 의미를 띠기 쉽다. 결론적으로 말하자. 전통을 인정한다는 것은 선적인 진보를 부정하는 것을 의미하지 변화를 부정하는 것을 의미하지는 않는다. 우리가 '싫증주의'라는 다소 해학적 표현을 쓰면서 말했듯이

'변화한다는 것'은 인간의 기본 속성에 속한다. 뒤랑의 상상계의 구조가 역동적인 것은, 그가 알록달록한 영혼을 지닌 인간의 생각과 삶은 언제고 변화할 수밖에 없다는 것을 전제로 했기 때문이다. 그러니 뒤랑 같은 이에게 변화를 부정하는 일은 벌어질 수 없다. 그렇다면 그는 왜 서구의 인식론을 부정하면서 전통적 인식에 의뢰를 하게 된 것일까? 전통은 과연 과거에만 속하는가? 과거는 과연 사라지고 마는 것인가?

그 질문에 답하기 위해 우리는 두 가지 관점에서 접근할 수 있다. 그 중 하나는 그가 부정하는 서구의 인식론의 정체가 무엇인가, 그 성격을 파악하는 일이다. 그 성격이 어떤 것이기에 뒤랑은 그것을 부정하는 것인가?

뒤랑이 보기에 그가 부정하는 서구의 인식론은 인간 인식 발전의 결과물이 아니다. 그 인식론은 거꾸로 인간의 인식의 폭이 좁아져 온 결과 발생한 인식론이다. 여기서 바슐라르의 재미있는 표현을 하나 인용해보자. 그는 불의 정신분석에서 "원시인에게는 사고란 집중화된 몽상이다. 반대로 교양인(현대의 교육받은 사람)에게 몽상은 풀어진 사고이다."(『불의 정신분석』, 48쪽)라고 말했다. 몽상은 꿈은 꿈이되 깨어 있는 꿈이다. 몽상에 빠진다는 것은 자유로운 상상력이 발휘된다는 것과 같은 뜻을 갖는다. 그 사실을 전제로 위의 인용문을 이해하면 이렇게 풀 수 있을 것이다. 우리의 조상들은 가장 자연스러운 상태에서는 손쉽게 몽상에 빠지곤 했다. 그들은 몽상에 빠져 그들의 내밀한 욕구를 충족시킬 수 있는 물질이나 대상을 찾아 그 물질이나 대상에 그 욕구를 싣는다. 물론 그때 상상력이 발휘된다. 그러한 상상력 앞에서 물질은 자신의 욕구를 담아낼 구체적 대상이지 관찰이나 분석의 대상이 아니다. 그 물질을 분석하고 그 물질에 대한 지식을 얻으려면 몽상의 습관을 버려야 한다. 그것은 쉬운 일이 아니다. 따라서 우리의 선조들에게는 쉽게 몽상에 빠질 수 있는 능력은 있었지만 대상과 거리를 두고 그것을 관찰하고 분석하거나 그 현실적인 효용성을 따지는 일은 아주 어려운 일이었다. 하지만 현대인은 반대이다. 현대인은 그 어떤 대상이나 물질(그 대상이 사람이어도 마찬가지)을 만나면 정신 똑바로 차리고 그 정체를 밝히고 효용성을 따지는 데 익숙해 있다. 하지만 현대인이 몽상에 빠지려면 그 습관을 버리고 다른 식으로 집중을 해야 한다. 그리고 그것은 아주 어려운 일이다. 예를 들어 우리의 선조들은 불 앞에서 몽상에 빠져 상상력을 발휘하는 데 익숙해 있었지만 현대인들은 그 용도를 생각하는 데 익숙하다. 다시 간단하게 줄인다면 원시인은 분석적 사고를 하기가 어렵고 현대의 교양인, 즉 교육을 받아 지식이 많은 사람은 몽상에 빠지기가 어렵다.

뒤랑이 서구인의 인식론을 비판하는 것은, 우리가 합리주의에 대한 비판에서 살펴보았듯이 서구의 인식론이 분석적 사유, 효용성의 원칙을 인간 이해의 근간으로 삼고 있기 때문이다. 그러한 것을 인간 이해의 근간으로 삼으면 이성에 의해 인간의 문명이 발전해 왔다는 생각으로 이어지는 것은 당연하며 상상력과 몽상은 원시적 사유 형태로 간주되는 것이 당연하다. 하지만 우리는 '인간은 조금도 진보해오지 않았다'라는 뒤랑의 기본 입장이 어떤 의미를 갖고 있는지 이미 이해한 바 있으며 상상력에 입각한 인류학이 왜 보다 폭넓고 섬세한 인간학인지를 이해한 바 있다. 그리고 인간은 상징적 동물이라는 선언의 의미도 이해했으며 '인간은 행복하기 위해 세상에 태어났다'와 '인간에게는 모두 꿈을 꿀 권리가 있다'는 바슐라르의 말이 그와 어떻게 조응하는지도 충분히 납득했다. 뒤랑의 서구 인식론에 대한 비판은 다시 말하지만 한마디로 상상력을 억압하면서 인간 이해의 틀이 좁아진 것에 대한 비판이다. 그래서 뒤랑은 서구의 인간학은 인간을 '합리'의 이름으로 신비화하는 태도이며 '손가락으로 달을 가리키는데 달은 보지 않고 손가락만 보는 꼴'이라고 비판하기도 한다. 그들의 인간학은 현대인, 그 중에서도 서구인을 중심으로 한 인간학이며 인식론일 뿐이다. 달리 말한다면 서구의 인식론은 상상력을 경시하고 억압했을 뿐만 아니라 그런 억압의 결과 원래 타고난 상상력의 기능을 스스로 상실했다. 현대인의 인식이 발전한 것이 아니라 상징적 인식의 기능이 축소되어 기호적 설명의 좁은 틀에 갇히게 되었다는 것은 바로 그런 뜻이다.

뒤랑이 서구의 인식을 비판하면서 전통적 인식에 손길을 보내는 것은 잃어버린 과거를 되찾자는 뜻이 아니라 좁아진 인간 이해의 틀을 넓히고 인간 이해의 근원을 모색하자는 뜻 바로 그것이다. 그런 의미에서 우리는 뒤랑의 인간학을 일종의 원형론이라고 부를 수도 있게 되는 것이다. 원형을 이해한다는 것은 무엇인가? 그것은 사람을 가장 깊이 이해한다는 것을 의미하지 않는가? 인간의 모든 문화, 표현, 제도들의 변화를 낳는 궁극 원인을 바로 사람에 대한 이해에서 찾겠다는 것을 의미하지 않는가? 서구의 인식론은 원형을 그 시야에서 잃은 인식론이다. 원형에 대한 통찰이 결여된 인식론은 인간과 인간의 사회를 연구하면서 그 변화의 원인을 사람에게서 찾지 않고 사람 밖의 현상에서 찾는다. 사람들의 사회에서 벌어지고 있는 일에 대한 이해도 이른바 객관적인 원인의 탐구라는 미명하에 사람을 이해하는 것과는 상관없는 일이 되어버린다. 그 인식이 두루 위력을 떨치면 정치도 사업도 다 사람이 하는 일이라는 기본 전제를 잃어버리기 십상이다. 즉 사람에 대한 이해가 사람이 사는 사회 이해의 전제라는 기본을 잃어버리게 된다. 그러니 전통에의 의뢰는 부분화되고 파편화된 인식을 거부하고 보다 온전한 인간 이해의 틀을 회복하기 위한 전략적 방법이기도 하다. 바슐라르식으로 말한다면 인간에 관한 '인식론적 오류'에 가장 깊게 빠져 있는 것이 서구의 인식론이다. 뒤랑의 인간학이 사람과 우주에 대한 인간의 전통적 인식에 의뢰하는 것은 '인식론적 오류' 자체를 객관적으로 성찰할 수 있게 해주는 큰 틀을 찾으면서 동시에 큰 통합 원리 없이 찢겨진 인간학들을 유기적으로 맺어줄 수 있는 접합제를 찾기 위해서이다.

다른 하나는 전통적 인식, 그러니까 우리가 이미 사라진 과거의 일로 간주하는 전통적 인식이 과연 사라진 과거의 인식인가를 살펴보는 일이다. 단도직입적으로 말해서 전통적 인식은 사라진 과거의 인식이 아니라 현재 속에 살아 있는 인식이다. 우리는 뒤랑의 상상계의 구조가 다원성과 역동성을 그 기본으로 하고 있다는 것을 이미 확인한 바 있다. 그러한 관점에서 바라보면 ‘서구의 인식론이 새로운 인식론이거나 발전한 인식론이 아니라 좁아진 인식론이라는 것’이라고 말하는 것의 의미를 새롭게 살펴볼 수도 있다. 그 인식론은 좁아진 인식론이면서 동시에 전통적 인식을 억압하는 인식론이다. 우리는 누차 서구의 인식론이 상상력을 ‘인식의 유년기’, 혹은 ‘오류와 거짓의 원흉’으로서 사이비 인식만 낳을 뿐이라고 억압해온 인식론이라고 말해왔다. 하지만 상상력은 비록 억압을 당해왔을지언정 사라지지는 않는다. 인간은 다원적이고 역동적이기 때문이다. 인간의 영혼이 알록달록하기 때문이다. 원시인과 현대인에 대한 바슐라르의 표현을 다시 빌려와 말한다면 현대인은 사고를 풀어헤치는 데 익숙하지 않은 것이 사실이지만 어렵긴 한 대로 힘들여 몽상에 빠질 수 있는 능력을 지니고 있다. 뒤랑이 서구의 인식을 ‘성상파괴주의’라는 용어로 압축해 표현하고, 그 내부에는 꾸준히 ‘성상옹호주의’의 저항의 흐름이 존재해왔음을 지적하면서 그 흐름의 구체적 양상을 살펴볼 수 있는 것은 서구에서 몽상의 능력, 상상력의 기능을 중시하는 인식이 비록 억압을 당하고 경시되었을지언정 그것이 완전히 사라지지는 않았기 때문이다. 만일 그런 일, 그러니까 성상옹호주의의 저항이 완벽하게 제압되어 사라지는 일이 벌어졌다면 오늘날의 서구 문화는 증발해버렸을 것이라고 뒤랑은 말한다. 그것은 서구 사회가 인간과 인간 사회의 근간인 다원성을 상실하고 그 생명력을 잃는다는 것을 의미하기 때문이다. 사고와 가치관과 인식의 획일화와 전제(專制)화는 단지 윤리적으로만 부당한 것이 아니다. 획일화는 바로 생명력의 상실을 의미하고 그것이 개인이건 사회건 문화건 그 주체가 더 이상 존속하는 것을 불가능하게 만든다. 억압이 필연적으로 저항을 낳는 것, 그것도 인간의 기본 속성의 하나이다.

다른 식으로 살펴본다면 전통이 현존한다는 것은 융이 말한 집단 무의식이 사라지지 않는 것과도 같다. 융의 집단 무의식을 전통 비슷한 것으로 이해해도 될 것이라고 우리는 이미 말하지 않았는가? 우리나라가 조국 근대화라는 기치하에 서구화의 길을 꾸준히 걸어왔지만 우리의 문화, 우리의 행동, 우리의 사고, 우리의 인식에는 다른 문화권의 행동이나 사고 인식과는 구별되는 나름대로의 색깔이 존재한다. 그 색깔이 바로 우리의 전통이며 집단 무의식이다. 그 색깔은 과거 속으로 사라진 것이 아니라 엄연히 현존한다. 그리고 그것은 아직 오지 않은 미래의 우리 사회에도 여전히 살아있다. 서구화를 지향하는 우리의 의식적 노력이 우리의 전통, 그러니까 우리의 집단 무의식을 부정하고 억압할 때 우리의 전통을 살리자는 운동이 저항적인 성격을 띨 수밖에 없는 것은 그 억압이 현재의 우리와 관련 없는 과거를 부정하는 것이 아니라 현재에도 살아있는 우리의 정체성 전체를 부정하는 것이기 때문이다. 전통은 형식의 차원에서 존재하는 것이 아니라 우리의 깊은 무의식 속에서 현존하면서 변화하는 우리의 삶에 영향력을 미친다.

> 신화의 귀환은 새로운 인식의 출현이면서 전통의 귀환이기도 하다. 그것은 인식의 전환을 의미하면서 동시에 이제까지 주도적 자리를 차지하고 있던 신 대신에 새로운 신이 등장할 때가 되었다는 것을 의미한다. 신화는 회귀하고 역사는 반복된다는 것의 의미가 바로 그것이다.

이제 뒤랑이 오랫동안 서구를 지배해왔던 인식론을 비판하면서 전통적 인식에 의뢰하는 이유와 의미를 우리는 이해할 수 있다. 뒤랑이 말하는 전통적 인식은 서구의 주도적 인식, 좁아진 인식에 가려져 약화된 인식이다. 하지만 그것은 사라지지 않은 인식이며 서구 문화 내부에 여전히 살아 있는 인식이다. 그런 의미에서 **전통이란 시간의 지배를 받는 개념이라기보다는 차라리 공간적인 개념이다.** 그래서 뒤랑은 서구인의 인식론을 비판하면서 서구인이 의뢰해야 할 전통적 인식을 서구 내부에서 찾는다. 그러한 인식은 때로는 억압당해 사라진 듯이 보이다가도 역사의 어느 시기에는 다시 살아나 주도적인 인식에 저항을 하고 타격을 가하고 그 결과 서구 문화 전체의 건강성을 유지하게 해준다. 한 사회, 한 문화를 건강하게 유지해주는 것은 주류가 아니고 비주류라는 역설! 인간의 영혼은 단일한 것이 아니고 알록달록함을 보여주면서 그 알록달록함을 억압하는 전제적 사고에 저항한다는 것, 거기에 비주류의 진정한 의미가 있기 때문이 아니던가? 그 저항은 억압당한다고 해서 사라지는 것이 아니라 언제고 다시 귀환한다.

다시 요약하자. 뒤랑이 인간의 전통적 인식에 의뢰하는 것은 사라진 과거의 인식이나 패러다임을 살리기 위해서가 아니다. 그것은 좁아진 현재의 인식의 패러다임을 바꾸고 넓히자는 의미이다. 그리고 그 넓고 새로운 인식은 문자 그대로의 새로운 인식이 아니다. 그 새로운 인식은 현재의 좁은 인식에 의해 억압당해 있던 인식의 귀환이기도 하다. 뒤랑이 21세기의 새로운 인식론에 대해 말하면서 '신화의 귀환'이라는 부제를 붙일 수 있는 것은 바로 그 때문이다. 신화의 귀환은 새로운 인식의 출현이면서 전통의 귀환이기도 하다. 그것은 인식의 전환을 의미하면서 동시에 이제까지 주도적 자리를 차지하고 있던 신 대신에 새로운 신이 등장할 때가 되었다는 것을 의미한다. 신화는 회귀하고 역사는 반복된다는 것의 의미가 바로 그것이다. 하늘 아래 새로운 것이 없다는 것의 의미도 바로 그것이다. 인간의 상상력은 제한되어 있기 때문이다. 신화라는 큰 틀이 바로 인간의 운명이며 한계임을 우리는 이미 지적하지 않았는가?

우리로서는 이렇게 말하기로 하자. 새로운 사고라는 것은 말 그대로 새로운 것이 아니다. 그것은 이전에 존재하지 않던 사고, 문자 그대로 독창적인 사고를 말하지 않는다. 그렇기에 새로운 사고를 할 수 있는 가능성은 우리 모두에게 열려 있다. 그 가능성이 바로 우리 내부에 존재하기 때문이다. 인간이 존재하는 한 신화는 영속하고 신화 속의 모든 신들이 우리 내부에 살아 있기 때문이다. 뒤랑이 신인류학정신이라는 개념을 통해 보여주려 한 것은 한편으로는 그 모든 신들이 하나도 낯설지 않다는 것이며 다른 한편으로는 서구인들을 오래 지배하고 있던 신에게서 벗어나 다른 신을 맞이할 준비를 하자는 것이다. 그것은 서구를 부정하면서 동시에 본래의 서구를, 그리고 인간을 찾자는 것이며 서구의 문화와 인식을 객관적으로 바라보면서 그것을 인류의 문화와 인식이라는 보다 큰 틀 속에 위치시키자는 것이다. 그것은 좁은 나에게서 벗어나 보다 큰 나를 발견하자는 것과도 같은 의미를 갖는다. 그의 '신인류학정신'을 감싸고 있는 부정의 정신, 새로운 정신은, 그러니까, 새로우면서 하나도 새로운 것이 아니다. 그가 〈상상계의 인류학적 구조들〉을 설립하면서 인간에 관한 한 그 어느 것도 낯설지 않다는 관점을 택해야만 한다고 말한 것, 탈신화화를 통해 신화를 부정하고자 했던 19세기 서구의 내부에서도 신화를 발견하고 그때 이미 신화의 귀환이 이루어지고 있었다고 말할 수 있었던 것도 뒤랑의 모든 사유가 그런 기본 정신에 입각해 있기 때문이다.

만일 우리가 뒤랑이 검토하고 권하고 의뢰하고 있는 전통적 인식의 내용을 구체적으로 하나하나 검토해 본다면 우리에게 익숙해 있는 사고의 입장에서는 온통 비과학적인 내용으로 이루어져 있는 것처럼 보일 수도 있다. 사실 뒤랑의 '상상계의 인류학'이 서구의 합리주의나 실증주의의 입장에서 본다면 그 자체 이미 비과학적이라는 것, 그러니까 이른바 객관적 진리의 탐구와는 거리가 멀다는 것을 우리가 누누이 강조해 왔으니 어찌 보면 당연한 일이기도 하다. 우리가 비과학적이라고 볼 수 있는 그러한 전통적 인식은 한

마디로 말한다면 상동성(homologie)의 원칙에 입각해 있다. 간단하게 말하기로 하자. 그러한 상동성의 원칙으로 이 세상과 인간을 바라볼 때 나와 남, 나와 세계, 나와 우주는 분리되어 있지 않다. 상동성의 원칙으로 이 세상을 바라본다면 이 세상의 복잡함과 다양함은 인간 내부의 다원성과 상응한다. 그 다양함은 그냥 잡다한 다양함이 아니다. 다양한 것들은 아무런 질서 없이 흩어져 있는 것이 아니라 거기에는 상징적 통일성이 작동하고 있다. 그런 인식에서 인간을 둘러싸고 있는 자연과 우주는 더 이상 객관적 분석의 대상으로 존재하지 않는다. 자연과 우주는 인간의 내면과 소통하면서 인간의 자아를 비추는 거울이 되고 동시에 인간의 내부에 자연과 우주가 들어오기도 한다. 우리는 곧 이어 전통적 인식과 맞닿아 있는 새로운 인식론의 내용들을 하나하나 검토해보게 될 것이지만 그 전에 잠깐 상동성의 원칙이 어떠한 것인가를 이해하기 위해 구체적인 예를 하나 살펴보기로 하자.

우주에는 상징적 통일성이 작동하고 있다.
– 동종요법과 유사성의 원칙

의학에 동종(同種)요법(homéopathie)이라는 것이 있다. 동종요법은 18세기 독일의 의사인 사무엘 한네만(Samuel Hahnemann)이 주장하고 체계화한 의학요법이다. 하지만 한네만이 정리해서 체계화하기 이전에 16세기 스위스의 의사인 파라셀수스가 이미 주장한 바 있는 의학요법이기도 하다. 그리고 파라셀수스가 일반적으로 '근대 연금술의 기초를 닦은 남자'라고 알려져 있듯이 그의 의학요법은 고대의 연금술과 연결되어 있다. 즉 18세기에 체계화되어 나온 동종요법은 고대의 전통적 인식의 부활이기도 하다.

동종요법의 핵심은 건강한 사람에게 어떤 특정 증상을 일으키는 약물이 그 증상을 이미 나타내고 있는 환자에게 약이 된다고 주장한다는 데 있다. 한마디로 독을 약으로 쓰는 요법이다. 비슷한 것으로 비슷한 것을 다스리는 것, 이것이 바로 동종요법이다. 물론 파라셀수스는 동종요법의 원리를 일종의 우주론의 차원에서 자세히 설명한다. 자세한 소개는 생략하거니와 파라셀수스가 주장하는 동종요법의 근간에는 상동성의 원리가 온갖 차원에서 작용하고 있다. 인간이라는 소우주와 자연이라는 대우주가 서로 상동관계를 이루고 있으며, 인체 기관들이 천체(天體)와 동일한 구조를 가지고 있다. 인간 내부의 기관들이 서로 상응하고 있고 인간의 신체와 마음이 상응하고 있으며 무엇보다 병과 치료제가 상동관계에 있다. 우리가 알고 있는 일반 의학 상식과는 영 딴판이다. 병에 걸리면 그 병과 싸워 병을 물리칠 수 있는 약을 투여하는 것이 일반적 상식이다. 이른바 대증(對症)요법이며 이종(異種)요법이다. 그런데 파라셀수스의 의술에서는 병을 일으키는 원인이 되는 독을 약으로 투여한다. 그의 치료술에서는 수은과 황산도 약이 될 수 있다. 그 요법에서 유사성이 얼마나 크게 작용하는가 하면 특정 식물이 지닌 형태적 특성으로 인해 그 식물이 인체 특정 부분의 특효약으로 쓰일 정도이다. 예를 들어 좁쌀풀은 그 잎에 눈 모양의 작은 점이 있다는 이유로 눈 질병 치료의 비약(秘藥)으로 쓰이며 지치류 식물은 허파와 비슷하게 생겼고 허파처럼 해면체로 되어 있어 폐질환의 특효약이 된다.

　정말 비과학적이고 황당하다는 생각이 들 수도 있다. 그렇기에 동종요법에 대해 어떻게 그런 치료가 가능한 것인지 논리적으로 밝혀내는 것은 불가능하다. 따라서 동종요법을 객관적이고 과학적인 의학으로 간주할 수 없다는 비판이 제기되는 것은 어찌 보면 당연하다. 하지만 어찌하랴! 실제로 그런 요법이 효과가 있다는 것이 실천적인 차원에서 증명이 되고 있는 것을. 게다가 우리는 은연중 그런 요법을 신봉하고 있기도 하다. 우리는 이열치열의 처방이라는 것이 한의학에 존재한다는 것을 알고 있다. 열을 냉(冷)으로 다스리지 않고 열로 다스리는 이열치열의 처방은 바로 동종요법이 아니던가! 게다가 동의보감에 나오는 약초의 대부분은 바로 동종요법의 정신에 의해서 그 처방이 이루어진 것들이다. 우리는 그것들이 이른바 과학적 검증을 받지 않았기에 단순히 경험에 의한 지식일 뿐이라고 말한다. 때로는 음식물이나 식물에 들어있는 성분 분석 결과를 내세우며 그 효과를 과학적으로(!) 증명하려는 노력까지 한다. 하지만 동종요법은 그런 과학적 증명을 기다리고 있는 요법이 아니다. 그것은 마치 아인슈타인의 상대성 이론의 과학성을 뉴턴의 역학으로 증명하려는 것과도 같다. 아인슈타인의 상대성 이론은 뉴턴의 역학과는 전혀 다른 세계관에서 나온 것이다. 우리는 그것을 이미 단절과 감싸기라는 개념으로 설명하고 이해한 바 있다. 유사성의 원칙에 입각한 동종요법은 우리가 지금 과학적이라고 믿고 있는 이종요법과는 전혀 다른 세계관(이제 우리는 다른 상상력이라고 말해도 될 것이다.), 혹은 인식에서 나온 의학이다. 그렇다면 그 인식의 내용은 어떠한 것인가? 이제부터 살펴볼 것이 바로 그 내용이다.

2. 새로운 인식의 내용들

신인류학정신은 우리의 편견을 부정하고 뒤집으면서
크고 섬세한 인간 이해의 틀을 제시한다.

인문학도 하나의 학문이다. 그것이 학문으로 성립하려면 과학성이 뒷받침
되어야 한다. 인문학은 인간의 과학(science humaine)이기도 하다. 과학은
보편성을 그 생명으로 한다. 그런데 뒤랑이 보기에 서구의 인간학은 객관성
과 보편성을 혼동해 왔다. 아니, 보편적인 단 하나의 객관성이 존재해야만
한다는 강박에 시달려 왔다. 겉보기에 서구의 인간학은 인간의 승리를 높이
외칠 수 있게 해준 것 같지만 사실은 인간에 대한 인문과학 자체의 승리를
위해 매진해 왔다. 서구의 인간학은 인간에 대한 총체적 이해의 길을 찾으려
고 몰두해온 것이 아니라 인간의 삶을 정확한 법칙으로 환원하여 설명하는
데 몰두해 왔다. 그 결과 인간의 온갖 불확실성, 우연, 무질서, 광기들은 인
문학의 영역에서 추방된다. 데카르트의 합리주의가 보여주듯이 상상력을 포
함한 인간의 온갖 주관적인 요소들은 인문학을 설립하는 데 장애로 간주되

기도 한다. 인간의 불확실성을 강조하거나 그것을 인문학의 한 요소로 포함시키게 되면 반합리주의, 회의주의, 신비주의, 몽매주의에 빠질 위험이 있다는 경고가 늘 존재해 왔다.

　하지만 포화상태에 이르면 필경 넘쳐흐르는 법이고 달도 차면 기우는 법이라던가. 억압이 강하면 저항이 있게 마련이고 작용이 있으면 반작용이 있는 것이 당연한 법이 아니던가. 뒤랑이 서구의 풍토병이라고까지 말한 성상파괴주의가 절정에 달한 19세기 말부터 서구 사회 곳곳에서 반서구적이라고 일컬을 만한 현상들이 나타나고 이른바 야만적인 사고들이 분출한다. 게다가 인문과학과 인류학의 비약적인 발전, 자연과학의 새로운 발견들은 더 이상 기존의 인문학을 인간 이해의 유일한 원리로 삼는 것이 불가능하게 만들었다. 이른바 객관적 진리의 이름으로 추방되었던 것들이 일상적인 삶의 영역에서 재도입되고 유행을 타는가 하면 학문의 온갖 분야에서 새로운 조명을 받으면서 인간 이해의 폭을 넓히는 데 기여하게 된다. 뒤랑이 '신화의 귀환'이라는 타이틀을 붙이고 있는 현상들이 바로 그러한 것들이며 우리가 오늘날을 상상력의 시대, 이미지의 시대라고 규정할 때 그 규정이 품고 있는 함의도 그러한 것이다. 그러한 흐름이 어떻게 전방위적으로 폭넓게 전개되어 왔는지 자세히 알고 싶으면 뒤랑의 『신화방법론 서설』(국내에는 『신화비평과 신화분석』이라는 제목으로 역서가 출간되었음) 제1장 「신화의 귀환」을 읽으면 된다. 일견 잡다해 보이는 그러한 현상들에는 이제까지 서구를 지배해왔고 서구인들 스스로 객관적이라고 믿어왔던 인식에 대한 회의와 반성, 더 나아가 그런 인식에 대한 전복의 의미가 공통으로 들어 있다. 구체적 삶에서 그리고 온갖 학문들 내부에서 다양하게 벌어지고 있는 그러한 현상들에는 그것들을 함께 묶어줄 수 있는 공통분모가 들어 있다. 앞서 말했듯이 그 현상들의 가장 큰 공통분모는 상동성의 원칙이다. 그 상동성의 원칙은 우리에게 익숙해 있는 사고들을 어떻게 부정하고 전복하는가? 그 상동성의 원칙은 우리로 하여금 세상을 어떤 식으로 새롭게 보도록 만드는가? 그 공통분모의 내용을 조금 세분하여 이제부터 하나하나 검토해보기로 하자.

생텍쥐페리의 『어린 왕자』를 보면 이런 이야기가 나온다. 어린 왕자가 여행을 하면서 방문한 네 번째 별에는 사업가가 살고 있다. 그는 끊임없이 계산을 한다. 그가 계산을 하는 것은 바로 창공에 떠 있는 별들이다. 그는 계산을 하면서 그 별들을 소유하고 있다고 믿는다. 그의 계산에 의해 별들이 각자 지니고 있는 크기, 밝기는 하나도 중요하지 않게 된다. 그가 계산하는 숫자의 양만이 문제될 뿐이다. 맹목적인 배금주의의 모습을 그 사업가는 보여주고 있으며 그 일화를 통해 작가가 전하고자 하는 메시지는 비교적 단순하고 명확하다. 맹목적으로 이익과 돈을 추구하는 삶의 어리석음을 그 일화는 희화화시킨 것이다. 하지만 과연 그뿐일까? 조금 깊이 생각한다면 그 일화에서 사업가가 보여주는 태도는 우리의 비웃음의 대상이라기보다는 우리 자신의 모습이기도 하다.

우리는 세상 모든 것을 숫자로 환원하여 평가하고 판단하는 데 얼마나 익숙해 있는가? 살고 있는 집이 얼마나 좋은가를 우리는 가격비교에 의해 판단하는 데 익숙해 있으며 사람을 평가하는 유일한 척도가 지능지수인 때도 있었다. 지능지수가 얼마나 절대적인 위력을 발휘했는가 하면 머리가 좋은 사람은 당연히 인격적으로도 훌륭한 사람이고 그런 사람이어야 한다고 우리는 생각했고 아직도 그런 생각에 익숙하다. 행복이나 인격 등 주관적인 영역, 질적인 영역에 속하는 것들은 모든 것이 양으로 환원된 세상에서 그 가치가 평가절하되거나 무시된다. 겉으로는 행복이 중요하다고 말하고 나름대로의 주관적인 가치관이 중요하다고 말하면서 속으로는 반신반의한다. 우리가 모든 것을 양으로 환산하는 데 익숙해 있기 때문이다. 학교의 모범생, 그러니까 성적을 잘 받은 학생(숫자에 의해 우수하다고 평가받은 학생)이 꼭 사회의 모범생이 되는 것은 아니라는 것을 경험으로 알고 있고 그런 이야기를 자주 하면서도 자기 아이들은 공부를 잘 하고 좋은 성적을 못 받으면 큰 일 난 것처럼 생각한다. 아무리 '행복은 성적순이 아니잖아요!'라고 외쳐도 아직은 구석진 곳에서 외치는 외로운 목소리로만 여겨진다.

우리가 판단하고 평가하는 대상이 사회나 국가가 되었을 때도 마찬가지이다. 거의 모든 것이 숫자나 양으로 환산되어 평가되는 것은 마찬가지이다. 한 국가의 성숙 여부도 국민소득 숫자에 의해 판가름나며 한 국가를 구성하면서 움직이는 모든 힘도 숫자로 환산된 통계에 의해 밝혀진다. 통계는 선거철의 여론 조사 때에만 위력을 발휘하는 것이 아니라 우리의 삶 구석구석을 지배하고 있는 것이다. 좀 더 과감하게 말한다면 민주주의의 근간이라고 할 수 있는 선거제도 역시 양적인 세계관에 그 토대를 두고 있다.

양적인 세계관에서는 인간도 측량이 가능한 물질과 비슷한 것이 되고 기계적 법칙의 지배를 받는 존재가 된다. 오죽하면 국가의 교육을 관장하는 부처의 명칭을 교육인적자원부로 바꾸는 일이 벌어졌을까. 사람이 자연 자원처럼 관리해야 할 대상이 되었음을 그 명칭은 아주 잘 보여준다. 그때 인적자원의 질(質)이라는 단어가 사용되더라는 그 단어의 의미는 제품에 붙이는 품질이라는 단어와 같은 의미이지, 한 사람이 사람으로서 지녀야 할 질, 즉 인격이나 덕성과는 아무 상관이 없다.

세상을 양이나 수로 판단하고 평가하는 인식은 실은 그 뿌리가 꽤나 오래된 것이다. 우리가 앞에서 이미 비판한 바 있는 데카르트의 합리주의에 그 뿌리를 두고 있는 것이다.

데카르트는 모든 물질세계를 유일한 법칙의 지배를 받는 기계로 간주한다. 당연히 세계를 이루고 있는 대상들은 그 기계의 작은 부품이 된다. 한마디로 기계론적인 세계관이다. 그 기계론적인 세계관이 모든 유기체에 두루 적용이 되더니 나중에는 인간에게도 적용이 되었다는 것을 우리는 이미 확인한 바 있다. 한편 데카르트보다 조금 이전 세대에 속하는 갈릴레이는 자연에서 발견되는 모든 규칙을 수학을 사용하여 정확히 서술하려고 애를 썼다. 그는 자연 현상을 모두 수학 공식으로 표현할 수 있게 되는 것이 과학자의 임무라고 생각했다. 세상을 유일한 객관적인 법칙으로 환원하여 설명하려는 욕망이 수학(그 중에서도 대수학)의 발전으로 이어지는 것은 너무 당연하다. 수학의 답만큼 확실한 것이 어디 있겠는가? 세상을 모두 수학 공식으로 설명할 수 있다면 '이 세상이 어떻게 돌아가는가?'라는 질문에 대한 정답을 얻을 수 있지 않겠는가?

하지만 기계론적인 세계관에 입각해서 세상을 양적으로 파악하는 정량 수학은 내부로부터 도전을 받는다. 산식 대상의 질을 문제 삼는 정성(定性)수학이 탄생하는 것이다. 우리는 앞에서 '수학의 발전은 1+1＝2라는 간단한 계산을 익히고 그것을 바탕으로 보다 복잡한 수의 덧셈을 쉽게 할 수 있게 되고 곱셈 나눗셈이 발전하면서 이룩된 것이 아니다. 새로운 수학의 탄생은 오히려 1+1은 얼마인가 하는 문제 자체를 문제 삼는 것에서 이루어진다. 예컨대 1은 무엇인가? 더한다는 것은 무엇인가? 앞항의 1과 뒤항의 1은 과연 동일한 것인가? 과연 완전히 동일한 것들이 존재한다는 것이 가능한가? 사과 하나와 배 하나를 합하면 정말 둘이 되는 것인가? 아니 같은 사과를 하나씩 더해도 정말 둘이 되는 것인가? 그것들을 그렇게 합하는 것이 가능하기는 한 것인가? 등등 문제 자체에 대해 의문을 품고 문제 자체에 문제를 제기하는 순간 전혀 다른 수학이 탄생한다.'라고 쓴 바 있다. 간단하면서도 좋은 예로 다시 집합의 예를 들어보자. 집합의 개념을 염두에 두지 않는다면 2+2＝4라는 공식은 언제나 옳다. 하지만 거기에 집합의 개념을 도입하면 공집합이 존재하느냐 아니냐에 따라 그 답은 2도 될 수 있고 3도 될 수 있으며 4도 될 수 있다. 집합의 개념은 대상을 단순히 양적으로 환원시키지 않고 그 질을 문제 삼으면서 탄생한 것이다. 그 질문의 핵심은 과연 무엇을 더하는 것이냐, 그것의 질은 무엇이냐에 있다. 그 질문의 차이가 방법의 차이를 낳고 결과의 차이를 낳는다.

그 대상의 질에 질문자의 질(그것이 바로 주관성이 아니겠는가?)이 더해지면 문제가 더욱 복잡해진다. 자세한 이야기는 생략하거니와 새로운 수학은 미학에서 탄생한다고 말하는 수학자도 있을 정도로 수학의 개념이 바뀌는 것이다. 가장 객관적이라고 믿고 있는 수학과 가장 주관적이라고 믿고 있는 미학의 만남!

한편 우리가 앞서 살펴본 동종요법의 경우도 계량성에 입각한 세계관과는 전혀 다른 세계관을 보여주는 아주 좋은 예가 된다. 이종요법의 경우라면 몸에 침투한 병의 원인을 퇴치하기 위해서는 그에 상응하는 양의 약이 필요하다. 하지만 한네만은 약물을 희석시키면 시킬수록 그 약이 효과가 있다고 주장했으며 심지어는 단 하나의 약품 입자도 남아 있지 않은 희석액을 약으로 사용하기도 한다. 효과를 낳는 것은 양으로 측정되는 약의 입자가 아니라 그 입자에 대하여 물이 가지고 있는 기억이라고 말한다면 과연 누가 믿을 수 있을 것인가! 약의 입자에 대한 기억에 의해 희석액도 약과 동일한 효과를 낼 수 있다고 한다면 누가 믿을 것인가? 이 얼마나 비과학적이며 황당한 이야기인가! 상동성에 바탕을 두고 있는 이른바 전통적 인식이라는 것은 그 얼마나 비과학적인가? 서구의 이른바 합리적이고 과학적인 인식이 얼마나 좁은 인식인가를 보여주기 위해 뒤랑이 의뢰하고 있는 전통적 인식이란 결국 비합리적이고 비과학적인 인식일 뿐이 아닌가.

새로운 과학적 발견이 이루어지고 그것이 '참'이라고
받아들여지더라도 세상 사람들의 인식, 그 발견을 낳

은 사회의 제도들이 그에 따라 변화하는 데는 오랜 기
간이 필요하다. 바슐라르는 약 200년이 필요하다고
구체적으로 지적하기도 했다. 아인슈타인의 상대성 이
론이 나온 지 100년이 넘었지만 우리는 아직 뉴턴의
역학의 시대를 살고 있다.

당연히 제기될 수 있을 그러한 질문을 아직은 질문 그 자체로 남겨 두기로
하자. 다만 아인슈타인 이후의 신과학은 모두 세상을 질량으로 파악하는 입
장에 대한 부정에서 출발하고 있다는 것만 지적하기로 하자. 모든 입자는 물
질적인 재료로 이루어져 있는 것이 아니라 에너지의 형태로 되어 있으며 입
자는 에너지의 다발이라는 생각이 신과학의 바탕을 이루고 있고, 아인슈타
인이 중시한 것도 우주 공간에 존재하는 개별적인 존재들이 아니라 그 모든
것들을 둘러싸고 그 모든 것들을 연결시키는 장(場)의 개념이었다. 장의 개
념이라고 해서 그리 어려운 개념이 아니다. 전기장, 자장, 혹은 전파장처럼
우리 눈에 보이지는 않지만 공간 속에 연속적으로 널리 퍼져 있으면서 영향
력을 발휘하고 있는 실제적인 힘이 바로 장이다. 신과학이란 그런 장의 개념
을 물리학뿐만이 아니라 생물학, 천체 생물학, 더 나아가 인간학 전반에 확
대 적용하고 있다고 보면 된다. 달리 말해 신과학 전체를 관통하고 있는 정
신은 상동성에 근간을 둔 유기적(有機的) 세계관이다. 그런 의미에서 가장
첨단의 과학정신은 가장 오래된 고대의 정신과도 만나고 인문학과도 만나며
과학과 가장 첨예한 대립을 이루고 있는 것 같은 종교와도 만난다. 양자역학
이론으로 유명한 덴마크의 물리학자 닐스 보어가 자신의 물리학 이론은 도
교의 음양 이론과 비슷하다고 말한 것이나 영국의 물리학자인 데이비드 봄
이 인도의 명상가인 크리슈나무르티와 친교를 맺으면서 자신의 물리학 이론
은 그의 우주관에서 많은 힌트를 얻고 있다고 말할 수 있는 것은 바로 그 때
문이다.

여기서 바슐라르의 '인식론적 단절'이라는 개념이 다시 떠오른다. 바슐라르는 그 개념을 과학사에서의 단절과 감싸기 개념을 설명하기 위해 사용한 것이지만 현재 과학적이라고 받아들여지고 있는 지식과 일반인들이 지니고 있는 지식 사이에도 단절이 존재한다고 말하면서 그것 역시 '인식론적 단절'이라고 말했다. 왜 그런 단절이 존재하는 것일까? 그것은 새로운 과학적 발견이 이루어지고 그것이 '참'이라고 받아들여지더라도 세상 사람들의 인식, 그 발견을 낳은 사회의 제도들이 그에 따라 변화하는 데는 오랜 기간이 필요하기 때문이다. 바슐라르는 약 200년이 필요하다고 구체적으로 지적하기도 했다. 지동설이 '참'으로 여겨진 후에도 사람들은 약 200년을 천동설 시대에 살고 있었던 셈인 것이다. 그렇다면 우리도 마찬가지이다. 아인슈타인의 상대성 이론이 나온 지 100년이 넘었지만 우리는 아직 뉴턴의 역학의 시대를 살고 있다. 우리가 논리적 근거를 댈 수 없다, 비과학적이다, 라고 말할 때의 논리와 과학은 데카르트의 합리주의와 뉴턴의 역학에 토대를 둔 전 시대의 논리이며 과학일 뿐이다. 상동성에 입각하여 계량성을 부정하는 새로운 정신은 그런 합리주의와 역학의 논리를 빌려와서 증명할 수 없다. 그 정신은 우리의 인식의 전환이 이루어져야만 그 토대를 이해할 수 있는 새로운 정신이다. 뒤랑의 새로운 인간학이 우리 자신의 인식의 전환을 요구하는 것은 그 때문이다.

물론 우리의 구체적 삶에서 조금씩 변화가 일고 있기는 하다. 지능지수(IQ)만이 인간을 잴 수 있는 유일한 척도였던 세상에 정서지수(EQ), 도덕지수(MQ)의 개념이 새로 생겨났고 최근에는 사회지수(SQ)라는 개념까지 등장했다. 인간에 대한 계량적 관점에 질의 개념이 도입된 것이라고 볼 수 있지 않은가. 그것은 인간을 단 하나의 잣대로 잴 수 없고 인간에게는 깊이와 다원성이 존재한다는 생각이 보편화되고 있음을 보여준다. 사회 조직에서도 조직의 요구에 맹목적으로 충실한 사람보다는 개성을 지닌 사람, 개인적 창의성을 지닌 사람이 점점 더 중시되는 것은 인간이 지닌 특성, 가치가 다양하다는 생각이 인정되고 있음을 보여준다.

그렇다. 인간과 세상을 양적으로 파악하는 습관에서 벗어나려면 인간과 세계를 깊이가 있는 존재로, 다원성을 지닌 존재로 보고 느끼는 것으로 충분하다. 한마디로 사람이, 사람이 살고 있는 사회가 그렇게 단순하지 않다는 것을 아는 것으로 충분하다. 앞서 말한 바 있는 '행복은 성적순이 아니잖아요?'라는 아이들의 정당한 외침도 우리는 그렇게 이해해야 한다. 그 정당한 외침에 대해 우리는 이 사회를 성적과 숫자만으로 잴 수 없는 다양한 가치관이 존재하는 세상을 만드는 것으로 답해야 한다. 그게 기본이다. 그러나 그러한 외침에 대해 아예 성적 차이를 없애는 방법이 최선이라고 답하는 사람들도 있다. 참으로 너무 쉽고 편리한 발상이 아닐 수 없다. 그 답을 내놓는 사람들은 평등을 최고의 가치라고 주장한다. 좀 더 구체적으로 말하자면 그들이 내세우는 것은 인간의 질적인 평등이다. 그 태도는 인간에 대한 질적인 이해를 요구하는 아이들의 외침에 대해 질을 아예 없애는 것으로 답을 삼은 것에 불과하다. '질'에 대한 아이들의 요구에 대해 다시 '양'으로 답을 한 것에 불과한 것이다. 중요한 것은 차이를 없애는 것이 아니라 단 하나의 척도로 모든 것을 차별시하는 우리의 인식을 바꾸는 일이다.

인간과 세상을 계량적 관점에서 바라보지 않는다는 것, 마치 뉴턴 역학에서의 입자처럼 다른 것들과 기계적으로 연결된 부품처럼 보지 않는다는 것은 인간과 인간의 사회와 우주를 주도하는 원리를 이른바 합리주의적 법칙에서 찾지 않는다는 것을 의미한다. 그렇다면 기계론적이고 합리적인 법칙을 부정하는 자리에서 우리는 어떻게 세상 돌아가는 원리를 찾을 수 있는 것인가? 세상에서 벌어지고 있는 일들의 원인은 어디에서 오는 것일까? 정확한 기계론적인 법칙을 부정하게 되면 남는 것은 비논리와 혼돈뿐인가?

모든 현상의 원인은 보이지 않는 먼 곳에서 온다.
― 반객관적 인과론(non causalité objective)

　내가 직접 참관했던 어떤 청문회의 장면이 떠오른다. 그 청문회는 이미 벌어진 사건을 결과로 놓고 그 이전에 벌어졌던 일들을 그 사건을 낳게 한 원인으로 엮어내는 것이 목적이었다. 그 청문회의 주인공은 누구였던가? 국회의원들도 아니고 청문의 대상자는 더욱이 아니었다. 주인공은 바로 시간이었다. 모든 사건과 행동들은 시간의 지배하에 놓여 있었다. 즉 시간상 앞서 벌어진 일은 반드시 뒤에 벌어진 일의 원인이어야 했고 뒤에 벌어진 일은 앞에 있었던 일의 결과여야만 했다. 그런 관계 속에서 피청문인은 자신이 이전에 행한 모든 일들을 기억해야 했고 그 모든 행동과 생각이 목적을 가지고 의식적으로 행한 것이어야만 했다. 나는 그때 문득 그 공간이 합리적 인과성이라는 주술(呪術)에 걸린 비현실적 공간처럼 여겨졌었다. 인과적인 논리 정연함을 믿고 그에 따라 모든 일을 합리적으로 체계화해서 설명하려는 그 공간이 비현실적 공간으로 여겨졌다니 무슨 소리인가?

　답은 간단하다. 우리의 삶이 그렇게 합리적이고 논리적인 인과성으로 이루어져 있지 않기 때문이다. 우리가 하는 생각, 우리가 남과 나누는 말, 우리의 행동, 그 모든 것이 과연 모두 의식적인 것이고 지금의 생각과 말 행동은 필연적으로 그 다음에 있게 될 생각과 말, 그리고 행동의 원인이 되는 것일까? 인간의 모든 행동과 말은 시간의 인과성에 그대로 얽매여 있는 것일까? 이 세상 전체가 과연 시간의 흐름에 따른 인과적 법칙의 지배를 받고 있는 것일까? 이른바 객관적이고 논리적인 인과성이라는 것은 세상이 그런 인과적 고리로 흘러간다는 강력한 믿음이 만들어낸 지극히 주관적이고 비객관적인 관념에 불과한 것이 아닐까?

　다시 말하지만 데카르트의 합리주의는 이 세상에는 물리적 인과율이 지배하고 있다는 생각을 그 전제로 하고 있다. 데카르트의 합리주의를 비판하는 뒤랑의 상상계의 인류학이 기본적으로 그러한 인과율을 부정하는 것은 당연하다. 상상력 자체가 이미 논리적인 인과의 고리에서 벗어나 있다. 그리고 그가 '역사의 역할들을 분배하고 역사적인 순간, 한 시대, 한 세기, 한 생애의 어느 시기의 영혼 혹은 정수라고 부를 만한 것을 결정하는 것은 바로 신화이다.'라고 말한 것은 현실 내에서 벌어지고 있는 일들의 원인을 현상 자체에서 찾는 것이 아니라 '더 깊은 곳' 혹은 '더 먼 곳'에서 찾고 있다는 것을 의미한다. 우리가 앞서 살펴본 융의 집단 무의식이라든지 원형의 개념, 혹은 공시성 이론들은 인간의 행동이나 삶의 원인을 '가시적인' 현상에서 찾지 않고 '보이지 않는' 것에서 찾을 수 있게 해주는 개념들이다. 그것들은 모든 현상의 원인이 물리적 시간과 공간의 절대적 지배에서 벗어난 곳에 있다는 생각을 할 수 있게 해준다. 일종의 신비주의처럼 여겨지는 그러한 생각에 '**시간과 공간은 결합되어 있지 분리되어 있지 않다.**'고 태연하게 말하는 동양 선사들의 직관이 화답을 한다.

여기서 어릴 때 보았던 짧은 단편이 하나 생각난다. 19세기 미국 소설가 어빙의 「립 반 윙클」이라는 작품이다. 그 소설에서 주인공 립은 산에서 이상한 사람들을 만난다. 그리고 그들의 술을 훔쳐 마시고는 취하여 잠이 든다. 하룻밤을 세상모르고 잔 다음 날 산에서 내려오니 세상이 모두 변해 있었다. 산에서 단지 하룻밤을 자고 왔을 뿐인데 마을에서는 20년이 흘러버린 것이다. 그 소설에 의하면 '산에서의 하루'는 '마을에서의 20년'과 같다. 소설가의 상상력에 의해서 그려진 그 일화는 '장미꽃의 시간은 그 자체로 한 인간의 삶이나 염소의 일생만큼 완전하며 길다.'라고 한 파라셀수스의 말을 상기시킨다. 즉 세상에는 단순히 연대기적인 시간만 존재하는 것이 아니라 상대적이고 질적인 시간이 존재한다는 것이다. 뒤랑의 상상계의 인류학과 동양 선사의 직관, 소설가의 상상력과 신비주의 의사의 인식은 모두 물리적 시간의 절대성을 부정한다는 점에서 일맥상통한다. 게다가 뒤랑은 인간의 상상력은 죽음을 의식하는 것으로부터 발생한다고 말했다. 인간은 죽음을 의식하면서 시간이 흐르면 자연히 마주하게 될 죽음에 저항하거나 그 죽음을 길들인다. 죽음을 포근한 잠으로 갈망하는 것도 인간이고 죽음이 또 다른 삶의 시작이라고 상상하는 것도 인간이다. 그러한 상상력 속에서 물리적인 시간은 그 자체별 의미를 갖지 못한다. 그때 시간은 모두 주관적인 시간이 되고 상대적인 시간이 되는 것이다. 상상력 속에서 시간은 반복되기도 하고 정지하기도 하고 되돌려지기도 한다. 인간은 그런 상상력을 통해 물리적 시간의 흐름에 저항하거나 그것을 길들이면서, 죽을 수밖에 없는 유한한 인간의 운명을 극복한다. 종교며 신화가 그 대표적인 예임을 강조할 필요가 있을까?

첨단의 과학자들은 객관적 진리의 이름으로 탐구의 대상에서 배제되었거나 금기시되었던 주제들, 예컨대 '심령학'이라든지 '보이지 않는 힘'에 대해 이야기하고 증명을 한다. 그러니 상상계의 인류학과 동양 선사의 직관, 소설가의 상상력과 신비주의 의사의 인식만이 서로간의 공감대를 형성하고 있는 것이 아니라 '신과학정신'과도 공감대를 형성하고 있는 셈이다. 그러한 인식이나 직관 상상력에 대하여 계속 의심의 눈초리를 보내고 있는 쪽은 오히려 인문학, 사회학을 전공하고 있는 사람들이다.

우리가 세상을 합리적 질서가 지배하는 것으로 보고 그 질서, 혹은 진리를 찾는 것에서만 인간다움을 찾는다면, 그 진리만이 유일한 객관적인 진리라고 믿는다면 그 모든 것들은 비과학적이고 황당한 이야기처럼 보일 수 있다. 뒤랑의 상상계의 구조들이, 선사의 직관이, 소설가의 상상력이 청문회의 광경보다 더 황당하고 비과학적으로 보일 수 있는 것이다. 하지만 정말 그럴까?

현대의 과학들, 즉 바슐라르가 '신과학정신'이라 일컬은 첨단의 과학정신들도 이른바 '과학'의 이름으로 그러한 인식, 직관, 상상력에 대해 비과학적이라는 파문을 내리고 있을까? 그렇지 않다. 오히려 첨단의 과학자들은 '신과학'의 이름으로 그러한 인식, 직관, 상상력이 보여주는 세계가 기존의 과학이 보여주는 세계보다 훨씬 더 객관적이고 보편적임을 증명해주고 있다.

뒤랑은 인문학과 자연과학의 만남을 구체적으로 현실화하여 서로간에 이야기를 나누면서 그 사실을 확인한다. 오랫동안 금기시되었던 인문학과 자연과학의 만남을 실제로 실현하는 것이다. 1992년 스페인 남부의 코르도바에서 첨단의 과학자들과 인문학자들의 역사적인 학술대회가 뒤랑의 주도하에 개최된 이래, 그 모임은 수차례에 걸쳐 세계 각지를 무대로 지속된다. 앞서 인용했던 그 모임에 대한 감회를 다시 한 번 인용해보자.

'바슐라르 이후'의 분위기는 내가 이미 암시했듯이 '코르도바의 정신' 속에서 활짝 꽃을 피웠다. 카프라, 봄, 코스타 드 보르가르 같은 물리학자들이, 리브 같은 천체 물리학자, 프리브람 같은 신경과 의사들이 우리같이 부정확한 학문에 종사하는 사람들, 즉 인류학자, 심리학자, 시인들과 자리를 함께 하게 된 것이다. 내가 기억하는 한 그러한 만남의 자리는, 그러니까 저 르네상스 이래로 꿈도 꾸어 보지 못했던 자리가 아니었나 싶다. 그런데 우리들에게 정말로 놀라왔던 것은 예컨대 코스타 드 보르가르 같은 이론 물리학자들이 우리 인류학자들보다 더 태평스럽고 당당한 태도로, 이전까지는 금기로 여겨졌을 주제들, 예컨대 심령학이라든지 형이상학, 즉 메타-피지크에 대해 이야기하고 있었다는 사실이다. 우리 인류학자들은 지난 세기의 실증주의의 벽에 가로막혀서, 혹은 실증주의의 눈치를 보느라 감히 우리의 '인문과학' 대학 내에서 그런 것에 대해 말할 엄두도 못 내고 있었던 데 반해,

그들 과학자들은 당당하게 현장에서 비분리성, 상대성, 객관적 관찰의
불가능성 등의 현상을 설명해주는 그들의 방정식에 대해 자신있게 말
하고 있었던 것이다.(뒤랑, 『신화비평과 신화분석』, 77-78쪽)

첨단의 과학자들은 스스럼없이 인류학자들을 만날 뿐만 아니라 인류학자
나 인문학자보다 더 태평스럽게, 그리고 당당하게 이른바 객관적 진리의 이름
으로 탐구의 대상에서 배제되었거나 금기시되었던 주제들, 예컨대 '심령학'이
라든지 '보이지 않는 힘'에 대해 이야기하고 증명을 한다. 그러니 상상계의 인
류학과 동양 선사의 직관, 소설가의 상상력과 신비주의 의사의 인식만이 서로
간의 공감대를 형성하고 있는 것이 아니라 '신과학정신'과도 공감대를 형성하
고 있는 셈이다. 그러한 인식이나 직관 상상력에 대하여 계속 의심의 눈초리
를 보내고 있는 쪽은 오히려 인문학, 사회학을 전공하고 있는 사람들이다. 인
간과 인간의 사회를 연구의 대상으로 삼고 있는 인문학, 사회학이 오히려 인
간의 상상력이나 직관에 대하여 계속 의심을 품고 있다는 그 역설!
　최첨단의 물리학자들은 상대적 시간이 실제로 존재한다는 것, 심지어는
시간을 되돌릴 수도 있다는 것, 시간과 공간은 분리가 불가능하다는 것에 대
해 이야기하고 그것을 증명한다. 그들의 이론은 선사의 직관을 과학적으로
증명해주며 립 반 윙클의 경험이 이론적으로 얼마든지 가능하다고 말한다.
그리고 미래가 과거의 원인이 될 수도 있다고 태연히 말한다. 그들의 과학적
발견과 이론들은 물리적인 인과성을 모두 뒤집어 버린다. 좀 어렵게 표현한
다면 존재하는 모든 것, 모든 현상의 아이덴티티는 물리적 시간과 공간 내에
고정되어 있지 않으며 그 모든 현상의 원인도 시간적인 인과의 고리 밖에 있
음을 그들은 증명한다. 즉 고전적인 인과의 법칙이 완전히 무효화되는 것은
아닐지라도 최소한 그 법칙의 절대성, 혹은 보편성은 상실된다.
　여기서 다시 우리가 앞서 예를 들었던 동종요법의 경우를 살펴보기로 하

자. 그러한 고전적 인과성으로는 도저히 설명할 수 없는 좋은 예이기 때문이다. 동종요법은 눈에 드러나는 증상의 원인을 보이지 않는 것에서 찾는 요법이기도 하다. 한네만은 우리 몸에 그가 생명력이라고 부른 내재적 힘이 존재한다고 생각했다. 그 힘은 우리 몸에 이상이 생겼을 때 우리의 몸이 자구적 노력을 할 수 있게 만드는 힘이다. 우리가 감지하는 질병의 증상이란 그 질병을 제거하려는 신체의 자구적 노력이 구체화되어 나타난 것이다. 질병의 원인을 눈에 보이는 증상에서 찾고 그 증상을 없애는 데 힘을 들인다면 어떻게 되겠는가? 오히려 신체의 자구력(自救力)을 없애는 결과를 낳지 않겠는가? 반대로 동종요법에서 사용하는 약물은 우리 몸이 질병을 인식하여 그 질병에 대해 방비할 수 있는 능력을 키워준다. 즉 동종요법에서는 질병이 일으키는 증상의 원인을 보이지 않는 것에서 찾는 것이다. 현대 초월심리학에서 정신적으로 이상한 증세를 보이기 시작하는 것을 정신질환의 시작이 아니라 치료의 시작으로 보아야한다고 말할 때 그 관점은 정확히 동종요법의 관점과 일맥상통한다. 정신적 증세는 정신적으로 겪은 상처의 무게가 견디기 어려울 만큼 커져서 그 굴레에서 벗어나려는 자구적 노력의 결과 나타난다는 것이다.

그뿐만이 아니다. 앞서 이야기했듯이 약물의 입자가 하나도 남지 않은 약물이 효과가 있다고 주장하는 것이 바로 동종요법이기도 하다. 참으로 비합리적인 치료법이다. 하지만 효과가 있음을 어쩌랴! 그렇다면 그 효과는 우리가 합리적이라고 생각하는 원인 밖에서 오는 것이 아닌가? 그것은 비합리적이라기보다는 차라리 초(超)합리적인 것이 아닐까? 이 세상에는 단 하나의 기계론적 인과성 외에 다른 인과성들이 존재하는 것이 아닐까?

다시 말하지만 우리의 그런 물음에 첨단의 물리학자, 의학자, 생물학자들은 당연히 그렇다고 답한다. 그들의 복잡한 이론을 여기서 자세히 들여다 볼 수는 없다. 우리로서는 그 중에서 우리가 비교적 쉽게 이해하고 공감할 수 있는 예를 하나 들어보기로 하자.

**모든 생명체의 형태를 결정해주는 기본틀이 생명체
외부에 존재한다.**

– 셸드레이크의 형태발생의 장

형태발생의 장(場)(morphogenetic field)이라는 개념은 루퍼트 셸드레이크(Rupert Sheldrake, 1942~)라는 영국의 생물학자가 주창한 개념이다. 형태 발생의 장에서의 '장'의 개념은 전기장, 자기장의 '장'과 같은 개념이라고 보면 된다. 전기나 자기는 우리 눈에 보이지 않으나 공간 속에 분명히 존재한다. 그는 자석이 우리 눈에 보이지 않는 자장이라는 존재에 둘러싸여 있듯이 생물체들도 우리 눈에는 보이지 않지만 분명 어떤 형태발생의 장을 가지고 있다고 주장한다. 보이지 않는 것의 존재를 언제나 의심의 눈으로 보는 사람에게는 여전히 믿기 힘든 주장으로 여겨지겠지만……

지구상에 존재하는 모든 생명체들은 나름대로 모양을 갖추고 있다. 형태발생의 장이란 그 모양을 일으키는 눈에 보이지 않는 기본틀을 말한다. 우리의 눈에는 보이지 않지만 모든 생명체의 모양을 결정해주는 기본틀이 생명체 외부에 존재한다는 것이다. 그 말이 사실이라면 생명체의 원리를 생명체 내부의 DNA를 중심으로 설명하는 이론은 수정되어야만 한다.

셸드레이크는 여러 실험을 통해 그의 이론을 입증한다. 예를 들어 물잠자리 알 실험 같은 것이 대표적이다. 물잠자리 알이 어느 정도 신체 각 부분의 특징들을 갖추었을 때 머리 부분을 실로 묶는다. 얼마 후 물잠자리 알에서 머리가 사라진다. 상식적으로 생각한다면 머리가 없어진 물잠자리는 기형이 되거나 죽어야 한다. 그러나 얼마 안 있어 물잠자리 신체의 다른 부분이 머리로 변하여 물잠자리는 완전한 개체가 된다. 그는 도롱뇽의 수정체 제거와 재생 실험 등 비슷한 여러 실험을 통해 같은 사실을 확인한다. 그러한 실험

등을 통해 그가 내린 결론은 이렇다. 수정된 알에서 발생한 생물체는 그 알을 이루고 있는 구성 요소의 물질적 성격에 의해서가 아니라 그 알을 둘러싸고 있는 형태발생의 장에 의해 모양을 형성해 나간다는 것이다. 즉 모든 생명체의 형태를 유지해주는 힘은 그 생명체 내부에 존재하는 것이 아니라 외부에 존재한다. 하등 동물의 신체 일부분이 훼손되어도 계속 되살아나는 이유도 형태 발생의 장의 작용에 의한 것이고 우리 몸에 난 상처가 약을 쓰지 않아도 회복될 수 있는 것도 그 때문이다.

셸드레이크의 이론에서 우리의 흥미를 끄는 것은 그러한 기본틀이 시간의 흐름, 세월의 흐름과 함께 변화한다는 것이다. 즉 각 생명체가 습득한 새로운 형질이나 능력은 형태발생의 장에 흡수되어 형태발생의 장을 변화시킨다. 그리고 그렇게 변화한 형태발생의 장이 전 생명체에게 영향을 미친다. 그 말대로라면 형태발생의 장은 각 생물체에게 작용하여 그 모양새를 정해주는 근본 원인이면서 그 안에는 이전에 존재하였던 모든 개체들이 겪은 변화의 모습이 누적되어 있다. 그 이론을 인간에게 적용한다면 우리의 사고와 행동 양식은 과거에 살았던 우리 조상들로부터 부단히 영향을 받으며, 우리의 사고와 행동 양식은 인류 전체에게 영향을 미칠 수밖에 없다. 셸드레이크는 자신의 이론을 뒷받침하기 위하여 **형태공명**의 이론을 소개한다.

형태공명 이론은 미국의 생물학자인 맥더갈(McDougal, 1871-1938) 교수가 실험을 통하여 주장을 하여 큰 논란을 불러 일으켰던 개념이다. 형태공명 이론이란 어떤 종의 한 개체가 경험한 행동이나 형질이 형태의 장을 통해 같은 종류의 다른 개체에 작용하는 현상을 말한다. 그는 쥐로 실험을 한다. 일종의 미로 찾기 시행착오 실험으로서 그는 쥐에게 물에 잠긴 미로에서 빠져나오는 법을 가르쳤다. 길을 잘못 들 때마다 전기 쇼크를 주어 제 길을 찾게 하는 방법이었다. 처음 그 실험에 임한 쥐는 수백 번의 시행착오를 거쳐서야 미로에서 빠져 나왔다. 그리고 다음 세대의 쥐에게 실험을 하면 더 빨리 미로에서 빠져 나왔고 습득 속도가 더딘 놈들만 교미를 해서 실험을 해도 습득 속도는 더 빨랐다. 그리고 22번 째 세대에 와서는 처음보다 습득 속도가 무려 10배나 빨라졌다. 그러나 그의 실험의 진정한 의미는 거기에 있는 것이 아니라 다음 실험에 있다. 이번에는 다른 사람들이 전혀 다른 장소에서, 그러니까 습득 능력을 획득한 쥐와는 유전자적으로 아무 상관이 없는 쥐들에게 실험을 했다. 그랬더니 놀랍게도 그 쥐들은 10배 빨라진 속도로부터 시작을 했다. 쥐라는 종족의 어느 개체가 획득한 능력이나 형질이 그 종족 전체에 퍼진 것이다. 그는 그 현상을 '형태공명'이라고 불렀다.

맥더갈의 형태공명 실험에 관한 이야기를 하면서 퍼뜩 머리에 떠오른 게 한 가지 있다. 당사자가 이 글을 보면 화를 내겠지만 내 아들은 운동신경이 둔한 편이다. 적어도 나보다는 둔하다. 그 아이가 어렸을 때 내가 자전거 타는 법을 가르쳐준 적이 있다. 요즘 자전거를 배운 사람이면 누구나 경험했겠지만 아주 예외적인 경우를 제외하면 길어야 반나절이면 자전거 타기를 누구나 쉽게 익히고 내 아들도 그러했다. 하지만 우리 세대는 어떠했는가? 자전거를 배우려면 아주 큰 결심을 한 후 여러 날을 연습해야 했다. 무릎이 깨지는 건 다반사이고 심하면 코가 깨지기도 했다. 운동신경이 둔한 내 아들이 나보다 더 쉽게 자전거를 배울 수 있었던 이유는 형태공명 현상이 아니면 설명이 안 된다.

하나만 더 예를 들어보자. 손기정 옹이 베를린 올림픽 마라톤에서 우승할 때의 기록은 2시간 20분대인 것으로 알고 있다. 헌데 지금은 2시간 4분대의 세계 신기록이 나왔다. 인간이라는 종(種)의 신체 기능과 운동 능력이 그만큼 향상되었고 마라톤 선수들이 전문화되어 보다 과학적이고 체계적으로 훈련했기에 기록의 향상이 가능해졌다고 보는 것이 아마 일반적인 견해일 것이다. 하지만 불과 몇 십 년 사이에 인간이라는 종이 신체적으로 정말 진화를 한 것일까? 더욱이 내 기억으로는 아무리 과학적으로 훈련을 하더라도 인간이 42.195km를 2시간 10분 내에 뛰는 것은 불가능하다는 진단이 나온 것이 그리 오래 전 일이 아닌 것으로 알고 있다. 그 진단에는 '인간의 한계 어디까지인가?'라는 제목이 붙어 있곤 했다. 그런데 인간은 인간의 한계를 훌쩍 뛰어 넘어버린 것이다. 그 한계를 뛰어넘은 기록이 가능해지는 현상을 설명하기에 형태공명 현상보다 적합한 것이 있을까?

맥더갈의 '형태공명' 이론은 셸드레이크의 '형태발생의 장' 개념에 부응한다. 즉 비슷한 종끼리는 개별적인 존재가 아니라 형태공명 현상을 일으키는 형태발생의 장의 영향 아래 긴밀히 맺어져 있다. 최근 셸드레이크는 그러한 영향력이 같은 종 사이에만 존재하는 것이 아니라 다른 종들 사이에도 존재할 수 있다고 주장하면서 애완견과 인간 사이의 텔레파시 현상을 실험을 통하여 보여주기도 한다. 개와 주인의 관계가 아주 친밀한 경우 주인이 사무실에서 퇴근 준비를 하면 바로 그 순간 집에 있던 개가 문 앞으로 와서 앉아 주인을 마중할 준비를 한다는 것이다. 물론 주인의 퇴근 시간이 일정하지 않은 것은 물론이다.

여기서 우리에게 한 가지 의문이 들 수도 있다. '그렇다면 DNA란 도대체 무엇인가? 그것은 무슨 역할을 하는가?'라는 의문이다. 우리는 각 개체가 지닌 모든 생물학적 특질이 DNA 속에 집적되어 있다고 믿고 있지 않은가? 그리고 한 개체로서의 모든 특질과 능력이 DNA를 통해 유전된다고 믿고 있지 않은가? 하지만 셸드레이크는 DNA란 한마디로 텔레비전 수상기의 부품 같은 것이라고 말한다. 텔레비전 방송의 내용은 방송국에서 제작하여 발송하는 전파에 들어 있다. 텔레비전의 부품은 그 주파수에 맞추어 그 방송을 수신하는 역할을 할 뿐이다. 즉 부품 속에는 텔레비전의 내용이 들어 있지 않다. 부품이 아무리 좋아야 전파를 잘 수신하여 깨끗한 영상으로 재현할 뿐이지 그 부품 자체가 방송 내용을 만들지도 못하고 간직하지도 못한다. 즉 DNA는 형태발생의 장에서 보내는 내용을 수신하여 재현하는 역할을 할 뿐이다. DNA가 드러내는 차이는 그 재현의 차이일 뿐 생물체가 지닌 모든 특질을 만들거나 간직하고 있는 궁극적 원인이 아니다. 그 원인은 더 먼 곳, 보이지 않는 곳에서 온다.

셸드레이크는 생물학자이다. 그런데 우리가 조금만 주의를 기울인다면 생물학자로서의 그의 이론이 우리가 지금까지 검토해온 다른 학문 분야의 인식과 맥이 통하고 있음을 쉽게 알 수 있다. 예컨대 융의 집단 무의식 개념은 어떠한가? 각 개인이 살아오면서 실제적으로 겪은 일과는 상관없이 같은 문화권에 속한 사람들이 공유하고 있는 무의식을 융은 집단 무의식이라고 불렀다. 그리고 융이 주창한 집단 무의식을 일종의 전통으로도 간주할 수 있다고 우리는 말했다. 그렇다면 융의 집단 무의식 개념과 그 개념을 더 확장한 원형의 개념은 셸드레이크의 형태발생의 장의 개념과 너무도 가까이 있지 않은가? 원형에는 우리 조상들의 모든 꿈, 모든 경험이 누적되어 있다고 융은 말하지 않았는가? 또한 뒤랑이 신화를 인간 연구의 근간에 놓은 것은 인간 사회의 모든 현상의 궁극 원인을 눈에 보이는 현상 밖에서 찾기 위해서라는 것을 우리는 이미 확인하지 않았는가?

여기서 한 가지만 더 주목을 하기로 하자. 그것은 우리가 첨단의 생물학자라고 서슴없이 말하는 셸드레이크 자신이 자신의 이론이 결코 독창적이 아니라고 누누이 말한다는 사실이다. 그는 자신이 하는 작업은 완전히 새로운 것이 아니라 이미 수천 년 전에 존재했던 전통적 인식, 서구의 기계론적 전통에 의해 비주류로 밀려났던 인식을 그대로 전수받아 새롭게 각색한 것에 불과하다고 말한다. 생물계와 세계를 유기적으로 연결되어 있는 것으로 보는 생기론(vitalisme)은 예로부터 면면히 그 전통을 이어왔으며 자신은 그 전통의 연장선상에 있다는 것이다. 그의 그러한 사유는 '새로운' 인류학 정신을 주창하면서 '전통'적 인식에 의뢰하고 있는 뒤랑의 사유와 그 얼마나 흡사한가?

다시 말하지만 그 사유는 인간 사회뿐만 아니라 우주 전체에서 벌어지고 있는 모든 일의 원인을 합리적 인과의 논리나 가시적인 현상에서 찾지 않는다. 그러한 사유에서 우주공간에서 벌어지고 있는 모든 일은 보이지 않는 고리에 의해 연결되어 있다. 우리 눈에 보이는 현상은 그 멀리서 오는 원인의 부분적인 결과로서 존재할 뿐이다. 그렇다면 우리로서는 조금 과감한 질문을 던질 수도 있을 것 같다. 과연 우리 눈에 보이는 것만이 현실인가? 우리 눈에 보이지 않는 것은 환상일 뿐인가? 과연 어느 것이 환상이고 어느 것이 현실인가?

> 부분 속에 전체가 있고 전체 속에 부분이 있다. 우리는 우주의 작은 일부분이면서 동시에 우리 몸에 대우주를 품고 있는 존재다. 조금 다르게 표현한다면 모든 부분에는 전체에 대한 정보가 포함되어 있다.
>
> – 홀로그램과 접혀진 질서

홀로그램은 1947년 데니스 게이보(Dennis Gabor)라는 헝가리 태생의 영국 물리학자가 발견한 것으로서 우리에게도 이제는 익숙한 개념이다. 홀로그램의 제작 원리는 이렇다. 반투명 거울에 레이저 광선을 쏘인다. 그러면 일부의 빛은 거울을 통과하여 직진하고 일부는 굴절된다. 그 굴절된 빛의 방향에 물체를 놓으면 물체와 만난 빛은 반사하여 꺾인다. 물체와 만나 반사된 빛과 거울을 통과하여 직진한 빛을 만나게 하면 물결 모양의 무수한 간섭무늬들이 생긴다. 그 간섭무늬들을 사진 건판에 고정시켜 놓는다. 그 사진 건판에 원래 사용했던 레이저 광선을 비춘다. 그러면 감광판에 고정시켰던 파동의 무늬가 펼쳐져 나오는데 상식적으로 생각한다면 물체의 일정 부분을 비춘 광선을 재현하면 그 부분만이 영상으로 드러나야 한다. 그런데 그 중의 어느 하나에서도 우리 눈에 3차원으로 느껴지는 생생한 사물의 전체 영상이 드러난다. 즉 홀로그램 원리에 의하면 물체의 부분만을 만나고 온 광선이 전체의 영상을 재현하는 것이다.

그것은 마치 볼록 유리로 채워진 유리창을 통해 밖의 풍경을 바라볼 때와 같은 현상이다. 그때 그 전체 창을 통해 바깥 풍경 전체가 보이면서 동시에 각각의 볼록 유리 속에 전체의 모습이 보인다. 각각의 볼록 유리는 전체 창의 일부분을 이루면서 동시에 그 각각의 부분 속에는 전체의 영상이 포함되어 있다. 홀로그램의 원리에 의하면 부분은 전체의 일부분을 이루면서 동시에 그 부분이 전체를 품는다. 즉 부분의 합이 전체가 되는 데서 그치는 것이 아니라 부분은 전체와 상동성의 관계를 맺고 있는 것이 된다. 우리가 앞서 살펴본 전통적 인식의 상동성이 어떠한 것인가를 홀로그램은 잘 보여준다. 우리의 몸이 바로 소우주로서 대우주와 상동 관계를 이루고 있다고 말할 때 우리는 우주의 작은 일부분이면서 동시에 우리 몸에 대우주를 품고 있는 존재가 되는 것이다. 조금 다르게 표현한다면 모든 부분에는 전체에 대한 정보가 포함되어 있는 것이다.

그런데 미국 출신으로 영국에서 활동한 유명한 양자 물리학자인 데이비드 봄은 우주 전체가 하나의 홀로그램이라고까지 말한다. 그의 말대로라면 인체라는 소우주와 대우주 간에 이루어지는 상동적 교감은 단순한 몽상의 산물이 아니라 우주적 질서와 진리에 대한 중요한 통찰이 된다. 그는 **접혀진 질서**라는 개념을 사용하여 우주 전체를 통괄하는 보이지 않는 힘이 존재함을 증명한다. 복잡한 그의 이론을 간략하게 요약하자면 이렇다.

우주를 떠도는 모든 종류의 빛의 파장들은 우주의 구석구석을 가로지르며 우주 전체에 대한 정보를 새겨 접어둔다. 그 모든 빛의 파장들은 일종의 홀로그램들이다. 그 파장들은 마치 부채나 주름치마의 주름처럼 그 정보를 차곡차곡 접어 간직하고 있다. 그리고 그 정보의 일부를 특정한 상황에서 꺼내어 펼쳐 놓는다. 우리의 눈에는 그 펼쳐진 주름 밖에는 보이지 않는다. 그리고 그 펼쳐진 주름 뒤에는 특정한 상황에 따라 새로운 현상으로 펼쳐질 여러 가지 다양한 현상이 무궁무진하게 품어져 있다. 그의 이론은 마치 프로이트나 융의 무의식의 개념을 물리학자가 물리학적으로 입증하고 있는 듯한 느낌까지 준다. 그의 이론에 맞추어 무의식의 개념을 설명한다면 우리가 의식적이라고 생각하는 우리의 사고나 행동 사이사이에는 무의식이 끊임없이 접혀 들어가 있다고 말할 수도 있을 것이다.

그의 접혀진 질서의 개념은 우주에 대한 거대한 성찰이면서 우리의 일상적 삶에 대해서도 적용이 가능한 아주 구체적 개념이다. 자전거 타기의 예를 들어보자. 우리는 자전거가 굴러가는 원리를 공부해서 알 수도 있다. 하지만 자전거를 탈 때 그 누구도 그 원리를 생각하지 않으며 실제로는 그 원리를 모르는 사람이 대부분이다. 자전거를 탈 수 있는 원리는 수학적 공식으로 간단명료하게 표현될 수 있다. 하지만 그 원리는 자전거 타는 데 아무 도움도 되지 않는다. 우리가 자전거를 탈 수 있는 것은 우리의 신체 감각이 아주 복합적이고 정교한 상호작용을 해서 거의 무의식적으로 그 능력을 발휘하기 때문이다. 그 능력은 평소에는 보이지 않는 곳에 접혀져 있다가 자전거를 탈 때 나온다. 우리가 길을 걸어가는 행동도 마찬가지이다. 우리가 길을 걷는 행동을 언어로 추상화시켜 설명하는 것은 불가능하다. 걸을 때 그 걸음을 정확히 하겠다고 몸의 어떤 부분이 어떻게 움직여 어디로 향하면 되는지 일일이 생각해보라. 아마 한 걸음도 옮기기 힘들 것이다. 우리가 걸을 수 있는 것은 걷는 기능이 우리의 내부에 접혀져 있다가 필요한 순간 펼쳐지기 때문이다.

하나만 더 예를 들어보자. 인간의 합리성을 대표적으로 보여준다고 흔히 생각하는 인간의 언어활동도 실은 그렇게 합리적이거나 의식적인 활동이 아니다. 우리가 누군가에게 말을 한다고 치자. 어렴풋이 무슨 말을 하겠다는 생각은 미리 있었을 것이다. 하지만 그렇다고 해서 우리는 미리 의식적으로

낱말과 어순을 미리 판단하고 결정한 후 말을 하지는 않는다. 이런 표현이 가능하다면 그냥 감으로 말하는 경우가 더 많다. 즉 가장 합리적인 표현수단인 언어에도 우리의 느낌이나 감각이 합해져서 우리 내부에 켜켜이 접혀져 있다가 상황에 따라 밖으로 튀어 나온다. 우리는 말을 할 때 매번 의식적으로 할 말을 고르는 것이 아니라 우리의 의식과 무의식에 접혀져 있던 것 중의 일부가 상황에 따라 밖으로 드러나는 경험을 하는 것뿐이다. 데이비드 봄의 접혀진 질서의 개념은 '사람을 그 겉만 보고 판단하지 말라'는 윤리적 교훈에 물리학자가 화답을 하는 셈인 듯이 내게는 보인다. 인간은 누구나 무수히 접혀진 질서를, 그 무궁무진한 주름을 감추고 있는 존재이며 우리 눈앞에는 상황에 따라 그 일부분이 드러나 있을 뿐인 것이다.

접혀진 질서의 개념에 의하면 보이는 것과 보이지 않는 것의 구분은 무의미해진다. 우리는 보이는 것을 현실로 인정하고 보이지 않는 것을 환상이라고 생각하는 데 익숙하다. 하지만 보이는 것은 보이지 않는 것의 일부분이 상황에 따라 잠깐 그 모습을 드러낸 것에 불과하다면? 과연 어느 것이 현실이고 어느 것이 환상인가? 상황에 따라 덧없이 사라질 수도 있는 가시적인 것이 환상인가, 그것을 가능성의 하나로 품고 있는 보이지 않는 질서가 환상인가? 아니 도대체 환상과 현실의 구분이 필요하기나 한 것인가? 차라리 보이는 것과 보이지 않는 것, 드러난 것들 중 서로 연관이 없어 보이는 것들 간에 존재하는 보이지 않는 맥을 보려는 노력을 하는 것이 더 현실적이 아닐까?

뒤랑의 '신화방법론', 셀드레이크의 '형태발생의 장' 개념, '홀로그램' 현상과 데이비드 봄의 '접혀진 질서'의 개념들은 인간 사회 뿐만이 아니라 대 자연과 우주의 모든 현상을 논리적인 인과성으로 설명하는 것이 불가능하다는 것, 기계론적인 인과성만으로 설명하는 것이 불가능하다는 것을 보여주는 사유들이다. 그 사유들은 존재하는 모든 것들은 유기적으로 맺어져 있으며 모든 현상을 낳은 근본 원인은 보이는 현상들 간에 존재하는 것이 아니라는 것을 말해준다. 보이지 않는 제3의 원인이 존재한다는 것이다.

그러한 사유가 아직 비과학적이라고 생각하는 사람이 있다면 라이트 힐이라는 영국의 수학자의 이야기를 들려주고 싶다. 그는 자연과학자 모두의 이름으로 사죄하고 싶은 일이 하나 있다고 했다. 근대과학의 보급을 통해 이 세상과 우주가 철저한 인과론적 결정론에 의해 움직인다는 잘못된 믿음을 주입시킨 잘못에 대해 사죄를 하고 싶다는 것이다. 그 결과 교육받은 사람들을 모두 그 종교(!)의 사도로 유인했다는 것이다. 물리적 인과론이라는 절대진리를 신봉하는 종교 집단! 하지만 그 잘못이 어디 자연과학자에게만 있는 것인가? 인문학자들의 잘못은 과연 없는 것인가? 인문학자는 자연과학자가 기계적 인과론의 절대성을 주장할 때 인문학의 입장은 다르다고, 최소한 인간 현상은 기계적 인과론만으로는 설명하기 불가능하다고 주장해 왔는가? 전혀 그렇지 않다. 합리주의의 바탕을 이루는 것이 바로 기계적 인과론이며 인문학은 오랫동안 합리화의 길을 걸어왔다. 게다가 인문학은 합리적 사유에 과학적 객관성을 덧붙이기까지 했다. 실증주의가 그 결과라는 것을 우리는 앞에서 이미 지적한 바 있다. 사회학은 인간의 사회를 기계적 인과론이 지배하는 자연과 똑같이 다루거나 기능적인 차원에서의 분석 대상으로 간주해 왔으며 철학이나 심지어 문학의 경우도 인간을 기계적 인과론의 법칙의 대상으로 간주하는 데까지 이르렀던 것이 사실이다. 그러니 인문학도 그러한 잘못으로부터 자유롭지 않으며 당연히 사죄를 해야 한다. 상상력에 입각한 뒤랑의 신인류학정신은 그래서 나온 것이 아닌가? 신인류학정신이 인문학에서의 반성의 결과이며 그 정신이 기존 인문학 정신의 뒤집기 성격을 갖고 있는 것은 그 때문이다. 그러한 반성과 뒤집기의 차원에서 뒤랑의 신인류학정신과 신과학정신은 단절되어 있지 않고 서로 맥을 같이 한다.

기계적 인과의 고리를 벗어버리고 보이지 않는 제3의 원인을 찾게 되면 어떻게 되는가? 상상하는 자아를 인간 이해의 근본으로 삼으면 어떻게 되는가? 의식과 함께 하는 과학은 어떻게 되는가? 나로서는 '한 마디로 따뜻해진다'라고 답하고 싶다. 학문에 체온이 스며드는 것이다. 우리는 은연중에 모든 학문, 특히 객관적 진리를 지향하는 자연 과학은 차가운 학문이라고 생각하는 데 익숙해 있다. 실험실은 모든 인간적 체온이 사라진 차가운 공간이 되어버리기 쉽다. 거기 존재하는 유일한 윤리는 객관적 진리이다. 그래서 과학적 이론의 가치중립성도 보장이 되고 확립이 된다. 하지만 신과학은 그런 가치중립성을 더 이상 믿지 않는다. 생물학자인 셸드레이크는 세상의 혼 같은 것을 부정하는 데서 인간의 비극이 시작되었다고 과감하게 말한다. 게다가 그의 '형태발생의 장' 이론에 의하면 이 세상에서 자기 자신에게 영향을 가장 많이 주는 것은 바로 자기 자신이 되기도 한다. 형태공명의 영향은 바로 조금 전의 자기 자신의 존재로부터 직접적으로 온다. 내가 그릇된 생각을 품고 그릇된 행동을 하면 그 영향을 제일 먼저 받는 것은 자기 자신이 된다. 그리고 그 영향은 후에 인간 종족 전체로 퍼진다. 숙연한 윤리적 가르침을 생물학적 발견이 우리에게 주는 셈이다. 그의 생물학은 차가운 객관적 진리로서 우리의 일상의 삶, 우리의 의식, 행동, 윤리에서 벗어나 있는 것이 아니라 그 모든 것과 직접적으로 연결이 된다. 그리고 '나는 무엇이고 누구인가?'라는 철학적 성찰과도 결합되어 그 '나'를 '우리' 전체와 연결시킬 수 있게 해준다. 나라는 개인은 인간 전체에, 우주 전체에 참여하고 있는 존재가 되는 것이다.

청문회가 벌어진 공간에 내게 주술(呪術)에 걸린 비현실적 공간처럼 여겨졌던 것은 그 공간이 '인간'이 사라진 차가운 공간처럼 보였기 때문이 아니었을까? 합리적이고 기계적인 인과론의 법칙에 인간이 종속된 공간이었기 때문이 아니었을까? 삶은 살균된 공간이 아니다. 삶은 기계적 인과론으로 환원하여 설명할 수 없는 복잡하고 역동적인 현상이다.

우리는 뒤랑의 상상계의 인류학을 뒷받침하고 있는 기본 정신을 이해하기 위해 세상을 계량적으로 파악하는 인식과 기계적 인과 법칙으로 설명하는 인식을 비판적으로 살펴보았다. 계량성과 기계적 인과론을 부정한다는 것은 세상 모든 현상을 단 하나의 유일한 법칙으로 환원하여 설명하는 태도를 거부한다는 것을 뜻한다. 그런데 그러한 계량성이나 인과론은 어찌 보면 우리가 지금부터 살펴보게 될 논리적 이원성에서 파생한 것이라고 할 수 있다. 뒤랑이 비판하고 있는 서구적 인식의 중심에는 이원론이 그 자리를 잡고 있다. 이른바 서구적 인식이라고 하는 것을 한마디로 뭉뚱그리면 로고스 중심주의적 이원론이라고 말할 수 있는 것이다. 우리는 서양은 이원론적인 사유를 근간으로 하고 있으며 동양은 일원론적인 세계관을 키워왔다고 흔히 말하지 않는가? 하지만 그냥 그렇게 상식적으로만 알고 있을 뿐이 아닐까? 과연 우리는 이원론과 일원론의 차이가 무엇인지 정확한 이해를 하고 있을까? 일원론과 이원론에 대한 정확한 이해가 없다는 것은 동·서양의 인식의 차이에 대해 말하면서 실상 그 내용이 무엇인지를 모르고 있다는 것과 마찬가지이다.

하지만 그보다 더 심각한 문제가 있다. 우리는 다원주의 시대를 맞이하고 있다고 누구나 말한다. 내가 학생들에게 다원주의가 일원론과 가까울까 아니면 이원론과 가까울까, 라고 물으며 열이면 열 이원론과 가깝다고 말한다. 상식적으로 보면 맞는 생각인 것 같다. 일원론은 세상을 단 하나의 통합적 원칙으로 설명하려는 태도이고 이원론은 세상을 더 세분화하여 설명하는 세련된 인식이라고 생각하기 쉽기 때문이다. 그렇게 되면 다원주의는 이원론이 더욱 발전한 결과 나온 인식이 된다. 즉 다원주의는 서구가 키워온 이원론의 결과물이 되는 것이다. 결국 다원주의 사회라는 것은 서구가 만들어온 가치관의 연장선상에 존재하는 것이 된다. 다원주의 사회는 발전한 서구 사회가 되는 것이다. 하지만 실상은 전혀 그렇지 않다. 다원주의는 일원론적 세계 인식의 결과물이다. 다원주의 사회가 도래했다는 것은 이원론이 강화되고 세련된 세상이 되었다는 뜻이 아니라 세상을 지배하던 이원론적 가치가 뒤집혔다는 것을 뜻한다. 그렇게 생각하는 일이 어떻게 가능할까?

근사하다는 표현과 사이비라는 표현이 있다. 근사하다는 것은 긍정적인 뜻을 갖고 있고 사이비라는 것은 부정적인 뜻을 갖고 있다. 근사하다는 것은 '비슷해서 그럴싸하다'라는 뜻이고 사이비라는 것은 '겉은 그럴듯하지만 실제로는 다르다'는 뜻을 하고 있다. 하나는 칭찬의 뜻으로 쓰이고 다른 한 쪽은 비난의 뜻으로 쓰인다.

그런데 그 두 표현을 한자로 써보면 묘한 것을 발견하게 된다. 근사의 한자는 近似이고 사이비의 한자는 似而非이다. 한자를 문자 그대로 해석하면 '근사'는 '가깝고 비슷하다'는 뜻이고 '사이비'는 '비슷하지만 아니다'라는 뜻이다. 즉 둘 다 '비슷하다'라는 같은 현상을 놓고 해석을 달리 하고 있는 것이다. 같은 것을 놓고 정반대의 해석을 하기도 하는 것이 바로 사람이다. 그리고 그 해석의 차이가 그 해석하는 사람의 세계관과 인식의 차이를 보여준다. 한마디로 말하자. 비슷한 것을 놓고 '사이비'라고 말하는 것은 이원론적인 인식태도를 보여주며 '근사하다'라고 말하는 것은 일원론적인 인식태도를 보여준다. 찬찬히 살펴보자.

다시 말하지만 이 세상을 나누어 보지 않은 채 하나의 원리로만 설명하려 하는 것이 일원론적인 태도이며 세계를 둘로 나누어 보는 것이 이원론적인 태도라고 이해하는 것이 일반적이다. 그렇기에 다원주의는 이원론에 그 뿌리를 두고 있다는 생각을 자연스레 하게 된다.

하지만 일원론이건 이원론이건 이 세상 현상을 구분해서 바라보는 것은 마찬가지이다. 이원론과 일원론을 구분하는 기준이 되는 것은, 사실, 세상 현상을 나누어 보느냐 아니냐에 달린 것이 아니다. 그 기준은 나누어진 것들 간의 관계를 어떻게 보느냐에 달려 있다. 서양의 이원론은 세상을 선/악, 참/거짓의 대립으로 보고 동양은 세상을 음/양으로 나눈다. 이원론도 세상을 선과 악, 참과 거짓의 둘로 나누고 일원론도 세상을 어두운 것과 밝은 것으로 나눈다. 그 둘 다 세상 현상을 나누어 보는 것은 마찬가지이다. 달라지는 것은 나누어진 것들 간의 관계를 어떻게 보느냐 하는 관점 자체이다.

세계를 선/악이나 참/거짓으로 나누는 이원론의 경우 그 나누어진 항들은 서로 대립하고 배척한다. 세상을 선/악으로 나누었을 경우 선과 악은 서로 싸우는 관계이며 악이란 존재는 사라져야만 한다. 그 경우 악이 등장하는 것은 선을 강조하기 위해서일 뿐, 악이 그 자체 존재의 근거를 확립하는 것은 아니다. 정리해서 말한다면 '대립하는 두 항이 너무 철저하게 상호 부정적이거나 양립 불가능한 까닭에, 두 항 사이에서 그 둘을 아우르거나 통일시킬 수 있는 어떤 상호관계도 발견할 수 없거나 아니면 발견해내려는 의지 자체가 없는 경우'가 엄밀한 의미에서 이원론이다. 참과 거짓의 관계도 마찬가지이다. 참된 진리 이외에는 모두 거짓으로 간주하여 배격하는 태도가 바로 이원론이다. 그러니 비슷하지만 참이 아니라는 뜻의 사이비라는 표현이 나오게 되는 것이다. 그 이원론이 극단으로 흐르면 대립하는 항 중 한 쪽의 이름으로(선 혹은 진실의 이름으로) 다른 항(악 혹은 거짓)을 완전히 배제시키는 태도가 나오며 그것이 바로 독단론이 된다. 양자택일의 입장에서 한 쪽을 택해야만 하는 것, 그것이 바로 이원론적 태도이다.

그러나 세상을 음/양으로 나누어 보면 사정이 전혀 달라진다. 표면상으로는 음/양의 인식도 세상을 나누어 본다는 의미에서 선/악의 이원론과 별 차이가 없어 보인다. 하지만 조금만 주의해서 살펴보면 아주 커다란 차이를 발견할 수 있다.

예컨대 햇볕 쨍쨍 내리쪼이는 한낮의 거리와 불을 켜놓은 실내, 불을 꺼놓은 실내의 밝기를 상호간의 음양 관계로 짝지어 보자. 한낮의 거리와 불을 켜놓은 실내를 대비시켰을 때는 전자가 양이 되고 후자가 음이 된다. 그러나 불을 켜 놓은 실내와 불을 꺼놓은 실내를 대비시키면 앞의 대립에서는 음이었던(불을 켜놓은 실내) 것이 상대적으로 양이 된다. 즉 음과 양은 서로 넘나드는 것이며 음/양의 대립은 절대적 대립이 아니라 정도의 차이에 따른 상대적 대립이라는 것을 알 수 있다.

그리고 우리는 또 한 가지 중요한 사실을 알 수 있으니 그것은 음 내부에는 양적인 요소가, 양 내부에는 음적인 요소가 들어있다는 사실이다. 생각해 보라. 현상적으로는 음의 모양, 혹은 양의 모양을 하고 있지만 그것이 하나에서 갈라져 나온 동일 핏줄이라면 그 둘 사이에는 이미 공통 요소가 들어 있다는 것을 의미하지 않는가? 그 공통 요소는 음과 양을 맺어주지 않는가? 음양의 대립은 일시적인 것일 뿐, 마치 서로 생김새는 다른 자식들이 부모의 핏줄이라는 공통분모를 지니고 있듯이 그것들 안에는 공통되는 요소가 들어 있는 것이다. 바로 그렇기에 음과 양 사이에는 대립과 배제의 원칙보다는 조화와 균형의 원칙이 더 강하게 작용하게 된다.

따라서 우리에게 다원주의의 사고를 가능하게 하는 것은 일원론적인 사고이다. 다른 모양을 한 현상들도 그 현상을 낳은 모태는 같으니까 사이좋게 지내야 한다는 것, 그것이 일원론의 원칙이다. 일원론은 다양한 현상들 내부에서 그것들을 잉태한 최초의 원인을 염두에 두고 그 모태는 동일하다는 사고의 결과이다. 따라서 현상적으로 다양한 것들, 달라 보이는 것들이 그 겉보기와는 달리 동일한 핏줄에서 나왔으며 공유하는 요소가 들어 있다는 생각으로 자연스레 이어진다. 그리고 그것이 진정한 의미에서의 다원주의이다. 반대로 이원론은 이질적인 것을 낳은 모태나 원칙 역시 이질적이라는 생각에서 나온다. 세상을 선과 악으로 나누는 이원론은 선을 낳은 뿌리와 악을 낳은 뿌리는 서로 다르다는 생각을 그 전제로 하고 있다.

다시 말하자. 다원주의, 혹은 일원론의 기본은 **대립의 조화**(coincidentia oppositorum)에 있다. 물론 그 중에서도 중요한 것은 대립에 있는 것이 아니라 **조화**에 있다. 그러한 일원론적인 사유를 더 밀고 나가면 어떻게 될까? 일원론은 그 성격이 그러하듯 이원론조차 그릇된 것으로 배척하지 않는다. 오히려 그것도 인간이 가질 수 있는 인식의 하나로 인정하고 감싼다. 즉 그 무언가를 보고 '근사하다'고 말할 수 있는 자유로운 정신은 '사이비'라고 말하는 정신에게서도 존재 이유를 인정한다. 게다가 이원론적인 정신은 상황을 정확히 인식하고 분명한 판단을 하기 위해서는 필요한 정신이다. 게다가 그 정신에는 힘도 있다. 아마 우리가 가장 경계해야 할 것은 근사하다고 말해야 할 경우 사이비라고 매도하는 태도이거나 사이비라고 똑바로 지적해야 할 경우 근사하다면서 어물어물 넘어가는 태도일 것이다. 물론, 세상에는 진짜와 사이비, 즉 가짜만 있다고 바득바득 우기는 태도가 답답하게 여겨지는 것은 사실이지만……

삼장법사와 손오공 – 조화의 참 의미
삼장법사가 여성을 상징하는 무기로 남성성의 화신인 손오공을 제압하는 소설 『서유기』는 성배를 찾아가는 서양의 기사도 소설이 남성 – 영웅 중심인 것과는 너무 다르다.

『서유기』가 삼장법사가 손오공과 저팔계와 사오정을 대동하고 서역으로 불교 경전을 찾아가는 일정을 그린 동양의 고전이라는 것은 누구나 잘 알고 있다. 그렇게 여러 인물들이 등장하지만 그 소설의 두 주인공은 역시 삼장법사와 손오공이다. 하지만 그 소설에서 단 한 명의 주인공을 꼽으라면 누구를 택해야 할까?

많은 사람들은 손오공을 꼽을지 모른다. 하지만 내가 보기에 그 소설의 중심에 있는 인물은 아무래도 삼장법사이다. 왜 삼장법사를 중심에 두어야 하는지는 그 소설의 의미를 생각해보면 금방 알 수 있다.

『서유기』의 일차 의미는 불교의 전파에 있다. 그러나 그 소설을 우리는 구도(求道)의 소설로 읽을 수도 있다. 그 소설을 구도 소설로 읽으면 서역을 찾아가는 일정은 득도의 길이며 그 과정에서 겪는 모험들은 득도의 과정에서 겪게 되는 온갖 고난과 어려움으로 해석할 수 있다. 득도에 이른다는 것은 무엇을 의미하는가? 그것은 성스러운 곳이나 성스러운 것을 찾아 스스로 초월을 경험하고 초월자가 된다는 것을 의미한다. 그런 의미에서 『서유기』는 성배(聖杯)를 찾아 모험의 길을 떠나는 서양의 기사도 소설과 비슷한 의미를 갖고 있다고 볼 수 있다.

그런데 그 득도의 과정에서 초지일관 목표를 향해 나가는 것은 삼장법사지 손오공이 아니다. 손오공은 툭하면 도중에 도망을 가려고 괴물을 물리치고 나면 그에 만족하고 만다. 왜 괴물을 물리쳐야 하는지 목표의식이 없다. 그래서 늘 중도에 주저앉으려 한다. 한 마디로 목표도 없고 항심도 없다. 항심이 있는 것은 삼장법사이다. 그는 손오공을 꾸짖으며 그 험난한 길을 계속해서 헤쳐 나간다. 그러니 그 소설의 중심에 있는 것은 삼장법사라고 볼 수 있다. 그렇다면 손오공은 단순한 보조자일 뿐일까?

내가 그 소설에서 아주 재미있는 사실을 발견하게 된 것은 지금은 고인이 된 고우영 화백의 만화 서유기를 읽으면서이다. 고우영 화백은 몇 명의 캐릭터를 만들어 놓고 그 캐릭터를 다른 식으로 분장시켜 여러 작품에 등장시키는 것으로 유명하다. 그가 창조한 캐릭터 중 가장 두드러지는 것은 예쁜 남자의 이미지를 가진 인물이다. 그 인물을 그는 일지매로 출연시키기도 하고 삼장법사로 출연시키기도 한다. 그가 창조한 캐릭터는 그에게는 영화배우와도 같다.

그러니까 삼장법사는 여성적 특징을 가진 남자이다. 나는 고우영 화백의 『서유기』를 보다가 깜짝 놀랐다. 삼장법사가 입을 가리며 '호호호' 하고 웃는 것이 아닌가? 그렇다면 삼장법사는 남장을 한 여자, 혹은 여성성 자체가 아닌가?

바로 그 장면에서 내게는 융의 **아니마와 아니무스**라는 개념이 떠올랐다. 우리는 융의 원형 개념이 문화와 역사의 모든 차이를 넘어 인간 내부에 존재하는 공통 특질이라는 것을 이미 알아 본 바 있다. 융이 그 원형 중의 원형으로 꼽은 것이 바로 아니마와 아니무스이다.

융은 인간의 깊은 심리 속에는 신체적인 성과는 무관하게 남녀 양성이 존재한다고 말했다. 즉 심리적인 측면에서 볼 때 남성 속에도 여성적 특성이 존재하며 여성 속에도 남성적 특성이 존재한다는 것이다. 그리고 그는 남성 속의 여성적 특성을 아니마라고 불렀고 여성 속의 남성적 특성을 아니무스라고 불렀다. 그는 아니마와 아니무스의 개념을 통해 심리적으로 인간은 남녀 양성이라는 것을 보여준다. 인간 존재가 이미 다원적인 존재라는 것이다.

아니무스가 행동 지향적이라면 아니마는 행복한 몽상에 잘 빠지는 경향이 있다. 아니무스가 전투적이라면 아니마는 평화 지향적이다. 아니무스가 합리적인 사고를 지향한다면 아니마는 상상력을 낳는 모태가 된다. 아니무스가 외향적이며 표면으로 표출되려 한다면 아니마는 깊은 심리 속으로 내려가려는 경향이 있다. 아니무스가 현실적이며 깨어있는 정신을 가능하게 한다면 아니마는 순수하고 비현실적인 생각을 낳는다. 바슐라르가 융의 아니마와 아니무스의 개념을 빌려와서, 우리가 합리적으로 사유하기 위해서는 우리 넋 속의 아니무스에 몸을 맡겨야 하고 몽상에 빠지기 위해서는 아니마에 의뢰해야 한다고 말한 것은 아니무스와 아니마의 그러한 속성 때문이다.

그렇다면 손오공은 바로 아니무스의 화신이고 삼장법사는 아니마의 화신으로 볼 수도 있는 것이 아닌가? 그런 식으로 다시 『서유기』를 읽으면 정말 재미있게 그 소설을 읽을 수 있다. 손오공의 모든 행동은 아니무스의 특성과 그대로 부합하고 삼장법사의 모든 행동은 아니마의 특성과 부합한다.

삼장법사는 서역을 찾아가야 한다는 항심을 지니고 있지만 그 과정에서 늘 사고와 문제를 일으킨다. 변신을 한 괴물에게 번번이 속아 넘어가는 건 언제나 삼장법사이다. 변신을 한 괴물의 정체를 알아보고 여의봉으로 내려치는 것은 언제나 손오공의 몫이다. 심지어 삼장법사는 그런 손오공을 꾸짖기까지 한다. 그는 순수하기만 할 뿐 현실 감각을 갖고 있지 않다. 때로는 아주 바보 같기도 하다. 삼장법사에게는 구도의 길을 향한 항심은 있지만 모험을 극복하는 것은 그의 몫이 아니다. 그가 그 항심을 실현하려면 손오공의 힘이 필요하다.

하지만 손오공은 영리하고 현실감이 있지만 항심이 없다. 그는 눈앞의 괴물의 정체를 알아보고 그 괴물을 물리치지만 그것으로 끝일 뿐이다. 왜 괴물을 물리쳐야 하는지, 왜 그런 고난의 행로를 계속해야 하는지 목표도 없고 비전도 없다. 그래서 그는 순간순간에 만족하고 주저앉으려 하며 중도에 그만두기를 간절히 원한다.

삼장법사가 아니마, 즉 여성성의 화신이며 손오공이 아니무스, 즉 남성성의 화신임을 보여주는 결정적인 증거가 있다. 손오공이 들고 다니는 무기 여의봉이다. 그가 '커져라, 세져라'라고 주문을 외우면 여의봉은 길이가 늘어나 단단한 무기가 된다. 영락없는 남성 성기의 상징이다. 그렇다면 삼장법사의 무기는 무엇인가. 바로 손오공의 머리에 씌워놓은 둥근 고리이다. 삼장법사는 손오공이 딴 마음을 품을 때마다 주문을 외워 그를 제압한다. 그것은 영락없이 여성의 성기를 상징한다.

삼장법사가 여성을 상징하는 무기로 남성성의 화신인 손오공을 제압한다는 데에 이 소설의 깊은 의미가 있다. 그 깊은 의미는 서유기를 서양의 기사도 소설과 비교해보면 금방 드러난다.

성배를 찾아가는 서양의 기사도 소설에서 주인공은 언제나 남성이고 영웅이다. 서양의 기사도 소설에서 여자는 두 가지 양상으로 등장할 뿐이다. 여성이 긍정적인 모습으로 나타나면 영웅의 애인이 된다. 그 애인은 영웅이 목표를 달성하고 무사히 돌아오기를 빈다. 그 애인을 향한 사랑은 영웅이 고난을 겪을 때 그에게 용기를 주고 힘을 주는 역할을 맡는다. 하지만 애인은 언제나 보조자일 뿐이며 영웅이 보호해야 할 대상일 뿐이다.

그리고 대부분의 경우 여인은 영웅을 유혹하는 마녀로도 나타난다. 영웅이 모험의 길에 만난 마녀들은 영웅을 유혹해서 그 힘든 과업을 중도에 그만두라고 부추긴다. 그 마녀들은 끊임없이 교태를 부리며 '쉬어가세요'라고 말한다. 사이렌이 그러하며 로렐라이 언덕의 인어들이 바로 그러한 존재들이다. 그 덫에 걸리면 영웅의 모험의 행로는 중도에 좌초하고 만다. 그녀들이 바로 팜므 파탈들이다.

그러나 『서유기』에서는 그 여성이 모험 행로의 당당한 주인공이 된다. 바로 그 점에 동양과 서양의 상상력의 깊은 차이가 존재한다. 동양에서는 여성적인 부드러운 가치가 주도적인 역할을 맡는 것이다.

그러나 결정적인 차이는 다른 곳에 있다. 『서유기』는 삼장법사와 손오공이 동시에 득도에 이르는 것으로 끝이 난다. 항심을 가지고 득도의 길로 매진한 삼장법사만 득도에 이르는 것이 아니라 그를 도와 그 행로가 가능하게 한 손오공도 득도를 하는 것이다. 그들은 동시에 득도를 함으로써 같은 반열에 오르고 최상의 상태에서 한 몸이 된다. 그것은 이질적인 요소의 행복한 결합이요, 결혼을 뜻한다. 다시 융의 개념을 빌려서 말한다면 아니마는 아니마대로 아니무스는 아니무스대로 각각 활성화되어 균형과 조화를 이루면서 한 인간이 완벽한 인격체에 이르는 것과(융은 그것을 개성화 과정이라고 불렀다.) 서유기의 결말은 그대로 부합한다. 그러나 서양의 기사도 소설에서 성배를 찾는 것은 언제나 영웅의 몫이다. 영웅이 목표를 성취하기 위해서는 싸움의 지략, 용기, 의지만 있으면 된다. 하지만 『서유기』에서는 그것만으로는 부족하다. 언제나 모순되는 것이 조화를 이루면서 함께 하는 것이 필요하다. 만일 삼장법사 혼자였다면 어떻게 되었을까? 아마 서역으로 향하는 여정에서 첫 번째 만난 괴물에게 잡아 먹혀 버렸을 것이다. 하지만 손오공 혼자였다면? 아마 애당초 서역으로 갈 마음조차 먹지 않았을 것이다. 원숭이 무리의 왕으로 만족하며 지냈을 것이다. 달리 말한다면 그냥 짐승처럼 살면서 만족했을 것이다.

『서유기』는 이질적인 존재들, 성향들의 차이를 그대로 극명하게 보여주면서 그러한 다양성이 인간 내부에 존재한다는 것도 동시에 보여준다. 그리고 그 이질적인 것들 간에 차등을 두는 것이 아니라 그것들의 조화와 결합이 중요하다는 것을 보여준다. 바로 거기에 다원성의 진정한 의미가 있다. 다원적 관계란 이질적인 것들의 공존을 의미하면서 그 이질적인 것들이 보다 큰 원칙에 의해 맺어져 있음을 의미하는 것이다. 우리가 다원적 인식을 갖는다는 것은 우리가 갖고 있는 인식, 지식, 정보를 다른 것과의 관련하에서 파악하는 능력을 갖는다는 것을 의미한다. 다원적 인식은 논리의 정교화나 전문화를 통해 획득되는 것이 아니다. 다원적 인식은 우리가 갖고 있는 지식이나 정보를 커다란 맥락 속에서 파악하는 능력, 전체와의 관련하에서 사고하는 능력을 통해 획득될 수 있다.

뒤랑은 기계적 계량성이나 인과론을 낳은 바탕에는 무엇보다 이원론적 사유가 자리잡고 있다고 말한다. 그가 서구의 풍토병이라고 일컬은 '성상파괴주의'는 확실한 것, 자명한 것만을 참으로 간주하고 모든 불확실한 것, 모호한 것을 거짓으로 배격해온 이원론의 소산이다. 그가 서구의 성상파괴주의의 역사를 유일신 사상에 입각한 기독교적 이원론까지 거슬러 올라가는 것은 그 때문이다. 말씀의 절대 진리에 근거한 기독교 이원론은 '우상을 섬기지 말라'는 계율하에 다른 여러 신들을 죽였으며(다원주의의 억압) 성(聖)과 속(俗)을 엄격히 구분함으로써 이 세계 내에서의 초월적 가치의 존재를 부정해왔기 때문이다. 그만큼 서구에서의 이원론의 역사는 길다. 그는 융의 심층 심리학, 막스 베버의 사회학, 레비스트로스의 인류학을 비롯해서 프로이트의 정신분석학까지도 서구의 뿌리 깊은 이원론을 부정하고 인간이 모순되는 속성들을 지니고 있는 다원적 존재라는 것을 인식한다는 데 공통점이 있다고 말한다. 게다가 데리다의 그라마톨로지(grammatologie), 푸코의 고고학, 바르트와 토도로프의 문학비평, 촘스키와 그레마스의 구조주의, 라캉의 심리학과 들뢰즈의 철학들에서도 이원적 논리 대신에 모순의 논리를 선호하는 경향을 쉽게 찾을 수 있을 것이라고 말한다. 물론 그 방향과 성격에 따라 그 모순의 논리가 다원성에 대한 천착으로 이어졌는가, 아닌가는 별개의 문제이지만.

다원화된 사회란 개성과 창의력을 존중하면서 동시에 전체와의 맥락을 잃지 않는 사회이다.

우리는 현대를 다원화된 사회라고 말한다. 그리고 개인의 창의성이 점점 더 중요시되는 사회가 되어 가고 있다고 말한다. 그런데 아주 묘한 일이 벌어진다. 현대 사회는 다원성과 개인의 창의성을 존중하는 사회이면서 동시에 약육강식의 살육적인 경쟁을 당연시하는 사회가 되어가고 있는 듯하다. 왜 그런 일이 벌어지는 것일까?

현대가 다원주의 사회라고 말하면서 우리는 각 개인의 다양한 생각과 행동과 가치관들이 나름대로 의미와 가치가 있다는 사실에 거의 동의를 하고 있다. 우리는 획일적으로 주어진 가치, 외부로부터 주어진 가치에 대하여 거부감을 갖는 데도 익숙해져 가고 있다. 그런 가운데 리더의 의미도 달라지고 조직의 의미도 달라지고 있다. 상명하달식의 일사불란한 조직체보다는 구성원들 각자가 개성과 창의성을 발휘할 수 있는 조직이 더 좋은 조직이 된다. 그리고 좋은 리더란 구성원들이 나름대로 지니고 있는 개성을 잘 발휘할 수 있도록 분위기를 만들어 주는 사람이 된다. 한 걸음 더 나아가 리더 자신도 나름대로 개성과 창의력을 지닌 조직의 일원이 되어야 한다고 말한다. 그래서 상명하달식의 수직적 조직보다는 수평적 공존이 강조되고 하의상달의 조직이 강조된다. 다 좋은 일이다. 하지만 그것만으로 충분한가? 개성과 창의력만 강조하다가는 혹 그 조직이 모래알 조직이 되어버리지는 않을까? 그러다가는 혹 조직이라는 개념 자체가 무효화되는 것이 아닌가? 조직의 리더는 구성원들을 경쟁만 시키고 자신은 감시자가 되어버리거나 리더 자신도 경쟁자의 하나가 되어 버리지는 않을까? 조직 자체가 전쟁터처럼 되어버리지는 않을까?

사실 그런 현상이 여기저기서 벌어지고 있다. 미래의 사회를 예측하면서 미래의 젊은이들은 더 큰 이익을 주거나 좀 더 편한 곳, 마음에 드는 곳이 생기면 언제든 툭툭 털고 떠나는 일이 벌어질 것이라고 말하는 사람이 생기는 것도 그런 현상 중의 하나이다. 게다가 자신이 속한 회사에서 개발한 신기술을 해외에 유출하여 개인적인 이익을 취하려는 사람들의 사건이 자주 뉴스로 등장하기도 한다. 현대 사회와 미래를 그렇게 진단하는 사람들은 '무한 경쟁'이라는 단어를 쉽게 사용한다. 그들에게는 '세계화'라는 단어는 곧 경쟁 상대가 많아지고 경쟁의 장이 넓어진 것을 의미한다. 그래서 미래에 살아남을 수 있도록 대비하려면 무한한 경쟁력을 확보해야 한다고 말한다. 어찌 보면 아주 지당한 이야기처럼 보이기도 하고 일면 옳은 점이 있기도 하다.

하지만 그 현상은 다원화되어 가는 세상에서 우리가 어쩔 수 없이 감수해야만 하는 필연적인 현상인가? 그런 세상이 불가피하게 우리의 미래에 놓여 있는 것인가? 우리는 그런 미래를 당연한 것으로 여기고 빨리 그에 대처해

야 하는가? 물론 그럴 수는 없다. 일시적으로 승리를 할 수는 있을지 모르지
만 우리 사회 전체가 그런 경쟁에만 놓이게 된다면 우리는 도대체 피곤해서
살 수가 없다. 설사 그런 사회가 우리 앞에 놓여 있더라도 우리는 숨구멍을
찾고 마련해야 한다. 왜 그런 일이 벌어졌는지 진단하고 어렵더라도 대안을
내세우려 애를 써야 한다.

> 이원론은 한 쪽 편을 드는 사유이며 논리이다. 반대로
> 일원론은 차이가 나는 것들 간에 보이지 않는 맥락이
> 존재한다고 믿는 사유이며 논리이다. 이원론은 하나의
> 원칙으로 모든 현상을 환원하여 설명하고 이질적인
> 것들을 배척한다. 반대로 일원론은 이질적인 것들의
> 조화를 꾀한다.

　현대는 물론 다원화되어 간다. 그리고 점점 복잡해진다. 세계화가 진행되
고 과학 기술이 발전하면서 다원화의 속도는 점점 더 가속화된다. 하지만 내
가 보기에 다원화된 사회에 살고 있는 우리들의 사고는 다원적, 복합적이 되
기보다는 더 단순해져 가고 있다. 그리고 미디어의 발달과 정보화의 가속화
는 우리의 사고를 단순화하는 데 크게 기여한다. 미디어의 발달과 정보화에
의해 우리가 전문적인 지식들을 보다 손쉽게 접할 수 있게 된 것은 사실이다.
쉽게 우리 손에 잡히는 전문지식들은 우리 자신이 그 지식의 주인이 된 듯한
대리만족을 우리에게 준다. 우리는 전문지식에 쉽게 접하게 되면서 우리가
복잡한 이 세상을 이해할 수 있는 제법 복합적인 지식을 갖게 되었다는 만족
감에 젖을 수도 있다. 하지만 그 지식은 파편적인 지식일 뿐이다. 우리는 그
렇게 접한 지식들을 다른 지식들과 관련지어 고찰하지 않는다. 그 지식은 말
그대로 파편적인 지식이다. 그 지식들에는 맥락이 존재하지 않는다. 문제는
바로 거기에 있다. 그 지식들은 그 자체 정교하고 세련된 지식일 수도 있지만

그런 경우에도 맥락 없이 따로 떨어진 지식일 수밖에 없다. 파편화된 세련됨에서 대리만족을 느끼면서 우리는 맥락에 대한 사고를 잃어간다. 좀 더 과감하게 이야기해볼까? 실은 과도하게 전문화된 지식 자체가 애당초 다른 지식들과의 소통을 염두에 두지 않은 채 이루어진 파편적 지식일 수도 있다. 그 지식은 전문화가 진행되면 될수록 전체에 대한 조망을 상실한다.

다원화된 사회를 무한 경쟁의 사회로 진단하고 그에 대비하는 자세를 찾는 태도도 마찬가지이다. 그 태도는 인간은 경제적 동물이고 이익을 향해 움직이게 되어 있다는 단순한 인간이해와 논리를 전면에 내세운다. 그리고 그 가운데 그 논리를 정교하게 가다듬는다. 하지만 인간은 과연 경제적 동물인가? 다원주의 사회라는 것은 혹시 인간에 대한 그런 환원적 이해 자체를 거부하는 것을 뜻하는 것은 아닌가? 라는 질문은 결코 던지지 않는다. 인간과 인간에 대한 복합적이고 다원적인 사고는 그러한 질문과 함께 탄생한다.

다시 말하자. 이원론은 한 쪽 편을 드는 사유이며 논리이다. 반대로 일원론은 차이가 나는 것들 간에 보이지 않는 맥락이 존재한다고 믿는 사유이며 논리이다. 이원론은 하나의 원칙으로 모든 현상을 환원하여 설명하고 이질적인 것들을 배척한다. 반대로 일원론은 이질적인 것들의 조화를 꾀한다. 이원론이 단순 논리를 낳는다면 일원론은 세상에 대한 복합적인 이해를 필요로 하고 이질적인 것들의 어울림을 지향한다. 그렇다면 우리는 이제, 세상이 다원화되었다면서 점점 더 약육강식의 무한 경쟁의 시대가 다가오고 있다는 진단이 왜 나오게 되었는지 비교적 뚜렷하게 알 수가 있게 된 셈이다.

그 진단은 이원론의 연장에서 다원사회를 이해한 결과 나오게 된 것이다. 우선 그 사유는 다원사회의 특징을 양자택일의 논리상에서 이해하고 있다는 문제점을 지닌다. 자신이 몸담고 있는 조직을 중시하느냐 아니면 개인을 중시하느냐의 양자택일의 논리가 바로 그것이다. 그 논리에서 다원화된 사회, 개인의 주관성이 존중되는 사회란, 조직이 정한 비전과 목표를 향해 일사불

란하게 움직이던 개인들이 자기주장을 하고 반항을 한 결과 오게 된 것으로
이해된다. 다원사회를 그렇게 이분법적인 양자택일의 논리에서 이해한다면
조직과 그 조직의 구성원들 사이에는 대립적인 관계 외에는 존재하지 않게
된다. 그 사이에는 아무런 연대감도 존재하지 않게 된다. 조직과 조직의 구
성원들 사이에만 연대감이 존재하지 않을 뿐 아니라 구성원들 사이에도 마
찬가지이다. 다원주의 사회는 조직 전체를 위한 이익 대신에 개인의 이익이
존중되는 사회처럼 여겨진다. 그런 조직을 지배하는 유일한 원칙은 개인적
이기심이 된다. 그렇다. 그 논리의 가장 큰 문제점은 조직이나 개인이나 획
일화된 가치관의 지배를 받고 있다고 생각하는 데 있으며 그것이 바로 이원
론의 대표적인 속성이기도 하다.

그 조직을 하나의 회사라고 생각해보자. 물론 회사가 지향하는 가치는 경
제적인 것이다. 회사의 목표는 돈을 버는 데 있다. 회사가 살아남으려면 돈
을 벌어야 한다. 경제 원칙은 회사의 윤리이기도 하다. 하지만 조직원들이
회사의 그 목표를 향해 일사불란하게 움직이지 않는 것이 바로 현대 사회라
는 데 문제가 있다. 회사의 목표는 돈이지만 개인은 돈을 최고의 가치로 생
각하지 않는다. 행복은 성적순이 아니라는 학생들의 주장을 '인생의 목표는
돈만이 아니잖아요'라는 버전으로 바꾸어 외치는 개인들을 데리고 어떻게
회사의 목표를 달성해야 하는가? 이게 다원주의 사회에서 회사가 맞고 있는
고민이다. 그 고민은 인간은 단순히 경제적 동물이 아니라는 생각까지 이어
져야 풀릴 수 있는 고민이다. 경제 원칙이 조직 위주에서 개인 위주로 흩어
진 것이 다원사회가 아니라 돈이 만능열쇠라는 생각을 언제고 버릴 수 있다
고 생각하는 사람들이 많아진 것이 바로 다원주의 사회이다. 돈만으로는 해
결할 수 없는 문제가 많다고 여기는 사람이 많아진 것이 바로 다원사회이다.
다원사회의 의미를 그렇게 제대로 이해해야 '다원사회를 어떻게 살아야 하
는가?'라는 문제를 풀 실마리를 찾을 수 있다.

　조직을 회사에서 사회로 확대해서 생각해도 마찬가지이다. 경제적 가치가 세상 살아가는 데 필요하다고 해서 인간은 결국 이익의 극대화만을 추구하는 경제적 동물일 뿐이라고 말할 수는 없다. 다원주의 사회란 인간을 규정하는 여러 가치들을 인정하고 그 가치들이 숨 쉴 수 있는 공간과 제도를 마련해주는 사회이다. 다원주의 사회란 경제적 이익이라는 유일한 가치를 위해 각 개인들이 무한 경쟁하는 사회가 아니라 경제적 가치 외에 다른 가치들이 다양하게 공존하는 사회이다. 다원적인 사회란 경제적 가치가 무시되는 사회가 아니라 그 가치가 상대화되는 사회, 부분화되는 사회이다. 그리고 경제적인 가치가 다른 가치들과 맥으로 연결이 되는 사회이다.

　우리는 인간을 재는 척도가 지능지수 하나였던 세상을 살다가 감성지수, 도덕지수, 사회지수로 다양해진 세상을 맞이했다고 말한 바 있다. 그리고 그 모든 지수가 균형 있게 발휘되는 것이 건강한 인간이라고 말한 바 있다. 그게 다원주의의 진정한 의미이다. 현대의 인지과학은 인간 뇌의 기능에 대하여 새로운 연구 결과들을 내놓고 있으며, 인간의 뇌가 단순히 지능만을 관장하는 것이 아니라 여러 기능을 갖고 있다는 것이 이제는 상식처럼 되었다. 그런데 보다 흥미로운 것은 뇌의 기능이 여럿이라는 사실 자체에만 있지 않다. 사람은 누구나 어느 한 부분에 특수한 재능을 가지고 태어날 수 있지만 그 특수한 재능이 제대로 발휘되려면 다른 기능도 활성화되어야 한다고 현대 인지과학자들은 말한다. 지능지수가 뛰어난 천재도 정서적인 기능이 활성화되지 못하면 지능도 쇠퇴하여 평범한 사람이 되어버린다는 것이다. 그 사실은 진정한 다원주의 사회를 이루려면 여러 가치와 인식의 균형이 잡힌 사회가 되어야 한다는 사실을 우리에게 확인하게 해준다. 우리 사회가 지닌 경쟁력을 제대로 발휘하기 위해서도 경쟁력 만능주의는 경계해야만 한다는 사실을 우리에게 확인하게 해준다.

　그렇게 볼 때 우리는 다원화된 사회를 살고 있는지는 몰라도 그에 걸맞은 인식은 갖고 있지 못한 것이 사실이다. 세상은 복잡해지고 다원적인 사유를 필요로 하는데 우리의 사유는 역으로 점점 더 단순해진다. 그리고 문제는 바로 거기에 있다. 생태적 사유가 더 중요해진 사회를 살면서 실제로는 살육적인 경쟁이 더 우리를 불안하게 하는 사회, 복합적인 국제적 감각이 더 필요해진 세상에서 무한 경쟁의 논리와 결합한 세계화가 우리를 불안하게 하는 세상을 우리는 살고 있다. 그래서 다원화된 사회란 한 사회를 이끌어갈 수 있는 큰 원칙이 실종되어 혼란만 가중되는 사회, 우리의 불안감만 크게 만드는 사회가 된다.

조금 구체적으로 우리의 현실을 살펴보자. 분명 우리 사회는 획일적 통제를 부정하는 흐름이 여기저기서 위력을 발휘하고 있다. 그래서 자율화가 하나의 대세처럼 되어 있다. 교육도 자율화고 기업도 자율화고 심지어 가족도 자율화다. 하지만 그런 자율화의 흐름이 과연 우리를 안심하게 하는가? 온갖 분야에서의 자율화는 자율경쟁으로 변질되어 우리를 불안하게 하는 게 현실이 아닌가? 예컨대 교육 자율화는 교육이 제 자리를 찾을 수 있게 만들기는 커녕 오히려 무한 입시 경쟁으로 변질되어 우리 아이들을 불안하게 한다. 회사에서 창의성과 개성의 이름으로 각 개인의 자율성을 강조하는 경우도 마찬가지이다. 각 개인이 지닌 경쟁력만 강조하는 세상이 되면서 나이든 사람들은 구조조정의 대상이 되지 않을까 하는 불안감에 젖을 수밖에 없게 된다. 나이든 사람들의 어른스런 견해나 균형 잡힌 시선은 설 자리가 없게 되고 심한 경우 아무 쓸모없는 장애물이 될 뿐이다. 그런 가운데 우리의 사고와 가치는 단순화되고 평준화되고 평면화된다. 한마디로 획일화된다. 다원주의 사회가 오히려 우리의 가치와 사고를 획일적으로 만드는 그 모순과 역설!

국제적 안목의 경우는 어떠한가? 우리나라가 국제적으로 위상이 높아지면서 드높아지는 가치가 바로 우리의 자존심이다. 하지만 우리의 자존심을 높이는 길이 우리가 국제적으로 성숙한 사고를 갖는 쪽으로 진행이 되고 있는가? 아니다. 우리의 자존심, 자율성을 강조하면서 우리는 이타(利他, 異他)성을 상실한 배타적 국수주의, 배타적 민족주의에 익숙해진다. 지구촌적인 사유를 원하는 생태화의 시대, 다원화의 시대를 살면서 우리는 우리의 단순논리를 확대시켜 세계를 본다. 무대만 넓어졌을 뿐 우리는 아직 우물 안 개구리이다. 우리가 진정으로 자부심과 자존심을 갖는 길은 우리의 사유가 우물 안 개구리에서 벗어나는 데 있다. 우리 스스로 지구촌의 가족의 일원으로서 사유할 수 있게 되는 데 있다. 그렇게 되지 못하면 우리는 부끄러워하는 상태에서 뻔뻔함으로 넘어간다. 부끄러움에서 자부심으로 옮아가는 것이 아니라 부끄러움에서 뻔뻔함으로 넘어가면서 우리의 자존심을 지키는 것으로 착각한다. 절망적이 아닐 수 없다.

조금 솔직하게 말하기로 하자. 아주 역설적이게도 인간에 대한 그러한 복합적이고 다원화된 이해의 모습은 내 주변의 인문학자의 입을 통해 나오는 것이 아니라 경영학자의 입에서 나오고 경영 컨설팅의 입장에서 미래를 진단하는 사람에게서 나오고 자신이 경영하고 있는 회사를 어떻게 바람직한 방향으로 이끌 수 있을까 고민하는 경영자의 실천에서 나온다. 그 모든 이들의 화두는 성공이며 좀 더 확실하게 말하면 경제적 성공이다. 그런데 그들은 이렇게 말을 하고 그 말을 실천하려 애쓴다. 경영자의 리더십은 구성원에 대한 통제력에 있는 것이 아니라 동기부여 능력에 있다고, 바람직한 조직은 목표에 따라 능동적으로 변화하는 조직이며 관리와 규율보다는 열정과 가치가 중요하다고, 회사의 종업원은 단순한 회사의 구성요소가 아니라 회사가 가진 신념과 목표에 동화되어 끊임없이 아이디어를 내는 존재라고. 또한 일과 놀이의 구분이 없어진 직장이 미래의 직장의 개념이며 조직 내에서 개인이 얻게 되는 신망과 인정이 경제적인 보상보다 더 큰 만족을 주게 될 것이라고 말하기도 하고 조직이 정한 목표보다는 개인의 창의성이 중요하며 노동력보다는 상상력이 중요하다고 말한다.

그러한 진단과 실천은 그 어떤 이론적 논리보다 다원주의적 인식에 가까이 있다. 그러한 진단에 의해 하나의 조직이나 회사는 다양한 가치관이 공존하고 있는 조직이나 회사가 된다. 개인의 창의성을 갖는다는 것은 외부로부터 주어진 획일적인 가치에 대해 의심을 품고 나름대로의 가치와 의미를 찾는다는 것을 의미한다. 개인의 창의성을 존중하면 그 조직은 이미 다원화된다. 다양한 가치관은 외부에서 주어진 가치관에 종속된 개인들이 아니라 자신의 의미를 묻는 존재들에 의해 형성된다. 자발성과 자율성의 의미는 바로 거기에 있다. 하지만 그 개인들은 흩어진 개인들이 아니라 자신들이 주체로 참여하면서 조직을 바꾸어 가는 능동적 개인들이다. 그런 조직에서 회사와 개인의 이원적 구분은 사라지거나 약화된다. 개인은 회사의 구성원이면서 동시에 회사의 모든 것이 그 개인에게 있다. 우리가 홀로그램에서 알아본 부분과 전체의 관계가 그 조직에는 그대로 적용된다. 그래서 일과 놀이의 구분이 없어진다는 이야기도 나온다. 놀이의 즐거움은 욕망 충족에서 온다. 그러니 자신이 원하는 바, 욕망하는 바를 실현하는 직장에서의 일이 즐거운 일이 되고 그 일이 놀이와 같아지는 것은 당연한 일이다. 요즈음 직장을 옮기는 동기가 단순히 보수의 많고 적음에 의해 결정되지 않는 현상이 벌어지는 것은 그 때문이다. 젊은이들의 이직률이 높아지는 것은 자신의 경제적 이익만을 염두에 둔 이기적 개인이 많아졌기 때문이 아니라 직장에서 얻는 만족감의 종류가 다양해졌기 때문이다. 그래서 개인의 웰빙이나 건강, 아름다움, 젊음 등이 중시되는 요즘 사회의 큰 특성에 맞게 다른 조직에 속해 있으면 돌보거나 추구하기 어려운 것들을 그 조직에 속해 있기에 돌볼 수 있게 만드는 회사도 많아진다. 그 가치들은 회사의 경제적 목표를 실현하는 데 방해가 되는 것이 아니라 목표의 실현을 촉진시켜 준다.

다시 간단하게 정리하기로 하자.

현대가 다원화되어 가고 있다는 것은 이원론적이 사유가 지배하던 세상에서 일원론적인 사유로 옮아가고 있다는 것을 의미한다. 독단적인 환원주의에서 다른 가치들의 존재를 인정하는 사회가 된다는 것을 의미한다. 이원론적 사고에 젖어있는 채 다원화된 사회를 맞이하면 다원화된 사회는 점점 경쟁이 치열해지는 사회로 인식될 수밖에 없다. 하지만 다원주의를 일원론의 연장에서 이해한다면 다원주의 사회란 개성과 다양성을 존중하는 사회이면서 그 개인들이 보이지 않는 맥으로 맺어져 있는 사회가 된다. 개인은 주체이고 사회는 객체가 되어 대립하는 사회가 아니라 그 둘이 상보적인 관계를 맺는 사회이다. 더 나아가 한 개인은 사회 전체의 일부분이면서 동시에 그 한 개인 속에 사회 전체가 품어져 있는 그런 사회이다.

지금껏 우리가 살펴본 내용을 마무리하기 위해 시 한 편을 읽어보기로 하자.

황금빛의 시행들

> 그래! 모든 것에 감각이 있다.
>
> — 피타고라스

인간이여, 자유로운 사색가여!
생명이 만물로 흩어져 퍼진 이 세상에서
오로지 그대만이 생각을 한다고 믿는가?
그대가 지닌 힘을 그대가 사용하는 것은 자유지만
이 우주 어디에도 그대의 의도는 받아들여지지 않느니.

동물들에게도 활동하는 정신이 있음을 존중하라;
모든 꽃은 대자연에 속한 개화한 영혼이며;
사랑의 신비는 금속에도 깃들어 있는 법;
〈모든 것에 감각이 있도다!〉 그리고 네 존재 위의 모든 것은 힘을 지니고 있도다.

두려워하라, 눈 먼 벽에도 그대를 염탐하는 시선이 있으니;

물질에도 말씀은 붙어 있는 법……

그것을 불경한 용도로 사용하지 말라!

종종 어두운 존재 안에 숨은 신이 거주하고 있으니;

마치 눈꺼풀에 덮여 태어나는 눈처럼

순수한 정신이 돌의 껍질 아래서 팽창하도다!

위의 시는 19세기 프랑스의 시인이자 소설가인 네르발(Gérard de Nerval, 1808~1855)의 『공상』(1854)이라는 시집에 나오는 시들 중의 한 편이다. 19세기는 실증주의가 가장 위력을 발휘했던 시대이다. 실증주의가 위력을 발휘하던 그 시기에 나온 네르발의 시들이 20세기에 일어났던 초현실주의자들에게서 인정을 받게 되고 네르발은 초현실주의의 선구자로 대접을 받게 된다. 우리가 이 장을 마무리하면서 네르발의 시 한 편을 인용하는 것은 이 짧은 시의 내용과 시인이 겪은 운명이 우리에게 시사(示唆)하는 바가 크기 때문이다.

위의 시를 감싸고 있는 대표적인 분위기는 물활론적인 신비주의이고 범신론이다. 만물이 살아 있고 만물에 신성함이 깃들어 있는 것이다. 위의 시를 읽으면 그것을 누구나 쉽게 느낄 수 있다. 영혼은 인간에게만 들어있는 것이 아니라 동식물을 비롯해 심지어는 광물에도 들어 있다. 모든 존재에 생명이 깃들어 있으며 모든 존재에 의미가 들어 있다. 그런 세상에서 인간이 오만할 근거는 하나도 없으며 인간이 우주의 중심이 된다는 것은 큰 착각일 뿐이다. 인간이 지닌 사유 기능으로 인간이 만물을 관찰하고 분석하는 것이 아니라 세상의 만물이 오히려 인간을 관찰하고 염탐한다. 인간은 우주의 중심에 존재하는 것이 아니라 우주에 품어져 있다.

위의 시가 당시 얼마나 파격적이고 혁명적이었는가는 19세기 프랑스를 지배하고 있던 주된 인식이 실증주의였다는 것을 생각한다면 우리는 금방 짐작할 수 있다. 실증주의는, 이런 표현이 가능하다면, 인간이 인간 스스로에 대하여 가장 오만한 자존심을 지니게 해주었던 사상이었다고 보아도 된다. 인간의 힘, 더 정확히 말한다면 인간의 이성이 이룩한 과학의 힘으로 이 세상의 모든 비밀을 밝힐 수 있다고 믿은 것이 바로 실증주의이다. 심지어 과학의 힘으로 지상에 유토피아를 건설할 수 있다고 믿은 것이 바로 실증주의이다. 그런데 위의 시는 그러한 생각에 정면으로 대치된다. 그리고 그러한 인간의 오만함을 한껏 비웃는다. 게다가 종교적으로 불경스럽기까지 하며 신성 모독적이기도 하다. 초월적 존재인 신이 저 높은 곳에 존재하는 것이 아니라 어두운 존재 안에 숨어 있으며 우리가 흔히 '드높은'이라는 형용사와 함께 사용하는 순수한 정신도 돌 껍질 아래서 팽창한다. 지극히 신비주의적이다. 우리가 위의 시에서 물활론적인 신비주의와 범신론적인 특징을 읽어낸다면 위의 시는 우리가 앞서 살펴본 '전통적 인식'을 그대로 반영한다. 위의 시를 이성에 의한 인간 인식의 진보를 믿는 관점에서 본다면 지극히 원시적인 사유를 보여주는 시라고도 볼 수 있다. 하지만 위의 시를 뒤늦게 나타난 초현실주의와 관련지어 생각한다면 위의 시는 너무 시대를 앞서간 시이기도 하다. 게다가 '동물들에게도 활동하는 정신이 있음을 존중하라;/모든 꽃은 대자연에 속한 개화한 영혼이며;/사랑의 신비는 금속에도 깃들어 있는 법'이라는 시행은 '모든 생명체는 마음을 가지고 있다, 마음이란 스스로 자기를 유지해가는 능력, 스스로 짜깃기(self-organisation)의 능력과 크게 다르지 않다.'(『신과학 산책』, 34-35쪽, 김재희 엮음)라고 말하는 신과학적 세계관을 선명한 이미지로 보여준다고 말할 수 있기조차 하니 앞서 가도 너무 앞서간 것이지도 모른다. 아마 그렇기에 네르발의 작품들에 광인들이 등장하고 네르발 자신이 미쳐서 죽었는지도 모른다.

> 현대 물리학은 각각의 구성 요소가 지닌 개별적 특성을 연구하는 대신 그 요소들이 어떻게 서로 얽혀서 전체적으로 하나의 시스템을 이루어 가는지, 그 관계들의 특성에 주목한다.

위의 시와 신과학정신과 신인류학정신은 그렇게 서로 통한다. 그리고 그 통하는 지점을 한마디로 표현한다면 유기적 사유의 지점이라고 우리는 말할 수 있다. 우리가 앞서 살펴본 계량주의에 반하는 사유, 기계적 인과론을 부정하는 사유, 논리적 이원성을 부정하는 사유는 모두 유기적 사유이다. 또한 이질적인 것들을 상상력을 토대로 하여, 혹은 매개로 하여 맺어주는 뒤랑의 상상계의 인류학적 구조도 유기적인 사유의 결과이다. 그 유기적 사유의 내용을 확실하게 이해하려면 그와 대립되는 기계적 사유가 어떠한 것인지 살펴보면 된다.

기계적 사유로 이 세상을 바라보면 이 세상은 거대한 기계와 같은 것이 된다. 기계는 어떻게 작동하는가? 그 기계 전체를 지배하는 커다란 물리적 법칙에 의해서 움직인다. 하나의 기계의 부품들은 모두 그 법칙의 지배를 받는다. 그 법칙이 치밀하게 그리고 합리적으로 이루어져 있어야 기계가 잘 작동된다. 기계의 각 부분들은 전체를 위해 자기가 맡은 소임을 열심히 수행하기만 하면 된다. 기계의 각 부분들은 다른 부분들과 관계를 맺고 있긴 하지만 그 관계는 기계적 인과 관계일 뿐이다. 비유적인 표현을 쓰자면 무심한 관계이다. 기계의 각 부분들은 다른 부분들이 어떤 일을 하는지 관심이 없다. 자기 일만 열심히 하면 되는 것이다. 그러니 어떤 의미로는 관계가 없는 관계로 각 부분들이 맺어져 있을 뿐이다.

기계적 사유에서 중요한 것은 그 인과관계를 정확하게, 그리고 합리적이고 효율적으로 맺어주는 것이다. 그리고 그 인과관계를 맺어주는 것은 합리성, 효율성을 내세우면서 그 거대한 기계를 조종하고 움직이는 안 보이는 커다란 손이다. 그 안 보이는 손과 기계의 부품 사이에는 철저한 주종 관계가 성립된다. 그러한 기계의 어느 부분이 고장나면 주인은 그 부분을 수리하거나 교체해 주기만 하면 된다. 그러한 기계론적 세계관으로 바라보는 대상이 우주가 되고 그 안 보이는 손의 역할을 인간의 이성 담당하게 되면 실증주의가 탄생한다. 또한 그 대상이 인간 사회가 된다면 그 사회의 구성원인 인간 자체가 기계의 부품처럼 되어 간다. 인간이 기계의 부품처럼 되어 가거나 개성을 상실한 국화빵이 되어 가는 모습을 실감하려면 찰리 채플린이 주연한 영화 〈모던 타임스〉를 보거나 핑크 플로이드의 〈월〉이라는 음악의 뮤직 비디오를 보면 된다. 자본주의에 의한 인간성의 상실, 인간의 획일화를 그린 영화이고 뮤직 비디오이지만 우리는 거기서 인간이 이룩한 기계적 법칙에 인간이 종속되는 결과를 읽을 수도 있다. 인간의 이성의 힘으로 발견한 절대적 법칙에 의해 인간이 사물이 되는 그 현상! 이성에 대한 자존심으로 부풀어 오른 결과 그 자존심 한 가운데서 인간 자체가 사라지는 그 현상!

유기적 사유는 그와 반대이다. 유기적 관계에서는 전체와 부분, 부분과 부분들이 서로 넘나드는 관계로 맺어져 있다. 부분은 부분으로서의 역할을 수행하면서 동시에 그 안에 전체를 품는다. 즉 부분과 전체, 부분과 부분은 하나의 맥으로 연결되어 있다. 우리가 뒤랑의 상상계의 인류학에서 확인한 것도, 셸드레이크의 형태발생의 장 이론, 데이비드 봄의 접혀진 질서의 개념을 통해 확인한 것도 바로 그런 부분과 전체가 맥으로 연결되어 있다는 사실이었다. 현대 물리학은 개개의 아원자 입자가 독자적으로 활동하는 독립된 단위가 아니라는 사실을 바탕으로 성립된다. 현대 물리학은 각각의 구성 요소가 지닌 개별적 특성을 연구하는 대신 그 요소들이 어떻게 서로 얽혀서 전체적으로 하나의 시스템을 이루어 가는지, 그 관계들의 특성에 주목한다. 그 관계는 정태적이 아니라 역동적이다. 언제고 변화하는 것이다.

우리는 일상생활에서도 유기적이라는 이야기를 아주 쉽게 듣고 쓴다. 축구 중계 도중 해설자의 입을 통해서도 유기적 움직임이라는 표현이 나오며 유기 농산물은 웰빙 바람을 타고 고급 먹을거리가 되었다. 우리가 앞서 살펴본 이종요법과 동종요법의 차이도 바로 유기적 사유와 기계적 사유의 차이를 보여주며 가장 쉽게는 양의학과 한의학을 예로 들 수도 있다.

양의학의 입장에서 보자면 인간의 신체는 하나의 기계이다. 양의학에서 위와 간, 손과 발은 각기 다른 기관과 무관한 자신의 기능만 할 뿐이다. 그 인체의 한 부분이 고장나면 그 부분만 치료하면 된다. 그러나 한의학은 다르다. 신체의 어느 부분에 이상이 오면 그 부분만 고치려 하는 것이 아니라 인체 전체의 관점에서 그 이상이 오게 한 원인을 찾는다. 위장병이 생기면 위장만을 고치려 하지 않고 신체 전체의 열을 다스리려 한다든지 위와는 직접 상관없어 보이는 방향에서 원인을 찾고 치료법을 찾는다. 더욱이 숙련된 한의학자는 손목의 맥을 짚어보고 인체 전체를 진단한다. 부분 속에 전체가 들어있다고 생각할 때만 가능한 일이다. 요즘 유행하는 수지침의 원리도 그러한 것이다. 수지침의 원리는 손바닥이 인체의 모든 부분과 맥으로 연결되어 있으며 손바닥이라는 부분 속에 인체 전체가 포함되어 있다는 생각이 없으면 성립될 수 없다. 손은 손이라는 부분으로서의 역할을 수행하면서 동시에 신체 전체가 하는 일에 참여한다.

농사의 경우도 마찬가지이다. 요즘 유기 농산물이 대유행이다. 유기 농산물이 무엇을 말하는지 이해하려면 그 반대되는 무기 농산물과 비교해보면 된다. 무기 농사를 지을 때 땅(자연)은 인간을 위해 봉사한다. 그때 땅은 인간(주인)을 위해 생산성을 높여야 하는 기계와 조금도 다를 바가 없는 것이 된다. 그때 생산되는 산물은 땅이 자연스럽게 생산한 산물이 아니라 인위적으로 조작되어 생산된 것이다. 그때 땅과 땅에서 나온 산물과 그 산물을 이용하는 사람들 사이에는 아무런 유기적 관련이 맺어져 있지 않다. 유기 농산물이란 그 끊어진 관계를 회복시켜서 나온 결과물을 일컫는다고 보면 된다. 유기 농산물은 땅이 자연스럽게 배출한 산물(그 산물은 땅에서 나온 자식이므로 피붙이처럼 맺어져 있다.)을 인간이 겸허하게 받아들인다는 뜻을 담고 있다. 신토불이라는 단어의 뜻도 실은 그런 자연과 자연의 산물과 인간의 유기적 관련성을 전제로 한 단어이며 환경 운동의 본래의 의미도 그런 것이다. 하나만 더 예를 들어보자.

회사를 경영하는 경우 회사 전체를 기계로 보느냐 유기적 조직체로 보느냐에 따라 경영 방침은 완전히 달라진다. 기계적 사유로 회사를 경영하는 경우 사장은 직원들에게 자신이 맡은 바 소임만 잘 하기를 원한다. 회사 전체가 어떻게 돌아가는지, 다른 부서에서 하는 일은 무엇인지에 관심을 갖는다면 주제 넘는 일이고 회사 전체의 효율성을 떨어뜨리는 일이 된다. 하지만 회사를 유기적 조직체로 보는 경우 회사의 구성원들은 자신이 맡고 있는 일이 그 어떤 것이든지 회사 전체와의 관계에서 자신이 하는 일의 의미를 물어야 한다. 자신이 회사 전체에서 어느 부분의 일을 맡아서 하든 그 부분적인 일 속에는 언제나 회사 전체가 들어있다는 인식을 하게 되는 것이다. 노사 관계가 잘 이루어져 있다고 알려진 기업의 경우 인화 관계가 잘 되어 있다거나 회사의 중요 정보를 근로자들이 공유하고 있다는 말이 자연스레 뒤따른다. 그 말은 곧 회사 전체가 유기적으로 맺어져 있다는 것을 의미하는 것이다.

이제 우리는 뒤랑의 상상계의 구조를 왜 유기적 구조라고 말할 수 있는지 이해할 수 있다. 뒤랑의 상상계의 구조의 가장 큰 특징 중의 하나는 관련이 없어 보이는 것들이 서로 넘나드는 관계를 맺고 있다는 것이다. 가변적인 것과 불변적인 것, 과거와 현재와 미래, 이성과 욕망, 주관적인 것과 객관적인 것, 정상적인 것과 광기 등이 서로 넘나드는 관계로 맺어져 있으며 인간의 이질적인 욕망들이 인간이라는 이름하에 맺어져 있다. 게다가 인간의 온갖 표현들, 그것이 예술의 형태로 나타나건 정신 질환으로 나타나건 혹은 철학의 형태로 나타나건 상상력을 바탕으로 서로 넘나드는 관계를 맺고 있다. 게다가 인간과 자연, 인간과 사회의 관계 또한 유기적이다. 인간은 자연을 관찰하고 분석하는 존재가 아니라 자연의 일부분이 되며, 개인은 주관적인 존재이고 사회는 객관적인 존재가 되는 것이 아니라 사회 역시 인간의 욕망이 만들어 낸 주관적 존재가 되는 것이다. 한 걸음 더 나가면 인간이라는 소우주는 거대한 대우주와 넘나드는 관계를 맺는다.

다시 정리하기로 하자. 상상력이 인간과 세상 이해의 원리로 자리잡는다는 것은 기계론적인 세계관과는 다르게 세상을 본다는 것을 의미한다. 현대 사회의 화두가 되고 있는 환경 문제, 생태 문제, 세계화 문제도 그런 유기론적인 관점, 복합적으로 얽혀 있는 생명체의 관점에서 세상과 우주를 바라볼 때 제대로 된 답이 나온다. 우리 사회의 현안이 되고 있는 교육문제도 유아 교육부터 사회 교육을 서로 연결된 유기적 관점에서 바라보는 동시에 각 학교들 자체도 유기적 학문공동체 혹은 유기적 교육 공동체가 되어야 한다. 그리하여 이질적으로 보이는 것들 사이의 맥을 보고 그 사이에 다리를 놓고 서로 소통하게 해야 한다. 상상력이 중요한 것은 흩어진 개인의 창의성을 높이기 위해서만이 아니라 맥을 보고 다리를 놓고 소통할 수 있는 능력을 키우기 위해서이다.

제4부

신화방법론의 구체적 적용

- 심층사회학

　이제까지 우리는 상상력을 중심으로 인간을 이해한다는 것이 무엇인가, 그렇게 되면 인간과 인간의 사회를 바라보는 우리의 눈이 얼마나 달라질 수 있는가를 살펴보기 위해 제법 긴 시간을 할애했다. 반복은 지루함을 주게 마련이지만 새롭게 되새기는 계기도 줄 수 있을 것이기에 조금만 반복하자.

　'신화방법론', 혹은 '이미지 중심주의'는 단순하게, 논리나 이성이 차지하고 있던 주도권을 신화나 이미지가 차지하는 것을 뜻하지 않는다. 이미지 중심주의는 이성이나 합리적 인식과 주도권을 다투기 위해 내세워진 것이 아니다. 실제로 싸울 일도 없다. 만일 그렇다면 이미지 중심주의는 반합리주의, 혹은 비합리주의와 같은 것이 될 것이다. 반합리주의나 비합리주의란 합리적인 것은 온통 거부하는 태도인데 이미지 중심주의는 그런 것이 아니다. 이미지 중심주의는 합리주의를 거부하는 것이 아니라 그것을 부분으로 감싼다. 더 나아가 실증주의까지도 인간이 품을 수 있는 가능한 하나의 인식으로 감싼다. 뒤랑이 합리주의나 실증주의를 비판하는 것은 합리주의자나 실증주의자가 인간과 세계를 환원 설명하는 단 하나의 절대적 원리만을 내세웠기 때문이다. 미셸 카즈나브가 『신화비평과 신화분석』 서문에서 '그 발견은(뒤랑의 책을 읽고 그가 발견한 것은) 실증주의가 내세운 이성을 그들만의 것으로 폐기시키게 한 것이 아니라 실증주의를, 마치 연금술사들이 말했던 것처럼, 그 근원적인 욕조에 다시 담가 역사상, 문화상 전개된 여러 이성들 중의 하나로 상대화시킬 수 있게 했다.(8쪽)'라고 말한 것은 뒤랑의 기본 정신을 정확하게 이해한 것이다.

　이미지와 상상력과 신화를 인간과 인간 사회현상을 이해하는 축으로 삼겠다는 것은 모든 환원적인 단순논리를 거부한다는 것을 의미하면서 그 논리들을 복합적이고 다원적인 논리들 중의 하나로 품겠다는 것을 의미한다. 그 입장에서 세상을 계량적으로 파악하는 태도도, 기계적 인과성으로 파악하는 태도도, 논리적 이원성으로 파악하는 태도도 모두 편협하고 단순한 환원적 태도이기에 거부된다. 그러한 환원적 논리의 중심에 있는 것이 서구적 이성이라는 것을 다시 반복해서 말할 필요가 있을까? '이미지 중심주의'에는 무엇보다 인간 자체나 인간이 만든 사회현상, 더 나아가 이 세계 자체가 복합적이고 다원적인 것들 간의 역동적 관계로 이루어져 있다는 생각이 근본을 이룬다. 그렇다면 그런 생각을 바탕으로 하여 우리는 인간의 사회를 어떻게 바라볼 수 있을 것인가? 그런 식으로 인간의 사회를 바라볼 때 인간의 사회는 어떤 모습으로 나타날 것인가? 우리가 4부에서 살펴볼 내용은 바로 그러한 것들이다.

　'신화방법론'을 한 사회, 혹은 한 문화에 적용하여 바라보는 방법을 뒤랑은 융의 '심층심리학'이라는 개념을 빌려와 '심층사회학'이라고 명명한다. 심층사회학의 방법 및 기본 원칙은 우리가 이미 살펴본 내용 그대로이다. 한 사회를 살아있는 생명체로 보는 것, 거기에 다원성이 존재하고 깊이가 존재한다고 보는 것, 바로 그것이다. 그러니 여기서 다시 그의 심층사회학의 기본 정신을 자세히 살펴볼 필요는 없다. 우리가 관심을 갖는 것은 그의 신화방법론이 어떻게 구체적인 작업으로 나타날 수 있는가 하는 것이다. 그가 행한 구체적 작업들은 그의 새로운 방법에 의해 우리가 익숙해 있는 한 사회 혹은 문화의 모습이 전혀 다른 모양과 의미를 지니게 될 수 있음을 확실하게 보여준다. 그의 작업들을 살펴보면서 우리의 삶, 우리의 사회를 깊이 있게 성찰할 수 있는 지혜를 우리가 가질 수 있게 된다면 망외의 소득이 될 수도 있으리라.

1. 로마 사회

– 건강한 사회란?

뒤랑은 로마 사회를 1) 전사부류, 2) 세습부류, 3) 상업부류, 4) 성직부류, 5) 황제부류 등 다섯 개의 부류로 나눈다.

뒤랑은 1976년에 에라노스 야르부흐(Eranos Jahrbuch)[6]에 「도시와 왕국의 분할(La Cité et les divisions du royaume)」이라는 글을 발표한다. 그의

---

6) '에라노스의 연간 책'이라는 뜻. 에라노스란 고대 그리스 어로서 손님이 음식을 가지고 참가하는 연회를 말한다. 에라노스 그룹은 1933년 스위스의 올가 프뢰베 캅테인(Olga Froebe-kapteyn)이 설립했고 이후 매년 그녀의 스위스 영지에서 개최해서 지금까지 이어져 오는 역사가 아주 긴 학술대회이다. 심층심리학, 비교종교학, 문학비평 등 다양한 분야의 전문가들이 모였으며 특히 영적인 문제를 중심으로 다루었다. 초기에 요가 등 동양의 명상이 주된 관심사이기도 했으며 1990년대 초반부터는 주역을 번역하고 주역 사상을 중심으로 서구를 다시 해석하려는 시도가 있기도 했다. 매년 새로운 중심 주제를 가지고 회합을 하는데 케레니, 엘리아데, 융, 앙리 코르뱅, 조셉 캠벨 등이 참가하거나 중심으로 활동했다. 뒤랑이 오랫동안 그 모임의 주도적 역할을 해온 것은 물론이다.

심층사회학의 방법을 로마 사회에 적용한 글이다. 뒤랑이 그의 심층사회학의 첫 번째 대상으로 로마를 택한 것은 무슨 이유에서였을까? 간단하게 말하자. 로마가 천 년이나 지속된 왕국이었기 때문이다. 로마 사회는 천 년이나 지속되면서 그 긴 기간 동안 여러 번 정치 체제가 변화하며, 식민 정복을 통해 수많은 전쟁들을 겪고 많은 내란과 민란을 겪는다. 오랜 기간에 걸쳐 로마가 겪은 역사적 변화들은 하나의 국가, 혹은 도시가 겪을 수 있는 변화의 모습들을 축약해 보여준다. 마치 신화가 인간의 다양한 꿈들을 집약해 보여주듯이 천 년 동안 로마 사회가 겪은 변화의 양상들은 인간 사회 변화의 모습들을 집약해 보여줄 수 있다.『상상계의 인류학적 구조들』이 인간의 다양한 상상력을 집약해서 보여준 것이듯이 뒤랑의 로마 사회 분석은 인간의 사회가 가질 수 있는 모든 기능들을 집약해 보여준다. 그리고『상상계의 인류학적 구조들』에서 우리가 확인한 다양성과 역동성도 그대로 보여준다.

뒤랑은 로마 사회를 분석하면서 부류(部類, ordre)라는 개념을 사용한다. 우리는 한 사회를 분류할 때 계층이나 계급이라는 개념을 사용하는 것이 보통이다. 하지만 계층이나 계급이라는 개념은 서로 넘나들기가 어려운 굳어진 개념이다. 뒤랑이 우리에게 익숙한 계급이나 계층이라는 개념 대신에 부류라는 개념을 사용한 것은 그 분류가 굳어진 분류가 아니라는 것을 보여주기 위해서이다. 각 부류들 내에서도 역동적 변화의 원칙이 작용하며 부류들 사이에도 역동적 넘나듦의 메커니즘이 작동한다.

뒤랑의 로마 사회에서 다섯 개의 기능적 구조를 분류해낸다. 다섯 개의 부류란 1) 전사부류, 2) 세습부류, 3) 상업부류, 4) 성직부류, 5) 황제부류 등이다. 사실 부류라는 단어가 어색하면 계급이라는 단어로 바꾸어 이해해도 상관이 없다. 그리고 사실 그 다섯 부류란 로마 사회만이 지니고 있는 특징이라고 볼 수는 없다. 고대 국가는 물론이고 오늘날의 모든 국가들에도 그 기능은 존재한다. 건강한 국가 혹은 사회란 그 다양한 기능이 균형을 취하고 있는 사회인 것은 물론이다. 하지만 더 중요한 것은 그 기능들이 한 사회 혹은 국가에서 차지하고 있는 위치나 비중이며 각 기능들의 관계이다. 바로 거기에서 그 사회나 국가의 성격이 드러나는 것이다. 우리가 뒤랑의 글을 바탕으로 해서 주로 살펴보고자 하는 것도 바로 그것이다. 즉 로마 사회에서 그 다섯 가지 기능은 어떤 역동적인 관계를 지니고 변화하면서 로마 사회의 특징을 형성했는가? 로마는 어떻게 천 년 이상 지속할 수 있었는가? 로마가 멸망한 것은 무엇 때문인가? 등등이 우리의 주요 관심사이다.

그 전에 한 가지 흥미로운 점을 지적하기로 하자. 그 각각의 부류에는 본능적 충동과 사회적 명령 사이의 갈등이 존재하고 있다는 것이다. 예를 들어 전사부류에는 공포감에 사로잡혀 도망가고 싶다는 충동과 공격을 하라는 명령 사이의 갈등과 긴장이 존재한다. 그 명령이 인간의 맹목적 공격성을 부추길 수 있다면 전사부류는 용감한 군인이 된다. 마찬가지로 세습부류에는 산물을 소비하면서 즐기자고 하는 충동과 그 무언가를 생산해서 미래에 대비해야 한다는 현실적 억압 사이의 긴장이 존재한다. 소비와 생산 사이의 긴장이다. 우리가 익히 알고 있는 베짱이와 개미 사이의 긴장으로 이해해도 될 것이다. 한편 상업부류에는 남의 물건을 훔치거나 횡령하려는 충동과 선물, 문물 교환이라는 제도 사이의 긴장이 존재한다. 이른바 경제인이라는 규정을 가능하게 하는 부류인데, 경제란 기본적으로 남의 물건을 훔치려는 천박성이 내재되어 있다는 이야기가 가능해지는 것이 재미있으며, 선물이라는 것이 공짜로 남의 것을 얻는 즐거움을 사회적 제도로 만든 것이라는 사실을 아는 것이 재미있다. 도박도 그러한 충동을 제도화한 것이라고 볼 수 있지 않을까? 성직부류에는 기적적인 마술로 남을 홀리게 만드는 능력을 갖고 싶다는 충동과 보이지 않는 존재에 대한 믿음을 갖고 그것을 체험할 수 있는 영적인 지혜를 지니고 싶은 갈증 사이에 긴장이 존재한다. 마지막으로 황제부류에는 지배적 절대권을 장악하고 행사하려는 유혹과 각 부류들의 균형과 조화를 취해주는 사법적 권위만을 지녀야 한다는 책임감 사이의 갈등이 존재한다. 이 황제부류의 갈등이 로마 사회를 건강하게 만드느냐 아니냐에 결정적인 역할을 담당하게 되는데 그 점은 나중에 좀 더 구체적으로 알아보기로 하자.

모든 부류에 존재하는 갈등 중 앞의 항에 속하는 것이 인간이 근본적으로 지니고 있는 본원적 동물적 충동에 가깝다면 후자는 그 욕망이 사회화되고 문화화되도록 만드는 힘이다. 우리가 앞에서 쓴 표현을 빌려온다면 상징화라고 말해도 된다. 동물적 날 욕망이 지배하는 사회, 즉 그 욕망이 사회화되거나 상징화되지 못한 사회도 건강하지 못한 사회이고, 그 각기 다른 기능들이 단 한 가지 기능에 종속되어 본래적 역동성과 균형을 상실해도 그 사회는 건강하지 못하게 된다. 한 사회에서 각 부류들이 맡고 있는 역할은 단순히 효율적인 사회를 만들기 위해 인위적으로 고안된 것이 아니라 인간이 근원적으로 지니고 있는 욕망이 사회적 맥락 속에서 변형되어 나타난 것이라는 뒤랑의 기본 발상이 그대로 나타나 있음을 우리는 알 수 있다. 한 사회란 인간의 욕망이 발현된 장소이면서 동시에 인간의 다양한 욕망들이 편히 가서 누울 수 있는 침대이기도 하다.

전사부류 – 전사의 기본 속성은 순수함을 쟁취하기 위한 고행과 싸움에 있다. 그래서 언제나 불의와 싸울 준비가 되어 있다. 그러한 전사가 지녀야 할 덕목은 정의이며 용기이다.

어느 사회에나 전사는 존재한다. 전사의 기본 속성은 싸움에 있다. 누구와 싸우는가? 물론 적과 싸운다. 그 싸움에 정당성을 부여해주려면 적은 악(惡)이어야 하고 아군은 선(善)이어야 한다. 그래야 그 전사의 무리는 정의를 집행하는 선한 무리가 된다. 그리고 그때 행하는 임무는 악을 징벌하는 아주 순수한 임무가 된다. 전사들의 기본 속성은 순수하다는 데 있다. 그 순수함은 『상상계의 인류학적 구조』에서 인간의 운명을 극복하기 위해 싸우는 영웅의 순수함과 같다. 거기에는 아무런 다른 목적도 끼어들지 않는다. 영웅은 싸우기 위해 싸운다. 싸움 자체가 바로 운명 극복의 방법이기 때문이다. 군인이 맹목적이라는 표현은 그 부류의 순수성을 그대로 보여주는 표현이기도 하다. 그 순수성은 타협을 받아들이지 않는 순수성이다. 전사의 기본 속성은 순수함을 쟁취하기 위한 고행과 싸움에 있다. 그래서 언제나 불의와 싸울 준비가 되어 있다. 그러한 전사가 지녀야 할 덕목은 정의이며 용기이다. 그러한 전사의 원형이 긍정적인 가치를 지니게 되면 기사도 정신으로 나타나기도 하고 우리 역사 속에서의 화랑 관창의 모습으로 나타나기도 한다. 때로는 군인의 맹목성이 희화화되기도 하지만 실은 그 맹목성이 군인의 본래의 모습이다.

그렇다면 로마 사회에서 전사부류는 어떤 위상을 차지하고 있었는가? 우리는 로마 하면 우선 군인들을 머리에 떠올릴지도 모른다. 로마 신화에서 전투의 신 마르스는 언제나 우두머리의 자리를 차지하고 있다. 로마 건국 신화에서 로마를 건국한 로물루스는 마르스의 아들이다. 게다가 로마의 전 역사는 마르스의 자손들의 무훈담이라고 해도 과언이 아니며 로마 제국의 황제들은 거의 다 군인이었다. 그렇기에 로마 사회를 지배하고 있던 가치는 전사부류의 가치이며 로마의 전 역사를 군인이 지배해왔다고 착각할지도 모른다.

하지만 전사의 기능이 과도하게 로마를 지배했다면 어떻게 되었을까? 로마의 역사가 보여주듯이 전사의 기능이 과도하게 발휘되었을 때는 언제나 로마가 위기에 처하게 된다. 시저가 루비콘 강을 건너 도시의 평화를 유린했을 때가 그러하며 동로마 제국에서 볼 수 있듯이 군인의 인민 투표권 행사가 행해졌을 때가 그러하다. 어찌 로마만 그러하랴. 인류의 전 역사를 살펴보아도 군인의 독재가 행해지면 법도 사라지고 종교적 신앙도 사라지며 독재자가 강요하는 생각이나 가치 외에는 모두 억압된다. 그리고 언제나 안정과 단합만이 강조된다. 하지만 그때의 안정과 단합은 혼란의 다른 이름일 뿐이다. 무슨 혼란인가? 다양한 가치들 간의 건강한 균형이 유린되면서 오게 되는 혼란이다. 우리는 살아가면서 자신이 흔들리는 순간을 누구나 경험한다. 그리고 대개는 자신이 지니고 있던 가치관이나 신념이 무너지는 경험을 하게 되었을 때 흔들림을 느낀다. 하지만 대개의 경우 그 흔들림은 진짜 흔들림이 아니다. 그 흔들림을 통해 우리는 아집과 편견에서 벗어난 더 큰 사람이 될 수도 있고 그 결과 균형 잡힌 건강한 사람이 될 수도 있다. 정말 흔들리는 경우란 자신이 겨우 유지하고 있던 균형 감각이 무너지면서 한 가지 가치에 과도하게 집착하게 되는 경우일 것이다. 사회도 마찬가지다. 오늘날의 모든 독재자들의 꿈속에는 전사적 기능을 과도하게 발휘하고자 하는 욕망이 들어 있다. 그 욕망이 한 사회 속에서 실현되면 한 사회의 건강한 균형이 사라진다. 그리고 그 사회는 혼란에 빠지게 된다.

로마 역사에서 시저가 암살당한 것은 정치적인 이유에서라기보다는 그 기능이 과도하게 발휘되는 것을 견제하는 다른 힘, 혹은 기능의 역할에 의해서라고 보는 것이 타당하다고 뒤랑은 말한다. 그리고 로마가 10세기 이상 지속될 수 있었던 것은 로마 사회에 내재해 있던 다양한 기능들, 인간의 원형적 기능들의 자유로운 활동에 의해서 로마가 전제정치에 빠지는 것을 항상 경계할 수 있었기 때문이라고 말한다.

그런데 이 부류의 가장 큰 특성 중의 하나는 그 기능이 사회적으로 다른 부류의 기능과 쉽게 결합하여 나타난다는 것이다. 순수하다는 것은 앞서 말했듯이 맹목적이라는 것을 의미하기도 한다. 군인은 왜 싸우는지 스스로 묻지 않는다. 그냥 싸울 뿐이다. 싸우는 목적과 원인은 외부로부터 온다. 그렇기에 그 순수함에는 다른 목적과 기능이 쉽게 결합된다. 십자가 원정길에 나선 종교 군이 그 대표적인 모습이다. 특히 로마에서 전사부류는 다음에 살펴볼 세습부류와 섞여서 독특한 로마의 특성을 형성한다.

인간은 그 무언가를 소유하고 소비하고자 하는 욕망을 갖고 있다. 상상계의 구조에서 신비주의 구조에 속하는 욕망이라고 보면 된다. 이 부류를 세습부류 혹은 영토부류라고 칭한 것은 모두 소유와 관련이 있기 때문이다. 그 욕망이 구체화되어 나타난 직업이 소유, 생산, 소비와 관련된 자유노동자, 농부, 상인 등이다. 이 부류는 전사의 순수함과는 대척점에 있다. 이 부류는 부를 소유하고 한 사회의 풍요 및 사치와 관련이 있으며, 부정적으로 그 모습이 나타나면 탐욕의 화신이 되기도 한다.

우리는 로마 하면 군인들의 모습을 연상하기도 하지만 한편으로는 사치스럽고 에로틱한 향락을 떠올리기도 한다. 네로 황제의 모습은 탐욕과 탐식의 전형이기도 하다. 사치스러움과 에로틱함과 자유분방함은 기본적으로 전사부류의 가치와 대립된다. 그 가치는 전사의 주 임무인 전쟁과는 어울리지 않는다. 그 가치는 평화 시에 누릴 수 있는 가치이다. 그런데 뒤랑은 로마 사람들이 보편적으로 추구하던 삶의 가치는 바로 이러한 목가적인 평화에 있다고 말한다. 그것을 보여주는 대표적인 표현이 바로 팍스 로마나(Pax Romana)표현이다. 로마의 평화라는 뜻이다. 반대로 로마 사회에서는 우리가 앞에서 살펴본 전사부류의 가치는 일반화된 가치라기보다는 잠재화된 가치라고 보는 것이 옳다는 것이 뒤랑의 생각이다. 잠재화된 것은 꿈이 되고 이상이 된다. 그리고 사람에게는, 누구나 보편적으로 추구하는 가치를 경멸하고 꿈이나 이상화된 가치를 높이 평가하는 묘한 경향이 있다. 누구든지 보편적으로 추구하는 가치는 너무 세속적이기 때문인가? 우리는 세속적인 삶을 살면서도 자신은 그 세속에서 벗어나 있는 존재이기를 원하는 것이다. 자신이 지닌 꿈에서 자신만의 진정한 가치를 발견하려 하고 거기서 자신의 참모습을 찾으려 하는 것이 인간이지 않은가? 요즘을 예로 들어보자. 요즘 세상에서 가장 중요한 것이 무엇인지 솔직하게 말해보라고 하면 거의 대부분이 '돈'이라고 말할 것이다. 어떤 경우는 우리가 세상을 사는 목적이 돈이 아닌가 하는 착각을 갖게 할 정도이다. 경제 가치가 그 무엇보다 우선시되며 부가 만사의 척도가 되기도 한다. 그래서 우리는 돈이 세상을 지배한다는 생각을 하고 가난한 것이 내심 부끄러운 일이 되기고 한다. 하지만 드러내놓고 돈이 최고라고 말하는 사람이나 부자가 곧 훌륭한 사표(師表)가 된다고 말하는 사람은 드물다. 그런 사람은 드물게 솔직한 사람일 뿐이다. 우리는 돈이 지배하는 세상을 살면서 돈을 경멸한다. 하기야 꿈이나 이상이 사라진 세상에서 돈이 꿈의 자리를 아예 대신해 버리는 일이 벌어지고 있기도 하지만 그 현상은 절대로 건강한 현상이 아니다. 각설하고, 세습부류의 가치가 로마 사회의 지배적 가치이면서 동시에 쉽게 경멸의 대상이 되는 것은 그 때문이다.

이 부류가 로마 사회에서 가장 이상적인 타입으로 나타나면 자유농민이 된다. 로마의 호민관 제도는 자유농민이 하나의 정치권력으로서 이상적 형태로 제도화된 것이다. 작은 농장 경영자가 중심인 자유농민들은 호민관이 되어 국가지배와 맞섬과 동시에 세습부류의 사회적 기능을 수행한다. 그 기능이 잘 수행되었을 때 말 그대로 '팍스 로마나'는 실현된다.

하지만 그 기능이 단순히 육체적 힘을 제공하는 방법 혹은 자원으로 격하되면 노예가 되어 단순한 노동만 제공하게 된다. 그 기능이 그런 식으로 격하된 시기는 사회가 균형을 상실하고 전제국가화되었을 때이다. 스파르타쿠스 난 같은 노예 전쟁이 일어난 것은 세습부류의 가치와 기능이 그런 식으로 왜곡되고 격하되었을 때이다.

그런데 재미있는 것은 상호 대립되는 전사부류와 세습부류가 현실 속에서 서로 결합하기도 하고 뒤섞이기도 한다는 것이다. 실제로 로마 사회에서 군인과 농민 사이의 세습적 신분의 차이는 존재하지 않았다. 한 개인이 필요에 따라 때로는 군인이 되기도 하고 때로는 농민이 되기도 하는 것이며 그때 군인이 된 농민은 스스로의 재산을 지키는 수호자가 된다. 재산을 보호하기 위하여 남과 싸울 때 그 결합은 가장 행복한 결합이 되는 것이다. 전사부류의 순수 전사로서의 기능이 어느 정도 축소된 경우라고 보면 된다. 역사 속에 등장하는 기사계급이나 불의를 물리치는 협객, 시민의 재산과 신체를 보호해주는 경찰 등도 같은 경우에 속한다. 경찰을 '민중의 지팡이'라고 부를 수 있는 것은 그 때문이다.

로마 건국 신화에는 이 두 부류가 결합한 모습이 잘 나타나 있다. 마르스의 아들이며 로마를 건국한 인물인 로물루스의 별칭은 키리누스인데 키리누스는 바로 농사의 신이다. 즉 로물루스 자신이 전사이면서 동시에 농부인 것이다. 바로 그 점에서 로마는 표면상으로는 전사들인 로물루스 족이 농경문화를 누리고 있던 사빈 족을 정복하고 세운 나라이지만 실제로는 로물루스 족과 사빈 족이 결합한 것이며 문화의 차원에서 보자면 오히려 로물루스 족의 정복 문화가 사빈 족의 토착 문화에 동화되면서 건립된 나라로 볼 수 있다는 것이 뒤랑의 견해이다.

> **상업부류** – 헤르메스적인 속성이 현실 속에 나타난 것이라고 볼 수 있는 이 상업부류는 주고받는 교환활동을 통해 이익을 추구한다. 로마 사회는 상업사회라기보다는 농부와 전사의 사회로서 상대적으로 이 기능은 약했으며 이 기능은 대개 타 민족에 의해 수행되었다.

상업부류의 기본 속성은 주고받는 데 있다. 신화에서 이러한 속성을 지닌 대표적인 신을 꼽는다면 헤르메스이다. 헤르메스는 일종의 전령신이라고 볼수 있다. 그는 서로 이질적인 것을 맺어주는 신이다. 그는 신들 사이의 소통의 역할을 담당할 뿐 아니라 천상계와 지상계를 왕래하기도 한다. 그는 소통, 교환의 신이며 변화의 신이다. 상상계의 구조에서 보면 종합 구조에 속한다. 헤르메스적인 속성이 현실 속에 나타난 것이라고 볼 수 있는 이 상업부류는 주고받는 교환활동을 통해 이익을 추구한다.

로마 사회는 상업사회라기보다는 농부와 전사의 사회로서 상대적으로 이 기능은 약했으며 이 기능은 대개 타 민족에 의해 수행되었다. 물론 이익을 추구한다는 것은 인간의 기본 욕구 중의 하나이며 로마 사회에도 그 욕구가 분명히 존재했다. 하지만 이익 추구 자체만을 추구하는 기능을 지닌 제도, 예를 들면 은행 같은 제도는 없었다. 로마에서 이익을 추구한다는 것은 다른 목적을 위한 것이었다. 로마 사회의 경우 이익을 추구하는 이유는 획득한 이익을 즐기는 데 쓰기 위해서였다. 획득한 이익은 곧 소비와 직결되는 것이다. 요즘 흔히 쓰는 용어로 말한다면 교환가치보다는 사용가치가 우선하는 사회였다고 보아도 된다. 그 무언가를 소비한다는 것은 사용한다는 것과 같은 뜻이지 않은가?

'이익을 위한 이익'이라는 순수 상업적 원칙이 하나의 전형으로 나타나면 찔러도 피 한 방울 안 나오는 수전노 상인이 된다. 셰익스피어의 희극『베니스의 상인』은 이러한 상업부류에 대한 경멸이 얼마나 보편적이었는가를 보여주며, 사농공상(士農工商)으로 서열화된 우리의 전통적 사회 인식도 마찬가지이다.

앞에서 살펴본 소유로서의 경제 원칙과 이러한 교환으로서의 경제 원칙이 결합했을 때 오늘날 세계를 지배하고 있는 자본주의의 기본틀이 형성된다. 물론 자본주의는 그러한 순수 경제적 원칙이 결합하여 나온 것이 아니라는 견해도 있지만 그 내용은 잠시 후에 살펴보기로 하자. 어쨌든 부를 소유하고

자 하는 원형적 욕구와 이익 자체를 신성시하는 원형적 욕구가 결합하여 상승작용을 일으키면서 인간의 다른 욕망들을 억압할 때, 그리고 그 욕구가 오용될 때 인간은 영락없이 경제적 동물이 되고 인간 사회를 지배하는 것은 경제 원칙이 된다. 바로 그 자리에서 경제 원칙이 지배하고 있는 자본주의에 대한 비판이 당연히 제기될 수 있다. 그 중 가장 대표적인 것이 바로 마르크스주의이다.

마르크스주의는 한마디로 이러한 이중의 경제 원칙에 의해 지배되어온 서구 사회의 온갖 모순을 혁명적으로 극복하려는 의도를 담고 있다. 부르주아 계급은 맹목적 이익 추구를 위해 프롤레타리아 계급을 착취하고 수탈한다는 것이며 한 사회의 생산을 담당하고 있는 프롤레타리아 지배 사회가 되어야 진정한 평등사회가 도래한다는 것이다. 마르크스주의는 그 주장을 정당화하기 위해 유물론적 변증법이라는 역사주의 원칙을 전면에 내세운다. 역사란 필연적으로 프롤레타리아 승리의 단계로 갈 수밖에 없는 객관적 법칙에 의해 움직인다는 것이 유물론적 변증법이다. 그렇게 역사가 절대적 권위를 갖는 것이라면 그 역사 내에서 인간이 할 수 있는 일은 과연 무엇일까, 라는 질문은 접어두더라도 우리는 또 한 가지 의문을 품을 수 있다. 마르크스주의는 그러한 필연적인 역사의 흐름을 지배하는 보이지 않는 원칙으로 하부구조를 내세운다. 하부구조란 달리 말하면 경제 원칙이다. 즉 인간의 역사는 결국 경제 원칙에 의해 움직인다는 것이다. 그렇다면 마르크스주의란 자본주의를 비판하면서 결국 '인간은 경제적 동물이며 인간 사회를 지배하는 것은 경제적 원칙'이라는 그들이 비판하는 자본주의의 큰 틀에는 합의를 하고 있는 것이 아닌가? 마르크스주의는 자본주의를 절대 악으로 간주하는 듯이 보이지만 실은 그 태생은 일란성 쌍둥이일 수도 있는 것이다. 즉 인간 사회의 다양한 가치들 중에서 경제 원칙을 그 무엇보다 우선시한다는 점에서 그 둘의 뿌리는 같다.

자본주의에 대한 비판이 자본주의가 절대 선(善) 혹은 최선이냐 아니면 절대 악(惡)이냐 하는 차원에서 행해지는 것은 옳은 방향이 아니다. 문제는 한 사회에서 자본주의의 가치와 기능이 다른 기능이나 가치와 균형을 이루고 있느냐 하는 것이다. 그런 점에서 미국 사회를 분석한 막스베버의 『프로테스탄티즘의 윤리와 자본주의 정신』은 우리가 참조할 만하다.

막스베버는 미국의 자본주의를 이른바 탐욕스런 경제적 속성만으로 이루어진 것으로 보지 않는다. 미국의 자본주의에는 경제적 욕망과는 대립되는 프로테스탄티즘의 윤리가 결합되어 있다. 그 관계는 역설적 관계이다. 프로테스탄티즘의 윤리는 청교도적 금욕을 미덕으로 삼는다. 청교도적 금욕정신은 축적된 재화를 소비하는 것을 금한다. 한편 청교도 정신은 노동을 구원으로 간주하고 놀고먹는 것을 죄악시한다. 열심히 일을 해서 재화를 모으되 재화를 소비하는 것은 죄악시하는 모순이 충돌하는 현상이 벌어진다. 그 결과 재산의 자본화가 이루어진다. 역설적인 현상이다. 청교도의 금욕정신이 자본주의의 모태가 되는 그 역설! 그러니까 미국의 자본주의는 재산과 이익을 향한 탐욕스런 욕심이 낳은 제도가 아니다. 즉 자본주의를 낳은 것은 순수한 경제적 욕망이 아니다.

막스베버의 견해대로라면 자본주의는 부의 획득을 위한 무절제한 탐욕과 동의어가 아니다. 오히려 그 안에는 자본주의 자체와 모순되는 듯이 보이는 절제와 금욕의 정신이 공존하고 있다. 그러니 자본주의가 건강하게 발전하려면 우리가 자본주의의 기본 속성처럼 생각하는 경제 원칙과는 대립되는 가치가 균형을 이루고 있어야만 한다는 말이 가능해진다. 자본주의의 타락은 그러한 균형의 상실에서 오는 것이다. 자본주의의 타락은 자본주의 내부의 비자본주의적 요소나 가치가 순수 경제적 원칙에 의해 사라졌을 때, 달리 말해 자본주의가 너무 자본주의답게 되었을 때 오게 된다. 자본주의 사회가 너무 자본주의화되었을 때 오히려 자본주의와 자본주의 사회 자체의 타락이 오게 된다는 그 역설! 그것은 결국 건강한 다원성과 균형의 상실과 동일한 것이 된다. 그러한 가치의 획일화에 의해 그야말로 '돈을 위한 돈', '이익을 위한 이익'이라는 탐욕스러운 경제 원칙이 사회 전체를 지배하게 되었을 때 우리는 그런 사회를 천민자본주의 사회라고 부른다. 좀 더 과감하게 표현하면 경제 독재가 행해지는 사회라고 말해도 될 것이다. 지구촌의 독재자들은 몇몇 특수한 경우를 제외하고는 대개 정치권력을 이용해서 남다른 부를 획득한다. 나는 그 현상도 일종의 경제 독재의 하나라고 본다. 부의 소유를 멀리 하고 정의나 청렴을 주된 덕목으로 내세워야 할 정치 세력이 경제적 가치에 굴복한 현상이기 때문이다. 독재는 정치 차원에서만 행해지는 것이 아니라 우리의 도덕과 인식과 가치의 차원에서도 얼마든지 행해질 수 있다. 부를 소유한 사람들에게 나눔이나 기부의 미덕이 강조되고 노블리스 오블리제가 필요한 것은 그 경제 독재에서 우리가 벗어나기 위해서이다. 그것은 단순히 가진 자가 없는 자를 향하여 베푸는 행위가 아니다. 그 행위는 그 행위를 통하여 우리 사회의 가치를 다원화하고 우리 사회 전체를 건강하게 만드는 일이기도 하다.

경제적 부는 그 자체 절대로 악덕이 아니다. 우리 사회가 자본주의 사회인 한 중요한 덕목일 수도 있고 우리 사회를 이끌어갈 동력일 수도 있다. 문제는 부를 위한 부, 이익을 위한 이익이 지상의 목표가 되고 그 목표 자체가 위력을 발휘하는 데 있다. 여기서 우리는 '하기야 그렇게 순수하게, 동물적으로 경제적이기만 한 사람이 어디 있으랴!'라고 말하고 싶어진다. 최근 은퇴한 빌 게이츠가 창조적 자본주의라는 표현을 쓰면서 우리에게 보여주는 모습이 바로 우리의 그러한 바람에 화답하는 것이라고 본다면 지나친 호의일까?

성직 혹은 교황부류 – 뒤랑의 견해에 의하면 로마 사
회는 농부와 전사의 사회이기도 했지만 종교적 기능

이 다양한 형태로 시민들의 삶 구석구석에 스며들어 있던 사회이기도 했다. 어느 정도인가 하면 종교가 시민들의 삶의 미래를 예견하고 예언하는 기능까지 행했다는 것이다.

성직부류는 물론 한 사회의 종교적 기능을 담당하는 주체이다. 종교는 영어로 religion이다. 그 단어의 어원인 religio는 '연결하다'라는 뜻을 갖고 있다. 물론 지상과 천상을 연결한다는 뜻이다. 교황은 불어로 pape이고 영어로는 pope이다. 모두 아버지를 뜻한다. 하지만 pontiff라는 단어도 교황이나 사제를 뜻하며 '교황의', '교황에 관한'이라는 형용사는 pontifical이다. 그 두 단어에서 pont은 다리라는 뜻이다. 즉 교황은 '험한 세상을 건너게 해주는 다리'인 것이다. 그런 의미에서 성직부류는 고대 국가에서 제사장과 같으며 무당과도 같다.

인간이 지구상에 존재한 이래 종교가 존재하지 않은 사회는 없었다. 죽을 수밖에 없는 인간의 운명에 저항하는 것이 인간의 기본 속성의 하나이며 인간에게는 유한한 인간조건을 초월한 무한의 세계를 향한 꿈이 언제나 존재하기 때문이다. 그래서 인간은 죽음 이후의 세계도 상상할 뿐 아니라 죽음 이후의 세계를 상상 속에서 체험하기도 한다. 그 모든 꿈과 상상이 낳은 것이 바로 종교이다. 로마 사회에서 성직 혹은 교황부류가 어떤 역할을 하고 있었는가 알아보는 것은 로마 사회에서 종교적 기능이 여러 다른 사회의 기능들과 관련해서 어떤 위상을 차지하고 있었는가 하는 것을 알아보는 것과 같다.

하지만 우리는 여기서 자세히 그 내용을 살펴보지는 않을 예정이다. 기독교 문화권이라고 할 수 있는 서구 전역에서 각 문화권이 지니고 있는 독특한 풍토에 따라 기독교가 어떤 변용을 겪는지 우리가 다음에 살펴보게 될 것이며 바로 그때 서구 사회 전체에서 로마 교황청이 맡고 있는 기능에 대해 자세히 알아볼 기회가 있을 것이기 때문이다. 여기서는 간단히 몇 가지만 지적하기로 하자.

뒤랑의 견해에 의하면 로마 사회는 농부와 전사의 사회이기도 했지만 종교적 기능이 다양한 형태로 시민들의 삶 구석구석에 스며들어 있던 사회이기도 했다. 어느 정도인가 하면 종교가 시민들의 삶의 미래를 예견하고 예언하는 기능까지 행했다는 것이다. 그것을 뒤랑은 종교적 기능의 일종의 과잉현상이라고 말한다. 우리가 뒤에서 자세히 살펴보게 되겠지만 그 기능이 과잉되면 역설적이게도 그 기능이 왜곡되어 사라지는 일이 벌어진다. 종교적 기능이 세속적 가치의 차원으로 내려오게 되는 것이다. 종교가 미래를 예언하는 기능을 맡으면서 나타나는 것이 아마 기복신앙일 것이다. 종교가 기복신앙으로 바뀌면 천상의 복을 바라던 사람들이 지상에서의 행운과 축복을 바라게 된다. 미래는 우리의 유한한 운명 너머에 존재하는 또 다른 삶이 되는 것이 아니라 속세에서의 실존적 삶의 연장선상에 존재하게 될 뿐이다.

본래 속세를 뛰어넘는 기능을 갖게 마련인 성직부류의 기능이 세속화됨으로써 로마 사회에서 이 기능은 다른 세 기능보다 우위에 있지 못하고 거의 동일한 위상에 위치하게 되었다고 뒤랑은 말한다.

황제부류 – 왕이 입고 있는 망토 자락이 넓은 것은 왕이 군림하는 존재가 아니라 감싸는 존재라는 것을 상징적으로 보여준다. 군주란 우리가 흔히 생각하듯 막강한 군사적인 힘을 바탕으로 절대권을 휘두르는 존재가 아니다. 군주는 각 기능간의 조화와 균형을 완성하고 사법적인 지혜를 발휘하는 존재이다.

여기서 과감한 이야기 하나 하자. 한 사회가 건강하게 유지되려면 사회의 다양한 기능들을 조절하는 상위의 기능이 언제나 필요하다. 즉 서열이 필요하다는 것이다. 그러나 서열의 상위에 위치한 기능은 다른 기능들보다 수직적으로 우위를 점하고 있는 기능 이상의 의미를 지닌다. 그 기능은 군림하는 기능이라기보다는 다른 기능들을 감싸는 원리로서의 기능이라고 보는 것이 옳다. 혹은 보다 더 적합한 표현을 쓴다면 사회의 모든 기능을 담당하고 있는 사람들이 스스로 마련한 내적인 통제 장치, 혹은 내적인 원리라고 하는 것이 옳을지도 모른다. 신화 속에서 본다면 제우스가 맡고 있는 역할이 그러한 것이며 현실 정치 속에서는 군주의 모습으로 나타난다. 왕이 입고 있는 망토 자락이 넓은 것은 왕이 군림하는 존재가 아니라 감싸는 존재라는 것을 상징적으로 보여준다.

그런 의미에서 본래의 군주란 우리가 흔히 생각하듯 막강한 군사적인 힘을 바탕으로 절대권을 휘두르는 존재가 아니다. 군주는 각 기능간의 조화와 균형을 완성하고 사법적인 지혜를 발휘하는 존재이다. 우리가 흔히 말하는 솔로몬의 지혜 같은 것은 그 기능이 가장 알기 쉽게 일화 형식으로 표현된 것이라고 할 수 있다. 그렇다면 군주가 막강한 군사적 힘을 소유하게 되면 어떻게 되는가? 수직적 위계가 강화될 수 있고 그 힘을 마음대로 발휘할 수 있으니 군주로서의 본래 역할이 더 확실하게 발휘될 수 있는가? 그렇지 않다. 군주가 막강한 군사력을 갖게 된다는 것은 군주의 본래의 기능이 전사의 기능과 결탁하는 것을 의미한다. 그것은 한 사회의 다양한 기능들 중 어느 한편에 힘을 실어주는 결과를 낳는다. 군주가 그 다양한 기능들 중 어느 한편에 힘을 실어준다는 것은 각 기능들 간의 조화와 균형을 잡아준다는 본래의 기능을 상실하게 된다는 것과 같은 뜻을 지닌다. 그리고 종국에는 각기 다른 기능들까지 뒤섞고 통합해서 한 손에 장악하는 일이 벌어진다. 황제가 군사력과 함께 교황권까지 넘보는 일이 벌어지는 것은 그 때문이다. 그러니 전제군주가 지배하는 사회, 폭군이 지배하는 사회는 막강한 힘을 지닌 가짜 군주는 존재할지 몰라도 진짜 군주는 사라진 사회가 된다.

그러한 군주의 기능이 약화되거나 거의 존재하지 않는 사회는 어떻게 될까? 당연히 약육강식의 싸움터가 될 것이고 힘 있는 자가 승리하는 불의의 사회가 될 것이다. 그런 사회가 오래 계속되면(오래 지속할 수도 없겠지만) 사람들은 새로운 군주가, 모든 이들의 바람을 공평하게 실현시켜줄 진정한 군주가 이 땅에 찾아오기를 바라게 된다. 그래서 정의의 왕국을 다시 세워주기를 바라게 된다. 예수의 제자들이 예수가 이 땅의 메시아임을 증명해 주기를, 이 땅에 하느님의 나라를 세우기를 간절히 원했던 것은 그러한 열망의 표현에 다름 아니겠는가? 너무 그 힘이 과도해도 본래의 기능이 사라지고 그 기능이 약화되어도 한 사회를 혼란에 빠뜨릴 수 있는 기능, 바로 그 점에서 이 기능 자체는 스스로 아슬아슬한 균형을 취해야 하는 기능이기도 하다.

뒤랑은 로마 사회가 천 년 이상 지속될 수 있었던 것은 바로 이 기능이 건강하게 발휘될 수 있었기 때문이라고 말한다. 로마가 위기에 처했을 때는 황제의 권력이 비대해짐으로써 오히려 황제의 본래의 기능이 약해졌을 때이며 그때마다 그 권력의 비대화를 견제하는 흐름이 지속적으로 이어져 왔다는 것이다.

군주가 존재하지 않는 현대 사회, 민주주의 사회에서 과연 그러한 군주의 역할은 어떻게 실현시킬 수 있을까? 아무리 보아도 생산성이라는 절대자가 독재력을 발휘하고 있는 듯이 보이는 현대 사회, 물질적 풍요라는 유일신이 지배하고 있는 듯이 보이는 현대 사회에서 우리가 진지하게 고민해볼 가치가 있는 질문이 아닐 수 없다.

이제 요약을 해보기로 하자.

우리는 로마가 오랫동안 지속될 수 있었던 요인을 로마가 지닌 막강한 군사력에서 찾는 경향이 있다. 혹은 다수가 지지하는 하나의 가치관을 중심으로 통합된 힘을 발휘할 수 있었기 때문이라고 보는 견해도 있다. 하지만 뒤랑의 견해는 전혀 다르다. 로마가 1000년 이상의 왕국일 수 있었던 것은 이타성을 지닌 다양한 기능들이 합의를 이루고 그 기능들 간의 조화와 균형을 유지해왔기 때문이다. 그러한 합의와 균형은 기본적으로 인간의 본성이 다양하다는 것, 따라서 인간의 사회도 다양한 기능들 간의 조화로 이루어져야 한다는 기본 정신을 바탕으로, 그 조화와 균형을 실현하는 다섯 번째 기능에 의해서 가능하다. 그 기능이 존재하지 않는다면 혹은 그 기능이 여러 기능들 중의 하나와 결탁하게 된다면 그 기능들 중 하나가 과도한 힘을 발휘하여 독재 권력을 행사하게 된다. 앞서도 말했듯이 군사 독재만이 독재는 아니다. 상인들이 추구하는 돈이 절대적 힘을 가질 수도 있고 성직자의 교권주의가 한 사회 전체를 지배할 수도 있다. 생산과 재산 축적만을 절대 미덕으로 삼는 개미의 교훈이 우리 모두를 세뇌시킬 수도 있으며 베짱이의 향락과 소비만이 진정한 삶인 듯이 우리를 홀릴 수도 있다. 그 모두 우리 내부의 욕망의 한 부분을 채워줄 수 있기 때문이다. 하지만 그 중 어느 한 부분의 욕망만 과도하게 충족된 개인은 건강한 개인일 수 없다. 마찬가지로 한 가지 기능만 과도하게 발휘되는 사회는 건강한 사회일 수 없다. 건강하지 못한 사회나 문화는 오래 지속되지 못한다. 로마가 1000년 이상 지속할 수 있었던 것은 그러한 균형 잡힌 건강성을 유지해 왔기 때문이다.

우리는 500년 이상 지속된 왕조를 둘이나 가지고 있다. 고려왕조와 조선왕조이다. 우리는 이른바 근대적인 관점, 바슐라르의 표현을 빌리자면 '객관이라는 미명하에 스스로 인식론적 오류와 편견에 빠져 있는' 그 관점에서 벗어나, 그 왕조들이 얼마나 건강했기에 500년 이상씩 지속해 올 수 있었는지 정말 객관적으로 다시 살펴볼 수도 있지 않을까? 물론 그 객관성에는 전제가 하나 있다. '와, 어떻게 한 왕조가 500년이나 지속될 수 있었지? 거기엔 어떤 지혜로움이 들어 있었지?'라는 감탄이 바로 그것이다. 하나의 왕조가 500년 이상 지속된 예는 지구상에서 그리 흔하지 않기 때문이다. 그 감탄의 결과 『로마인 이야기』에 버금가는 『고려인 이야기』나 『조선인 이야기』가 나오기를 기대하는 것도 좋은 일이 아닐까?

2. 기독교 문화권에서의 다양한 신의 얼굴들
- 서구 기독교 사회에서의 기독교의 변용의 모습들

사람들 각자에게는 나름대로 기질이라는 것이 있다. 사람과 사람의 만남은 각기 다른 기질끼리 만나는 것이라고 볼 수 있다. 요즘 즐겨 사용되는 용어로 한다면 캐릭터라고 말할 수도 있을 것이다. 거기서 일차로 우리가 확인할 수 있는 것은 각 개인이 저마다 지니고 있는 캐릭터의 차이이다. 어떤 경우에는 그 차이가 너무 두드러져서 각 개인들을 나누고 있는 경계선이 도무지 허물어질 것 같지 않은 경우도 있다. 그런데 융은 사람과 사람의 만남을 화학적 섞임(fusion) 같은 것이라고 말하기도 했다. 알기 쉽게 풀이하면 각기 다른 캐릭터를 지닌 사람들이 만났을 때 그 이질적인 캐릭터들을 결합하여 새로운 캐릭터를 만드는 것이 이상적인 만남이라는 것이다. 연금술에 심취했던 융의 입장에서 능히 할 수 있는 이야기이다. 사람의 만남이 무엇인가에 대해서 우리는 서로 상반되는 두 견해를 모두 가질 수 있으며 각기 지니고 있는 견해에 따라 사람을 만나는 태도가 달라질 수 있다. (그것도 기질의 차이인가?)

전자의 입장이라면 개인들 간의 기질의 차이를 나누고 있는 경계선은 너무나 확실한 것이 된다. 그리고 각기 그 경계선 안에 자리잡고 있는 기질들 간에는 차이점만 존재할 뿐 공통되는 요소가 없다. 따라서 소통도 불가능하다. 그러나 후자의 입장에서 보면 경계선이라는 것은 애당초 존재하지 않는다. 각 개인이 지니고 있는 캐릭터는 언제고 다른 캐릭터를 만나 자신이 지금 지니고 있는 캐릭터와는 다른 캐릭터로 태어날 준비가 되어 있다. 전자의 경우라면 각 개인이 지니고 있는 캐릭터는 안정되어 있다. 그 경우 자아를 발견한다는 것은 확고부동한 자신의 기질을 찾는 것과 같은 의미가 된다. 하지만 후자의 경우라면 확고부동한 자아라는 것은 존재하지 않는다. 자아라는 것은 언제고 변화할 수 있는 가능성일 뿐이다. 그 자아는 언제고 뒤집히는 자아이다. 전자의 경우 안정성은 보장되지만 생산성은 사라지며 후자의 경우 생산성은 보장되지만 안정성은 사라진다. 전자가 콘크리트 도로 같은 것이라면 후자는 매번 갈아엎어야만 하는 밭과 같은 것이라고 할 수 있을 것이다. 우리는 콘크리트 같은 존재인가 아니면 밭과 같은 존재인가?

요즘은 사상의학이 상식적인 것이 되었다. 사상의학은 사람의 체질을 태양·태음·소양·소음의 네 체질로 나눈다. 그런 구분이 가능한 것은 수없이 다양해 보이는 사람들의 체질에도 공통적인 요소가 존재한다는 생각에서이다. 그리고 그 공통되는 요소들을 한데 묶어 분류하다보니 넷으로 수렴이 될 수 있다는 경험적 관찰의 결과 사상의학이 나오게 된 것이다. 그렇다면 우리에게는 이런 의문이 들 수도 있다. 넷으로 구분된 체질들 사이에는 공통되는 요소는 존재하지 않는가? 태양·태음·소양·소음 체질간의 경계는 그렇게 확고부동인 것인가? 그 사이에 넘나들기는 존재하지 않는가?

사상의학이 애당초 동양의 일원론적 사유의 산물인 이상 그 경계가 그렇게 확고부동한 것일 리는 없다. 우리는 동양 일원론에서의 음/양의 구분은 절대적인 것이 아니라 정도에 따른 상대적인 구분이라는 것을 이미 이해한

바 있다. 음/양의 구분은 공통되는 요소의 배합 정도의 차이에 의한 구분이
지 절대적인 구분이 될 수 없다는 내용이다. 실제로 최근에 사상체질의 구분
이 절대적인 것이 아니며 체질의 변화가 가능하다는 것, 인접해 있는 체질
사이에는 차이점보다는 공통점이 더 많다는 주장이 제기되고 있는 것은 그
때문이다. 또한 사람의 체질을 그렇게 넷으로 구분하는 것은 무리이고 더 세
분해서 여덟으로 나누어야 한다는 주장이 제기되고 있는 것은 그 배합의 양
상이 단순하지 않고 좀 더 복잡하다는 것을 전제로 했기 때문일 것이다.

사상의학을 참조한다면 우리는 묘한 결론에 도달하게 되는 셈이다. 분명
태양·태음·소양·소음의 네 체질 사이에는 경계가 있다. 그리고 각 체질에
는 나름대로의 특성이 존재한다. 그 경계는 네 체질이 각기 지닌 특성을 규
정할 수 있게 해준다. 하지만 그 경계는 확고부동한 것이 아니다. 그 경계는
각 체질들끼리 넘나들면서 변화하는 것을 가능하게 하는 문지방 같은 것이
기도 하다. 그 경우 경계라는 개념은 다른 체질들을 구분하기 위해서 사용되
는 개념이기도 하지만 이질적인 체질들이 어떤 상호작용을 통해 변모하는
가, 그 관계를 살펴보기 위해서 사용되는 개념도 된다. 그 경계는 넘나들기
를 가능하게 해주는 문지방이고 서로 삼투가 가능한 점선 같은 경계이다.

다시 서두에서 이야기를 꺼낸, 사람의 기질로 돌아가 이야기해보자. 사람
들은 다 나름대로의 기질을 지니고 있다. 그 기질이 그 사람의 아이덴티티를
보장해준다. 그리고 각각의 기질을 규정하는 것이 가능하게 해주는 경계선
또한 지니고 있다. 사람들이 만난다는 것은 바로 그 경계선들이 만난다는 것
을 의미한다. 사람들이 만난다는 것은 차이점을 지닌 다른 기질들끼리 충돌
하는 것도 아니고 자신의 기질을 몽땅 잃어버리고 전혀 다른 존재가 되어버
리는 것도 아니다. 아니, 극단의 경우 그런 일들이 벌어질 수도 있다. 사람이
만난다는 것은 그 만남의 양상에 따라 온갖 결과를 낳을 가능성이 있는 것이
다. 자신을 너무 열어 놓아 자신의 기질을 규정할 수 있게 해주는 경계 자체

가 사라지면 어떻게 되는가? 반대로 너무 닫아 놓는 경우, 심지어 자신의 기질대로 남을 좌지우지하려는 경우 어떻게 되는가? 조화로운 만남이라는 것은 어떤 것인가? 서구 기독교 사회를 여러 풍토로 나누어 그 풍토들 간의 역동적 관계 속에서 바라보는 뒤랑의 글을 소개하기에 앞서 엉뚱하게 그런 질문부터 던지는 것은 또한 무슨 이유에서인가? 뒤랑의 서구 사회 분석의 글은 우리의 그런 질문에 어떤 답을 줄 수 있을 것인가?

하나의 문화권에는 그 문화권에 일정한 성격을 부여할 수 있게 해주는 나름대로의 특성이 존재한다. 지구상에 존재하는 문화들을 우리는 고대 문명 발상지에 따라 구분하기도 하고 종교나 인종에 따라 구분하기도 하고 지리적 위치에 따라 구분하기도 한다. 그런데 뒤랑은 각각의 문화가 지니고 있는 특성에 풍토라는 개념을 사용한다. 각각의 문화권은 나름대로의 풍토를 지니고 있다. 그리고 하나의 문화권을 특징짓는 그러한 커다란 풍토 안에는 작은 여러 풍토들이 각기 모양을 갖추고 있다. 각 개인이 드러내는 대표적 기질이 여러 작은 기질들이 뒤섞여 이루어진 것과 마찬가지다. 그렇다. 뒤랑이 사용하는 풍토의 개념은 우리가 앞서 살펴본 각 개인의 기질이라는 개념과 너무 흡사하다. 우리가 뒤랑의 구체적 작업을 소개하기에 앞서 개인적 기질에 대해 살펴본 것은 그 때문이다. 각 문화권의 특징을 이루고 있는 독특한 풍토들은 고정된 실체로 존재하는 것이 아니라 다른 풍토와 연관되어 언제고 변화하는 가변체로 존재한다. 즉 각 풍토는 우리가 앞서 기질에 대해 말하면서 언급한 경계를 지니고 있다. 그 경계 안에 포함된 것의 정체성을 보장해주면서 언제고 다른 풍토와 넘나드는 것을 가능하게 하는 문턱으로서의 경계.

그렇다면 서구 사회를 특징짓는 커다란 풍토로는 어떤 것이 있을까? 인식론적으로 로고스 중심주의 혹은 합리주의라고 규정할 수도 있을 것이고 종교적으로 기독교 문화라고 규정할 수도 있을 것이다. 우리가 여기서 살펴보려는 것은 종교적 측면이다. 즉 기독교 문화권으로서의 서구 사회의 풍토이다. '기독교'는 서구 사회 전체를 아우를 수 있게 하는 커다란 풍토의 하나이다. 하지만 기독교 문화권으로서의 서구 사회 내부에는 각기 나름대로의 특징을 지닌 여러 작은 풍토들이 존재하고 있다. 기독교는 종교라는 절대적 권위를 지닌 채 변함없는 모습으로 유럽 전역으로 퍼져나간 것이 아니다. 기독교는 유럽의 전 지역에서 그 지역의 풍토와 만나면서 변형을 겪는다. 그런 의미에서 기독교 자체도 하나의 문화 현상이 된다. 그리고 변형을 겪는다는 의미에서 불변적인 실체가 아니라 살아있는 생명체가 된다. 뒤랑은 유럽의 각 풍토와 만나면서 기독교가 어떤 모습으로 변하는지, 또 각 풍토들의 넘나듦을 통해 기독교 문화 즉, 유럽 사회 전체의 종교적 풍토가 어떻게 변하는지를 아주 흥미로운 작업을 통해 우리에게 보여준다.

뒤랑은 그 작업을 '상상적인 지리학'이라고 말한다. 즉 상상적인 지도그리기라는 것이다. 상상적인 지도그리기라는 것이 현실과는 다른 지도를 상상 속에서 그린다는 뜻이 아님은 물론이다. 상상적인 지도의 뜻을 제대로 이해하기 위해서는 뒤랑의 '인류학적 도정'이라는 개념을 다시 한 번 떠올리면 된다. 인류학적 도정이라는 개념의 핵심은 '주고받기'에 있다. 그 주고받기를 통해 인간은 생물학적인 존재에서 '문화화된 존재'로 바뀐다. 더 정확하게 말한다면 인간은 언제나 '문화화된 존재'로서만 존재한다. 환경과의 주고받기 과정을 통해 근원적 욕망이 변형되어 표현되는 가변적 존재, 그것이 문화화된 존재라는 표현의 의미이다. 우리는 기독교를 하나의 가변적 생명체라고 이미 말한 바 있다. '상상적인 지리학'이라는 표현은 환경(여기서는 풍토)과의 주고받기를 통해 변화를 겪는, 즉 문화화된 기독교의 모습을 하나의 지도처럼 보여주겠다는 뜻을 품고 있다. 그 상상계의 지도에는 각기 다른 일곱 풍토가 등장한다. 우선 그 풍토들의 모양을 간단히 그려보자.

1) 기독교의 토대를 이루는 유태 풍토 – 헤브라이즘 풍토

신비의 천사가 지배하는 풍토로서 본래의 종교적 기능이 가장 능동적으로 발휘된 곳이다. 이 풍토에서 신은 가장 멀리 존재한다. 따라서 신의 비현존성, 도달할 수 없음이 부각되어 종교는 그 먼 존재에 대한 '영원한 질문'의 형상으로 나타난다. 즉 답이 없는 질문이다. 성서에 대한 신비적 해석에 입각한 카발리즘(Kabbalisme)의 전통은 이 풍토에 충실한 모습이다.

2차 대전 중에 유태인이 겪은 홀로코스트(holocauste)는 고통에 대한 '대답 없는 질문'이라는 의미에서 근본적으로 유태 풍토의 이러한 질문에 속한다. 본래 짐승을 통째로 구워 신에게 제사지내는 유태교 의식인 홀로코스트는 그 자체 대답 없는 신을 향한 간절한 기원의 의미를 담고 있다. 유태인들은 수용소 가스실에서 죽어가는 자신들의 모습을 홀로코스트라고 칭하면서, 그 고통 자체에 멀리 있는 신을 향한 기원의 의미를 부여함과 동시에 대답 없는 신을 향한 안타까움도 담았다.

2) 로고스, 즉 신의 말씀을 중시하는 헬레니즘 풍토

신비의 풍토와 대립되는 풍토이다. 이 풍토에서는 신의 존재를 논리적으로 증명하려는 흐름이 강하다. 따라서 신은 신학 속에서 그 모습을 드러낸다. 종교는 철학과 결합하여 종교 철학이 탄생하며 기독교 교리도 철학적 언어로 표명된다.

3) 기독교 제도의 중심에 위치한 로마 풍토

교황청이 로마에 존재하는 데서 알 수 있듯이 기독교의 제도화를 완성하고 주재하는 곳이다. 뒤랑은 기독교 교회 제도는 로마 사회의 복사판이라고 말한다. 그리고 교회법은 로마의 사법제도를 본 따서 만들어졌다는 틸리히의 지적을 받아들인다. 당연히 그 풍토에서 신과 인간의 관계는 사법적인 관계가 된다. 그러니 교회의 권위가 높아지는 것은 당연하다. 교권주의는 그래서 형성되며 '교회 밖에서는 구원은 없다'라는 계율이 강조된다. 하느님의 나라로 들어갈 수 있는 열쇠를 교회만이 가지고 있기 때문이다.

4) 자연 숭배의 켈트 풍토 – 유럽 서부 지역의 풍토

이곳을 지키고 있는 천사는 자연의 천사이고 창조의 천사이다. 숲이 우거진 지역으로서 유럽의 다른 지역과는 달리 전원적인 분위기가 지배하고 있다. 즉 유태 풍토는 상업적 방랑 생활이 주를 이루고 로마나 그리스는 도시적 풍경이 지배하고 있다면 이곳의 사람들은 사냥꾼이자 과실 수확자이고 농부이다. 당연히 자연의 변화에 민감하며 자연의 풍요로움이 예찬된다. 유럽에서 드물게 여성 숭배의 전통이 강한 것은 바로 자연적 수태 능력에 대한 예찬과 맥을 같이 한다.

자연에 대한 예찬은 기독교 정통 교리에 해당한다고 볼 수 있는 원죄설이 부정되는 결과를 낳고 토템적인 전통이 강하게 나타나게 하며 일종의 범신론적인 신앙을 낳는다. 프랑스인들이 민족만화로 추앙하다시피 하고 있는 저 유명한 만화 아스테릭스와 오벨릭스가 살고 있는 곳이 바로 이곳이다. 예술 장르로는 인상주의가 발달한다.

5) 인간의 고통과 함께 하는 슬라브 지역의 풍토

슬라브 지역은 유럽의 동쪽에 속한다. 동이 트는 곳은 빛이 있는 곳이다. 그런데 슬라브 지역의 빛은 독특한 빛이라고 뒤랑은 말한다. 즉 그 빛은 천사의 밝은 빛이 아니라 루시퍼/사탄의 빛이라는 것이다. 무슨 말인가? 루시퍼/사탄은 악마이다. 악마의 빛이 비추고 있는 곳이라는 것은 악이 절대적으로 배척되는 것이 아니라 수용되는 곳이라는 뜻이다. 악이란 무엇인가? 인간이 인간이라는 유한한 존재이기 때문에 빠질 수 있는 모든 함정들을 악이라고 부를 수 있지 않을까? 『악의 꽃』이라는 시집을 남긴 프랑스의 상징주의 시인 보들레르는 '악'이라는 표현 속에 유한한 가운데 변화할 수밖에 없는, 그렇기에 일시적일 수밖에 없는 인간의 운명 자체를 모두 담아내고 있다. 추구하는 이상이 너무 높은 경우에 자신이 현재 지니고 있는 것, 자신이 처한 상황이 보잘 것 없게 여겨지고 부정적으로 보이는 것은 당연한 일이다.

슬라브 지역에서 인간이 범하는 죄, 인간이 겪는 고통, 인간이 빠져드는 광기 등은 배척의 대상이 되는 것이 아니라 수용의 대상이 된다. 도스토예프스키의 유명한 소설 제목 자체가 『죄와 벌』이 아니던가? 인간의 '죄'와 '벌'이 공감, 연민, 탐구의 대상이 되는 것이지 신성의 이름으로 배척되지 않는다. 죄란 상처에 불과한 것이어서 치료의 대상은 될지언정 징벌의 대상이 되지 않는다. 따라서 이 지역에서의 신의 모습도 독특하게 나타나게 된다. 즉 신은 인간적 고통에서 벗어난 그야말로 초월적인 존재가 아니라 인간의 고통과 함께 하는 존재가 된다. 러시아 민담에서는 하느님이 대지와 인간을 창조할 때 하느님이 필요로 하는 진흙을 건져내어 하느님에게 전하는 역할을 악마가 담당한다. 악마도 천지개벽에 참여하는 것이니 하느님은 절대적인 존재라기보다는 악마의 도움을 필요로 하는 나약한 존재가 된다. 연민, 공감, 자비 등의 덕목이 강조된다.

6) 영혼 내면성의 천사가 살고 있는 게르만의 풍토

이곳에서의 신은 창조를 통해 우리에게 존재를 알리지 않는다. 신은 보이지 않은 우리의 내면에 숨어 있다. 그리고 그 신은 인간의 영혼 속에 태어난다. 인간의 내면의 표현을 중시하는 표현주의 예술이 주를 이루게 되며 음악이 가장 활성화된 예술 장르가 된다. 헤겔이 '음악은 영혼의 언어'라고 말했듯이 음악의 리듬은 우리의 심장 박동을 반영하고, 급변하는 리듬과 멜로디들은 영혼의 움직임을 반영한다. 독일은 그 무엇보다 음악가의 나라가 아니던가? 또한 영혼을 그 핵심어로 지니고 있는 낭만주의가 독일 지역에서 태동하여 융성한 것은 당연한 일이다.

7) 전투의 신이 거주하고 있는 이베리아 반도의 풍토

정통 기독교의 입장에서라면 가장 이단시될 수 있는 풍토이다. 공격성이 근본을 이루고 있기 때문이다. 심지어 종교적인 모럴도 공격성과 연결된다. 타인에게 자비를 베푸는 행위를 예로 들어보자. 자비란 고통 받고 있는 타인에게 공감하고 심지어 그가 지은 죄에도 공감하는 행위가 아닌가? 그래서 고통 받고 있는 사람을 편안하게 해주는 덕목이 아닌가? 그러나 이 풍토에서의 진정한 자비는 타인을 평온하게 만드는 것이 아니라 뒤흔드는 것이어야만 한다. 타인의 영혼 속으로 들어가 그 영혼을 뒤흔들고 번뇌에 빠뜨리는 것이 진정한 자비라는 것이다.

이러한 맹목적 공격성을 잘 보여주는 대표적인 인물이 있다. 바로 세르반테스의 소설 주인공인 돈키호테이다. 돈키호테는 일반적으로는 시대착오적인 망상에 빠져 있는 광인의 전형으로 알려져 있다. 하지만 그는 기사의 전범이기도 하다. 기사란 무엇인가? 기사란 전사이고 군인이 아닌가. 우리는 앞서 전사부류의 가장 큰 특성은 그 맹목성에 있다고 말한 바 있다. 그리고 그 맹목성은 순수성과도 연관이 있다고 말했다. 돈키호테는 정말 맹목적 공격성에 사로잡혀 있는 인물이다. 한 마디로 말한다면 가장 이상적이고 순수한 기사이다. 그에게는 적을 물리치고 사랑하는 연인을 보호해야 한다는 임무 외에는 아무 것도 의미가 없다. 그런 그가 소설 속에 광인으로 등장할 수밖에 없는 것은 때를 잘못 타고 났기 때문이다. 기사도 계급의 가치관과 행동이 완전히 한물간 시대를 살면서 그 가치관을 그대로 지니고 있기 때문에 조롱거리가 될 수밖에 없다. 그는 잃어버린 꿈을 지닌 채 살고 있는 사람이다. 물론 그 꿈의 내용은 순수 공격성이다.

이상 일곱 개의 알록달록한 풍토들이 유럽의 '상상계의 지도'를 형성하고 있다. 그렇다면 이런 의문이 든다. 무엇이 그런 풍토를 결정하는가? 그 지역은 왜 그런 풍토를 지니게 된 것일까? 그 질문은 그 사람은 왜 그런 기질을 갖게 되었을까? 사람의 기질은 어떻게 형성되는가, 라는 질문과 비슷하다. 유전자적 요인도 있을 것이고 환경적 요인도 있을 것이며 살아오면서 겪은 중요한 사건이 결정적 영향을 미쳤을 수도 있다. 풍토도 마찬가지이다. 인종의 문제도 있을 것이고 자연 환경의 영향도 있을 것이다. 또한 역사적 사건들이 영향을 미치기도 했을 것이다. 예를 들어 로마가 골 지방은 점령했지만 게르만 지방은 점령하지 않았다는 역사적 사실 때문에 라인 강을 경계로 감수성, 관습, 도덕 등에 많은 차이가 생기기도 한다. 그러나 우리가 지금 중요하게 생각하는 것은 그 풍토가 어떻게 형성되었는가의 문제가 아니다. 그 풍토들이 어떻게 상호 영향을 주고 삼투 현상을 일으키면서 유럽의 기독교 문화 전체의 풍토를 형성해갔느냐 하는 것이다. 그 일곱 개의 풍토들 중 어느 것이 강조되거나 힘을 발휘하느냐에 따라 유럽 기독교 사회 전체의 풍토는 그 모양을 어떻게 바꾸게 되는가? 또한 그 중의 한 풍토가 약화되면 전체에 어떤 영향을 미치게 되는가? 이제부터 살펴보자.

① 신비 풍토의 강화와 위축이 낳은 결과

유태 풍토를 우리는 신비 풍토라고 불렀다. 신이 너무 멀리 있어 신의 존재를 우리 가까이에서 느끼지 못하므로 신은 신비스런 존재가 될 수밖에 없다. 그런데 신비의 풍토인 이 풍토가 과도하게 강화되면 역으로 신의 존재 자체가 부정되는 신비스러운 일이 벌어지는 것이 이 신비의 풍토의 특성이기도 하다.

이 풍토의 분위기가 강화되면 어찌 되는가? 신은 점점 더 두터운 신비 속으로 몸을 숨긴다. 신은 자신의 존재를 증명하지 않는다. 그렇다면 자연 이런 의문이 생길 수밖에 없다. 도대체 이 세상은 과연 신이 만든 것인가? 과연 신의 의지가 이 세상을 주재하고 있기는 한 것인가? 이 세상은 신의 섭리에 의해 조리 있게 움직이는 것인가? 등등의 질문이 바로 그것이다. 보이지 않는 절대자를 향한 절대적 믿음과 그 보이지 않음으로 인한 절대자의 존재 자체에 대한 회의(懷疑) 사이의 거리는 우리 생각만큼 멀지 않다. 부조리의 철학을 요약해 보여주는 카뮈의 『시지포스의 신화』, 카프카의 『성』에서 던지는 질문들은 바로 그 자리에서 던지는 질문들이다. 즉 이 풍토가 지나치게 강화되면 기독교 역사 속의 다른 풍토를 억압하는 것이 아니라 스스로의 풍토를 지우고 이 풍토와는 대척점에 있는 다른 풍토와 결합하는 방향으로 진행이 되는 것이다. 종교의 절대성에 대한 과도한 믿음이 종교 자체를 지우는 그 역설!

뒤랑은 서구의 역사, 특히 르네상스 이후의 근대 역사는 이 풍토가 과도하게 강화되어 역으로 이 풍토 자체가 지워진 역사, 즉 신이 사라지게 된 역사라고 말한다. 그리고 그렇게 신이 사라진 자리에서 신이 맡았던 임무를 인간이 대신하게 되고 바로 거기서 인본주의(humanism)가 탄생한다. 신의 섭리에 의해서만 이룩될 수 있었다고 믿어온 유토피아를 인간이 대신 건설하기! 즉 절대 진리로서의 신의 로고스를 인간의 로고스(이성)가 대신하기! 인간은 신비의 풍토를 지우면서 신이 지녔던 그 전지전능함을 착복하고 그것을 인간의 이성에 부여한다. 우리가 누차 지적한 바 있는 서구의 합리주의는 이 신비의 풍토가 지워지고 억압된 자리에서 탄생한 것이다. 그 자리에서 인간은 신을 숭배하는 대신 프로메테우스적인 기술의 진보를 우상처럼 숭배하게 된다. 진보에 대한 절대적 믿음, 과학에 대한 절대적 믿음, 객관적 진리에 대한 절대적 믿음은 모두 아브라함의 신비의 뿌리를 거부한 자리에서 탄생한 것이다.

바로 그런 의미에서 뒤랑은 프로이트와 마르크스, 그 중에서도 특히 마르크스를 길을 잘못 든 유태인이라고 단정적으로 말한다. 마르크스가 건설하려 한 것은 바로 지상의 유토피아가 아니던가? 그는 진보에 대한 믿음을 확고하게 지니고 있지 않았던가? 그는 역사의 진보라는 과학적 법칙을 절대적으로 신봉하지 않았던가? 그는 신 대신에 유물 변증법이라는 우상을 숭배하지 않았던가? 그런 의미에서 그는 보이지 않는 신비스러운 섭리를 신봉한 유태인의 하나임에 틀림이 없다. 단지 그는 그 섭리를 객관적 역사 안으로 끌어내린, 길을 잘못 든 유태인이라는 것이다.

② 헬레니즘 풍토의 강화와 위축이 낳은 결과

헬레니즘 풍토를 한마디로 정의한다면 주지주의 풍토라고 할 수 있을 것이다. 그렇다면 이 헬레니즘 풍토는 앞서 살펴본 유태 풍토와는 대척점에 있다. 즉 이 풍토가 강화되면 신비 풍토는 자연스레 약화되며 기독교 교리 내에서 신비주의적인 경향은 제거된다. 기독교 역사에서 신비주의적 전통에 충실한 영지주의자(그노시스파)들이 이단으로 탄압을 받았던 것은 서구 기독교 역사에서 이 풍토가 과도한 힘을 발휘했기 때문이다.

이 풍토가 힘을 발휘하게 되면서 신의 존재 증명도 논리적으로 이루어진다. 대표적인 것이 데카르트의 신의 존재 증명이다. 그의 논리는 너무나 간단하다. 알기 쉽게 요약하면 이렇다. '신은 완전자이다. 인간은 불완전한 존재이다. 불완전한 존재인 인간이 완전자인 신을 만들거나 상상하는 것은 불가능하다. 고로 완전자인 신은 존재한다.' 완벽한 신의 존재 증명처럼 보이지만 무언가 석연치 않다. 혹 신 자체보다는 신의 존재를 증명하는 논리를 더 우선시하는 태도가 아닐까? 신의 존재 자체, 혹은 신과의 만남을 통한 신비스러운 초월의 경험보다 신의 존재를 증명하는 논리가 우선시된다는 것은 기독교 내부에도 인간의 이성이나 의지를 중요시하는 경향이 위세를 부리게 되었다는 것을 의미하지 않을까? 실제로 기독교 역사에는 신이 이성을 지닌 존재라는 것을 정통 교리로 삼은 경우도 있었으며 제수이트파처럼 르네상스 이후에는 인본주의와 손을 잡기도 한다.

하나만 더 살펴보기로 하자. 이러한 헬레니즘적인 풍토 내에서 예수 그리스도의 강림이라는 문제를 어떤 식으로 해결을 하고 있는가의 문제이다.

기독교 정통 교리에 의하면 창조주인 아버지 하느님과 예수는 신성한 것을 공유하고 있다. 예수는 하느님의 독생자이기 때문이다. 그런데 그리스 알렉산드리아의 사제인 아리우스는 그러한 기독교 정통 교리를 부정한다. 아무리 보아도 하느님과 예수님이 신비스럽게 맺어져 있는 그 교리가 논리에 맞지 않기 때문이다. 하느님이 절대자인데 어떻게 그 절대자에게 인간 사회에서나 벌어질 만한 일이 벌어질 수 있는가? 유일자이자 절대자인 하느님이 어떻게 자식을 낳을 수 있겠는가? 어떻게 유일자, 절대자와 비슷한 존재가 또 있을 수 있겠는가? 그 논리에 의해서 아리우스는 예수를 하느님과 같은 반열에 놓지 않는다. 그는 예수를 일종의 반신(半神)으로 간주하여 하느님의 피조물의 반열에 놓는다. 즉 하느님과 예수 간의 핏줄 관계를 끊어 놓는다.

그런데 재미있는 것은 똑같은 헬레니즘 풍토에서도 완전히 상반되는 다른 논리가 나타난다는 것이다. 그리스도 단성론이 그것인데 그 논리는 예수가 신성한 존재임을 증명하기 위해 온갖 힘을 기울인다. 즉 예수의 인간적인 측면을 논리적으로 부정하고 예수의 신성성만을 증명하는 데 모든 논리를 다 동원하는 것이다. 그리스도 단성론에서 모든 논리의 초점은 예수의 신성한 면에 맞추어져 있다. 같은 헬레니즘 풍토에서 발생한 것인데 전혀 상반되는 방향으로 펼쳐지는 두 신학의 존재. 기독교 신학은 상반되는 이 두 방향으로 진행되어 초기 수 세기에 걸쳐 위력을 떨친다.

당신이 기독교도가 아니라면 어느 편을 들겠는가? 당신이 기독교도라면 어느 쪽 이야기를 더 믿겠는가? 각자에게 달려 있는 문제이다. 참고로 고백한다면 나는 그 둘 모두보다는 신비주의의 편을 은근히 드는 쪽이다. 그 생각을 하게 되는 이유는 간단하다. 종교에서 중요한 것은 논리가 아니라 종교적 체험이며 종교성 자체라고 믿기 때문이다. 그리고 절대자의 존재를 증명하는 논리가 절대적인가, 절대자가 절대적인가? 라고 질문을 던지는 순간 논리 자체가 절대적이 되려는 시도는 무언가 모순처럼 보이기 때문이다. 논리에 의해서 좌지우지되는 절대자라면 그 절대성은 이미 훼손된 것이 아닌지. 신학 자체가 이미 철학적 논리에 종속될 운명을 스스로 마련한 것은 아닌지.

서구를 절대적으로 지배해온 이런 헬레니즘적인 풍토에 맞서 그에 저항하고 그것을 지우려는 흐름은 서구에서 언제나 존재해 왔다. 인간의 논리와 이성에 대한 과도한 믿음을 경계하고 이성의 남용을 견제하는 흐름은 언제나 존재해 왔던 것이다. 고전주의와 합리주의 시대인 프랑스 17세기에도 이성의 절대성을 주장한 데카르트만 있었던 것이 아니다. 인간은 생각하는 갈대일 뿐이며 인간의 위대함은 인간의 이성에 있는 것이 아니라 인간이 나약한 존재임을 아는 데 있다고 말한 파스칼도 있었다.

그런데 뒤랑의 견해를 따르면 헬레니즘의 풍토에 대한 이러한 저항의 흐름은 너무 뒤늦게 왔다. 즉 헬레니즘 풍토가 너무 오래 서구를 지배해온 결과 신의 자리를 인간의 이성이 이미 차지한 다음에 오게 되었다는 것이다. 17세기에 데카르트는 그런대로 신의 존재를 증명하려고 애를 썼다. 그리고 계몽주의 시대에는 이성으로 발견한 신, 혹은 이성으로 증명할 수 있는 신이 진정한 신이라는 이신론(理神論)이 확고하게 자리를 잡는다. 거기까지만 해도 이성은 신의 존재를 인정한다. 그러나 과학주의 실증주의 시대인 19세기에 이르게 되면 신의 자리를 인간의 이성이 거의 완전하게 대신하게 된다. 달리 말하면 세상은 완벽하게 세속화된다. 이성이 서 있는 자리와 이성이 맡고 있는 역할이 세속화된 마당에 이성의 절대성에 대한 반항의 흐름 역시 세속화되어 나타나는 것은 당연하다. 즉 이성의 권위에 대항하는 흐름이 철학적인 신에 반대해서 다른 신을 내세우는 종교적 차원으로 나타난 것이 아니라 이성과는 다른 인간적 측면들, 즉 인간의 감정, 본능, 정열, 충동을 찬양하는 흐름으로 나타난다. 낭만주의의 저항적 흐름에서건 초현실주의자의 혁명적 주장에서건 『반항인』이라는 제목을 한 카뮈의 책에서건 반항의 깃발은 신의 이름하에 펄럭이지 않는다. 그 깃발은 인간의 삶의 의지, 인간의 행복, 초인의 이름으로 펄럭인다.

로고스의 과도한 지배에 대항해서 이성을 부정하고 이어서 신과의 소통도 지워지면 어떤 위험이 있게 될까? 현실적이고 개인적인 쾌락만을 중시하는 유아주의만이 판을 치게 되지 않을까? 공연히 걱정해본다. 이성이 과도하게 힘을 발휘해도 걱정이고 인간이 비이성적이고 개인적이고 충동적인 욕망의 산물이 되어도 걱정인 이 힘든 상황!

③ 슬라브 풍토의 강화와 위축이 낳은 결과

슬라브 풍토가 강화되면 어떻게 되는가? 즉 이 세상에 이미 악이 자리 잡고 있다는 인식이 더 강해지면 어떻게 되는가? 상식적으로 볼 때 이 세상은 악한 신이 지배하게 되고 선한 신은 사라지는 결과를 빚는다. 이 세상에서 선한 신이 사라지고 악한 신이 지배하게 된다는 것은 결국 무엇을 뜻하게 되는가? 그것은 이 세상의 창조 행위가 축복받은 행위가 아니라 일종의 추락으로 변질된다는 것을 의미한다. 인간이 이 세상에 존재하게 된 것은 저 멀리 아득한 천상, 선신이 지배하고 있는 천상으로부터 악이 지배하고 있는 세계로 추락한 결과가 되는 것이다. 그때 모든 피조물은 숙명적으로 악과 연결이 되어 있게 된다. 모든 생명체에는 추락의 흔적, 즉 악의 흔적이 들어 있을 수밖에 없다. 악마인 사탄(루시퍼)은 본래 천사가 아니었던가? 그는 죄를 지은 결과 지상으로 추락한 천사인 것이다.

이러한 이원론적 인식이 강화되면 악에 물들어 있는 피조물 스스로 구원에 이르거나 새롭게 탄생하는 일은 불가능한 것이 된다. 가능한 한 그 악의 흔적을 씻어내면서 신의 손길을 기다리는 일만이 가능할 뿐이다. 그리고 그 손길을 받을 자격이 있으려면 엄격한 고행이 필요하다. 악의 권능이 과도화된 곳에서 단식, 독신, 절식, 절제의 엄격한 고행이 나타나는 것은 그 때문이다. 그 모든 행위는 악과 연결되어 있는 모든 인간적 흔적을 지우고 신의 구원의 손길을 기다리는 행위이다. 악이 우리 곁에 있다는 인식이 지나치게 강화되면 우리의 현세적 삶, 육체적 삶 전체를 부정하는 데까지 이르게 되는 것이다. 고통을 지나치게 친근하게 여기다 보면 결국 그 고통이 저주스러워지는 것인가?

악, 인간의 육체가 지닌 원죄, 인간이 겪는 고통을 친근하게 여기는 슬라브 풍토가 약화되고 지워지면 그 대척점에서 나타나는 것이 '자연으로 돌아가라'고 말한 루소의 자연주의적 낙관론 같은 것이다. 한마디로 자연이 선한 존재가 되는 것이고 우리의 삶도 축복받은 것이 되는 것이다. 창조는 순수하고 선한 행위이다. 자연 상태의 인간은 그러한 창조의 결과물이다. 그러니 순수 자연 상태의 인간이 가장 선한 존재가 된다. 창조의 가장 순수하고 선한 의지가 온전하게 반영되어 있기 때문이다. 순수 자연 상태의 인간이란 누구를 말하는가? 바로 천부적 본능을 그대로 누리고 발휘하는 인간이다. 루소가 인간의 자연적 본능, 그 천부적 본능을 향수하라고 말한 것은 그 때문이다.

루소가 이룩한 세계는 모든 악이 지워지고 미덕으로 가득 찬 목가적인 세계이다. 루소가 18세기 계몽주의 시대의 대표적인 사상가로 간주되면서 동시에 평생을 오해와 탄압과 멸시 속에 살았던 이유는 바로 거기에 있다. 계몽주의란 무엇인가? 한마디로, 인간의 이성의 빛을 이제 발견했으니 그 빛으로 사회 구석구석을 비추어야 한다는 것이 계몽주의의 이상이 아닌가? 계몽주의는 당연히 이성에 의한 문명의 진보를 믿는다. 계몽주의자는 자연과 본능을 미개와 같은 의미로 사용한다. 그러니 루소는 계몽주의 시대를 살았던 반계몽주의적 인간이었던 셈이다. 루소 같은 자연주의자에게 인간이 문명을 이룩하는 것은 천부적으로 부여받은 그 목가적 세계를 파괴하는 행위와 같다. 그의 『인간 불평등 기원론』이라는 논문의 제목 자체가 이미 그의 그러한 세계관을 보여준다. 그리고 그는 『사회 계약론』에서 한 사회는 인간이 누구나 지니고 있는 '일반의지(자연 상태에서 인간이 누구나 지니고 있는 선한 의지)'에 의해 맺어진 계약으로 움직여야 한다고 주장한다. 그의 주장은 바람직하고 건강한 사회의 모습을 제공한 것 같지만 실은 사회 자체를 부정한 것이기도 하다. 인간의 사회 자체가 자연의 그 선한 상태를 훼손하고 거기에 악을 도입한 것이기 때문이다. 생각해보라. 인간이 이룩한 사회 치고 불평등과 부조리와 악으로부터 완전히 자유로운 사회가 어디 있는가?

우리는 루소를 성선설을 주장한 사람으로 알고 있다. 사실이다. 하지만 루소의 성선설은 인간이 본래 선한 존재이니 인간이 이룩한 모든 문화나 문명, 인간이 이룩한 사회가 모두 선하다는 생각하고는 거리가 멀다. 사람이 행한 모든 것이 선한 것이 아니라 사람이 선한 의지에 의해 창조되었다는 것, 거기에 루소의 성선설의 참 의미가 있다. 인간의 사회나 인간이 이룩한 문명은 그러한 선한 의지를 훼손한 것일 수도 있다. 모든 사회는 불평등하기 때문이다. 루소의 세계관에서는 인간은 누구나 똑같이 선하게 창조된 존재가 된다. 즉 인간은 누구나 평등하다. 그렇게 본래 평등한 인간이 불평등하게 살아갈 수밖에 없는 사회는 부정될 수밖에 없다. 따라서 그의 사회 비판은 극단적이고 혁명적이 될 수밖에 없다. 전면 부정의 성격을 띠고 있는 것이다. 계몽주의 시대를 살았을 뿐 근본적으로는 당대의 계몽주의자들과는 전혀 다른 생각을 하고 있었던 루소가 계몽주의의 산물의 하나로 간주되는 프랑스 대혁명의 정신적 지주가 될 수 있었던 것은 그 때문일 것이다. 루소의 성선설은 인간 내부에 악이 스며들어 있을 수도 있다는 것, 따라서 인간 사회에 존재하는 부조리나 악은 불가피할 수도 있다는 것을 인정하지 않는다. 그의 성선설에는 인간의 비극에 대한 공감이나 연민은 존재하지 않는다. 그만큼 철저

하고 혁명적이다. 아마 그래서 프랑스 대혁명의 불길에 기름을 붓는 효과를
낼 수 있었던 것이리라.

자연과 자연스러움을 찬양하고 모든 인위적인 것은 자연을 훼손하는 것이
라는 자연주의적인 풍토는 서구에서도 꽤나 낯이 익고 역사 속에 자주 등장
하는 풍토이다. 그 풍토는 다음에 살펴볼 켈트 풍토와 연결되어 있으며 악에
무게를 주는 슬라브 풍토와 대립되어 각각 한 쪽이 강화되면 다른 쪽이 약화
되는 결과를 낳는다.

④ 켈트 풍토의 강화와 위축이 낳은 결과

자연과 함께 하는 켈트 풍토가 강화된다는 것은 앞서 살펴본 슬라브 풍토
가 약화되고 지워지는 것과 같다. 따라서 우리가 앞서 살펴본 루소의 '자연
으로 돌아가라'는 이야기는 켈트 풍토가 강화된 모습을 그대로 보여준다고
할 수 있다.

기독교 내부에서 켈트 풍토가 강화되면 어떤 흐름이 나타나는가는 펠라기
우스의 신학 사상에 잘 요약되어 있다. 펠라기우스는 4세기 후반부터 5세기
초까지 살았던 영국 출신의 수도사이며 철학자이며 신학자이다. 그는 원죄
를 부정하고 인간의 자유의지를 강조함으로써 종교회의에서 이단으로 파문
을 받는다. 루소가 '일반의지'를 주창한 것과 마찬가지로 그는 인간의 '자유
의지'를 인간이 지닌 근본적인 특성이라고 본다. 그가 인간의 자유의지를 주
장하게 되는 과정은 다음과 같다. 그리고 그 핵심에는 자연이라는 단어가 존
재한다.

인간이 인간으로서 존재하면서 겪어야 하는 가장 큰 고통은 죽음이다. 그
러나 펠라기우스는 죽음도 생명을 부여받은 모든 존재가 겪어야만 하는 자
연스런 과정이라고 말한다. 죽음 자체도 자연의 범주에 속한다는 것이다. 인
간이 겪어야 하는 최대의 고통인 죽음도 자연의 한 부분으로 간주하는 그의

신학 체계에 고통, 번민, 죄 등의 개념이 핵심으로 들어올 자리는 없다. 모든 것이 선한 자연의 섭리에 속하는 것이기 때문이다.

하지만 안타깝게도 인간에게는 선한 자연의 섭리에 반하는 죄가 존재한다. 그러한 죄는 어떻게 존재하게 되는 것일까? 그는 단호하게 말한다. 죄는 자연적 범주에 속하지 않기 때문에 순전히 각 개인의 책임일 수밖에 없다고. 세상을 선과 악으로 나눈 것도 인간의 자유로운 선택일 뿐이며 악에는 자연이 개입되어 있지 않다는 것이다. 달리 말하면 선한 자연을 택하느냐, 자연과는 아무 관련이 없는 죄와 악과 고통을 택하느냐는 개인에게 달려 있다는 것이다. 죄가 그렇게 개인의 의지의 문제로 바뀌게 되면 인간은 세상에 태어나면서 이미 죄를 지을 수밖에 없다는 원죄설은 부정된다. 또한 신의 섭리보다는 인간의 자유 의지나 자연의 섭리가 중요한 것이 된다. 펠라기우스의 신학이 왜 이단으로 파문을 당하게 되는지 그 이유가 명확히 드러나는 셈이다. 은총이 신의 섭리에 의해 예정되어 있는 것이 아니라 인간의 자유 의지와 실천에 의해 결정되게 되어 있는 셈이니 정통 기독교 교회에서 가만히 있었겠는가?

자연을 예찬하는 이러한 풍토가 예술에 나타나면 11세기부터 유럽에 나타난 고딕 양식이 된다. 그 양식은 성당 건축에서 꽃을 피운다. 고딕 양식의 성당들을 자세히 들여다보자. '고딕 성당 건축의 영감은 나무들이 심어진 오솔길에서 왔다'고 말한 사람이 있듯이 고딕 양식의 성당에는 자연의 아름다움이 화려하게 되살아나 있다. 성당의 기둥은 그대로 나뭇가지이며 잎이 무성하고 꽃이 피어 있다. 신성은 하늘나라 멀리에 있는 것이 아니라 자연 속에, 그리고 이곳 즉 속세에 존재한다는 생각을 실현시킨 것이 바로 고딕 양식이다. 행복은 하늘나라에만 있는 것이 아니라 지상의 자연에도 존재한다는 생각이 반영되어 고딕 성당은 세속적 아름다움, 자연적 빛, 색, 형태들로 화려하게 장식된다. 세속의 아름다움이 경건한 종교에 도입된 것, 그것이 바로 고딕 양식인 셈인데 그로 인해 고딕 양식의 성당들이 화려하게 도시들을 장식하고 이른바 '성당의 시대'가 오게 된다.

　여기서 프란체스코주의에 대해 잠깐 언급하기로 하자. 성 프란체스코는 12세기 말부터 13세기 초까지 살았던 이탈리아의 수도사이며 신학자이며 교부이다. 프란체스코주의는 프란체스코 사후 프란체스코 수도회의 회장이 된 보나벤투라가 '모범주의'라는 이름으로 정리를 한 바 있다. 하지만 프란체스코하면 우리에게 가장 먼저 떠오르는 단어는 '청빈주의'이다. 최소한도의 욕망만 충족시키면서 사는 것, 바로 그것이 청빈주의이다. 어찌 보면 청빈주의는 슬라브 풍토의 고행과 가까운 듯이 보인다. 그런데 '이탈리아의 성당, 그것은 곧 성 프란체스코이다'라고 말하는 사람이 있으며 프란체스코주의는 고딕예술을 꽃피어나게 한 장본인의 하나로 알려져 있다. 화려한 고딕 양식과 청빈주의가 어떻게 연결될 수 있는가?

　프란체스코 수도회 수도승들은 구걸 행위로 살아가면서 포교를 한다. 구걸 행위로 살아가는 삶 자체가 가장 바람직한 삶이 된다. 그리고 박애주의를 표방한다. 프란체스코주의는 청빈주의와 박애주의 그리고 떠돌아다니는 생활, 이 셋으로 요약될 수 있다. 청빈을 강조한다는 것은 무엇인가? 그것은 주어진 그대로의 최소한의 삶을 누리는 것이 아니겠는가? 주어진 그대로의 최소한의 삶이란 자연 그대로의 삶이 아니겠는가? 그런 의미에서 청빈한 삶은 금욕적인 고행의 삶이 아니라 자연이 베푼 것을 있는 그대로 누리는 삶이다. 그 삶은 인간의 욕망이라는 '악' 때문에 생긴 불평등을 제거하고 자연 그대로의 평등한 삶을 되찾는 것과 같다. 청빈주의를 그렇게 이해하면 거기서 바로 '자연으로 돌아가라'고 말한 루소의 목소리가 들리는 듯하다. 평등한 사람들끼리 서로 사랑하며 지내는 것, 그것이 바로 박애주의이다. 프란체스코파의 수도승들이 성직자와 속인을 나누고 또한 성직 내의 서열을 중시하는 교회제도에 반대하는 것은 당연하다. 그것이 어떤 형태로 나타나던 간에 계급은 인위적인 것이기 때문이다. 그들이 도시의 거리로 나서서 떠도는 생활을 하게 된 것은 성직자의 세계와 속세를 나누는 계급적 질서에 반대해서이고 신성한 것이 가장 일상적인 것 속에 스며들어 있다는 자연의 섭리주의에 충실했기 때문이다. 그러니 프란체스코주의는 인간의 자유 의지(자유의지로 청빈한 삶을 살면서 욕망이라는 악을 멀리하라)와 자연의 섭리를 주장한 펠라기우스 신학이 13세기에 다시 나타난 것이며 켈트족의 자연예찬의 풍토가 역사 속에 모습을 드러낸 것이다.

그들은 도시에서 태어나 즉각적으로 도시의 부와 안락을 문제 삼는 역설적인 거지 집단들이었다. 성직자이건 속인이건 거지들은 단호히 청빈의 곁에 머물렀다. 그러나 그들은 또한 자연의 곁에도 머물렀다. 도시의 거지들은 또한 자연의 옹호자이기도 했던 것이다. 청빈주의자들이 자연의 호사스러움을 성당 건축에 도입한 고딕예술과 자연스럽게 맺어질 수 있는 것은 그 때문이다.

이 풍토를 부정하면 당연히 자연이 부정되고 예정설과 원죄가 강조된다. 그 대표적인 인물이 13세기 정통 기독교 교리를 확립한 토마스 아퀴나스이다. 자연의 섭리 대신에 신의 섭리가 찬양되고 인간의 운명이나 역사를 이끄는 것은 인간의 의지가 아니라 바로 신의 섭리가 된다. 신이 역사를 조정하는 것이다. 그런데 신의 섭리를 강조하면서 그 신의 섭리가 실현되는 구체적 증거를 인류의 역사 속에서 찾으려 할 때 19세기의 역사철학이 등장하게 된다. 신의 섭리가 완전히 세속화되는 것이다. 신의 섭리에 의해 보다 나은 세계가 출현하리라는 기대가 인간이 이룩한 기술문명과 결부되면서 역사적 진보주의가 확립되고 인간의 기술문명의 힘으로 지상에 유토피아를 건설할 수 있으리라는 참으로 벅찬 희망이 탄생한다.

⑤ 게르만 풍토의 강화와 위축이 낳은 결과

이 풍토도 인간의 마음, 감정, 영혼 등을 강조한다는 의미에서 앞에서 살펴본 켈트 풍토와 비슷한 면을 지니고 있다. 하지만 켈트 풍토에서는 신이 자연의 조화, 변모를 통해 그 모습을 드러내는 데 반해 이 풍토에서는 신이 무상의 존재로서 인간의 영혼 속에만 내밀하게 존재한다. 신은 인간 영혼의 가장 내밀한 동료이다. 따라서 신과 인간을 연결해주는 실제적인 끈은 존재하지 않는다.

16세기 종교 개혁을 주도한 루터가 이 풍토의 대변자라고 할 만한데 그가 교회의 권위에 대해 도전한 근본적인 이유는 교회가 신과 인간을 연결해주는 구체적인 끈 행세를 했기 때문이다. 면죄부 판매로 대표되는 교회의 권위의 비대화라든지 교회의 타락은 게르만 풍토의 도전의 빌미로만 작용했을 뿐이지 그러한 역사적 사건이 종교 개혁의 근본 원인은 아니다.

신과의 만남은 교회를 통해서 이루어지지 않는다. 중요한 것은 신과 내밀한 영혼의 직접적인 만남이다. 그러려면 어떻게 해야 하는가? 한 개인이 신의 말씀과 직접 대면해야 한다. 루터가 내세운 자유검토의 정신은 바로 개인의 영혼과 신의 직접적 만남의 방법을 말한다. 신은 무엇을 통하여 말을 남겼는가? 바로 성서이다. 자유검토의 정신은 성서 속에 들어 있는 객관적인 답을 마치 수학 문제의 답을 찾듯이 찾아내는 정신이 아니다. 성서를 통해 신을 직접 만나고 그 직접적인 만남을 통해 계시를 얻으려는 정신이다. 그 내밀한 영혼의 계시는 필경 주관적일 수밖에 없다. 그 계시는 개인이 영혼의 체험을 통해 체득하는 비밀일 수밖에 없다.

그러나 마치 상징적 의미가 문화적 맥락에 편입되거나 역사적 사건을 겪으면서 기호적 의미로 전락하듯이 이러한 자유검토의 정신이 잘못 발휘되면 성서라는 텍스트에 들어 있는 객관적인 의미를 밝히려는 노력으로 변질될 수 있다. 생각해보라. 종교 자체가 변함없는 절대적이고 객관적인 의미에 대해 목말라 하는 속성을 이미 갖고 있지 않은가? 종교 간의 갈등과 싸움을 낳는 원리주의자들은 바로 그 자리에서 탄생한다. 원리주의자들은 늘 경전의 참 의미는 이러이러한 것이라고 규정하는 것으로부터 출발한다. 그리고 그 의미는 하느님의 말씀에 들어 있는 의미이므로 절대적이라고 말한다. 그러나 그 규정은 누가 내린 것인가? 그 의미는 누가 부여한 것인가? 그것도 성서에 대한 인간의 해석의 하나가 아닌가? 도대체 누가 그 해석이 하느님의 본래의 말씀에 가장 가깝다는 권위를 부여해주었는가? 성서인가, 하느님 자신인가, 아니면 바로 자기 자신인가? 아니면 자신이 속한 교파인가? 그 말씀이 절대적이라면 어떻게 절대적인 말씀이 그 말씀의 해석이라는 상대적인 것에 종속될 수 있는가? 원리주의자들은 그러한 질문에 동어 반복적으로 대답할 수밖에 없다. 하느님의 말씀이니까 절대적이며 그 절대적인 것에 대해 의심을 품는 것은 신성모독이라고.

하지만 그러한 의문보다 더 심각한 것은 그러한 원리주의자들의 해석에 의해 종교 자체의 기능이 세속화되어 사라진다는 데 있다. 종교의 궁극적 기능은 무엇인가? 초월적 가치의 체험에 있지 않은가? 그런데 초월의 체험은 지극히 개인적일 수밖에 없다. 그때 체험하는 의미는 비밀스런 의미일 수밖에 없다. 그 의미는 절대로 자명한 의미가 될 수 없다. 그런데 원리주의자들이 성서의 의미를 하나의 기호적 의미, 즉 객관적 의미로 고정시켜 놓는 순간 그 의미는 누구나 고민 없이 받아들이는 의미로 전락하고 내밀한 체험의 가능성은 사라진다. 수학문제의 정답이 하나이듯이 성서의 의미도 실증적인 차원으로 전락하면 그 의미는 아무 감동 없는 의미가 돼버릴 수밖에 없다. 인간 내면의 영혼과 초월자의 직접적인 만남을 위해서 주장한 자유검토의 정신이 역으로 그 끈을 끊어버리는 결과를 낳게 되는 그 역설.

인간의 내밀한 영혼을 강조하는 이 풍토가 부정되면 어떻게 되는가? 사실 영혼의 존재를 믿고 주장하는 것처럼 허황돼 보이는 것도 드물 것이다. 도대체 영혼의 존재를 어떻게 증명할 수 있는가? 주관적인 체험을 어떻게 구체적으로 보여줄 수 있는가?

그러한 구체적인 증명에 대한 욕구가 강해지면 모든 주관적인 영역에 속하는 것들, 즉 영혼, 감동, 영적 체험들을 물리적 현상으로 설명하려는 움직임이 나타나게 된다. 영혼의 독립된 존재나 기능을 부정하면서 영혼은 가시적 물질이나 현상의 부대 현상이 되는 것이다. 그 중 대표적인 것이 인간의 신경이나 뇌라는 구체적 물질이 영혼도 지배한다는 해부 생리학적 태도이다. 인공두뇌학이라는 첨단 과학은 인간의 모든 심리현상을 뇌의 기능에 의해 벌어지는 것으로 간주한다. 예를 들어 '우리가 느끼는 기쁨과 슬픔, 우리의 기억과 우리가 지닌 야망들, 우리가 각자 느끼는 주체성과 자유 의지 등은 실제로 광범위한 신경 세포와 그와 연계되어 있는 미립자들의 활동일 뿐이다.'라는 주장이 나오게 되는 것이며 급기야는 영혼이라는 것은 존재하지 않는다는 주장이 제기된다.

얼마 전에 명화로 인정된 아름다운 그림들이 왜 감동을 주는지 그 객관적 요인을 밝혀냈다는 자연과학자의 연구가 발표된 바 있고 인간이 자연의 단순한 소리를 음악으로 인지하고 만드는 과정, 거기서 감동을 느끼게 되는 메커니즘을 인간의 신경과 뇌조직의 활동과 관련지어 밝혀낸 책을 읽은 바 있다. 재미있게 읽긴 했고 음악을 좀 더 즐길 수 있는 방법을 배울 수 있을 것 같기도 했지만 도대체 예술이 주는 감동의 의미가 그렇게 객관적으로 밝혀질 수 있는 의미에서 그치는 것인가 하는 의문은 여전할 수밖에 없었다. 그 태도는 이 세상에 존재하는 모든 것의 비밀을 과학의 힘으로 밝혀낼 수 있다고 자신만만했던 실증주의의 태도를 그대로 보여주는 것이 아닌가? 사랑이 무엇인지, 사랑을 할 때 인간의 신경 세포는 어떻게 움직이는지 확실하게 밝혀낼 수 있다고 해서 즉 사랑에 대한 지식이 늘어난다고 해서 진정한 사랑을 할 준비가 되는 것은 아니다. 사랑은 지식이 아니라 체험이기 때문이다. 사랑의 의미는 사랑이 무엇인지 고민하고 그 정답을 찾는 사람에게 드러나는 것이 아니라 사랑을 구체적으로 체험하는 사람에게만 드러난다. 비밀은 객관적인 답을 감추고 있는 것이 아니라 주관적이고 구체적인 체험과 참여를 기다리고 있다.

마르크스주의의 하부구조라는 개념도 물질이 영혼을 결정한다는 생각에서 나왔다는 것을 지나는 길에 지적하기로 하자. 마르크스주의는 하부구조(물적 토대)가 상부구조를 지배하고 결정한다고 주장하고 있지 않은가?

⑥ 이베리아 반도 풍토의 강화와 위축이 낳는 결과

우리는 이 풍토의 특성이 맹목적 공격성에 있으며 그 공격성은 순수하다고도 말했다. 하지만 그 말은 이 풍토가 순수한 상태로 나타나기 힘들다는 것을 의미하기도 한다. 가장 순수한 것이 제 모습을 지키기 가장 어려운 법이 아니던가? 따라서 이 풍토는 대개 여러 풍토의 가치들과 뒤섞여서 발현된다. 어쨌든 우리가 여기서 검토할 것은 종교적 이유로 일어난 싸움이다.

종교적 이유에서 발발한 전쟁은 종교라는 생명체가 이 풍토와 결합한 것이다. 그러한 종교전쟁에서 이 풍토의 힘이 과도하게 발휘되는 일이 벌어지면 그 싸움은 점점 더 싸움을 위한 싸움으로 변질된다. 그리고 애당초의 종교적 명분이 사라지면서 종교 자체의 위기가 오게 된다. 유럽에서 종교개혁 이후의 신, 구교 간의 종교전쟁의 전개 양상은 이 사실을 잘 보여준다. 그 싸움은 애초에는 신앙을 향한 영혼 내부의 싸움이었으며 나름대로의 신성성을 지키기 위한 성전(聖戰)이었다. 그러나 싸움이 진행되면서 그 싸움은 현실적이고 구체적인 목적을 위한 사소한 싸움으로 변질된다. 그때 종교적 사명감에 차 있던 기사는 단순한 전사로 변질되고 신앙을 향한 싸움이 교회의 권위 싸움이 되어 버린다. 그리고 이 풍토가 극단적으로 강화되면 우리가 앞서 살폈듯이 명령에 맹목적으로 복종하는 것이 최고의 덕목이 되어버린다. 명령에 맹목적으로 복종하는 전사는 묵묵히 싸움의 쾌락만 즐기면 된다. 그 쾌락의 명분은 명령자의 판단에만 달려 있다. 교회 제도의 절대적 권위는 이 풍토의 강화에 힘입어 형성된 것이다.

정통 기독교의 입장에서 본다면 이 풍토는 이단 중의 이단이다. 필요상 자주 종교적인 목적과 결합되기도 했던 이 풍토는(대표적인 것이 십자군이다.) 공격성을 그 속성으로 하고 있기 때문에 그 자체 가장 비종교적으로 보이기도 한다. 따라서 이 경향이 과도하게 나타날 때마다 내부에서 경계의 힘과 반동의 힘이 있게 되는 것은 당연하다. 이 풍토의 강화를 경계하면서 그 힘을 억누르려 할 때 모든 공격성과 반대되는 종교적 덕목이 전면에 내세워진다. 그 덕목은 '오른 뺨을 맞으면 왼뺨도 내놓으라.'는 경구에 압축되어 있다. 원수도 사랑하라는 그러한 순수사랑이 전면에 내세워지면 기독교 신앙도 범신론적인 사랑을 강조하는 방향으로 이끌린다. 이러한 경향이 앞서 살핀 자연 숭배의 풍토와 결합되면 인간과 자연 전체에서 공격성은 부정되고 추방된다. 그때 자연의 조화, 모순되는 것의 공존이 강조되는 것은 당연하다. 대립되는 것들은 싸워야 할 존재들이 아니라 화해롭게 공존해야 하는 존재들이 되는 것이다. 낭만주의의 모순의 조화(coincidentia oppositorum)의 꿈은 그 맥락과 연결되어 있다.

⑦ 마지막, 로마 풍토에 대하여

이 마지막 풍토는 기독교 교회가 자리잡고 있는 풍토이다. 즉 교황청이 있는 풍토인 것이다. 이 풍토는 서구 기독교의 중심에 자리잡고 있기에 아주 단단한 실체를 지니고 있다는 생각을 하게 만들지도 모른다. 하지만 사정은 꼭 그렇지 않다.

우리가 살펴본 여섯 풍토는 상호 이질적인 풍토들이다. 그리고 종교에 대한 인식도 그만큼 이질적이다. 그것을 그냥 내버려두다가는 마치 원심력에 의해 각자 멀리 날아가듯이 기독교가 조각나 버릴 수도 있다. 그것을 막을 수 있는 권위를 유지하는 것, 그것이 이 풍토가 지녀야 할 기본 덕목이다. 그 권위를 유지하기 위해 로마 풍토는 다른 풍토들과 어우러지면서 다양하게 변형을 겪는다. 이곳의 풍토는 유일한 하나의 교리나 원칙을 지키는 풍토가 아니라 나머지 여섯 풍토들의 상호관계 속에서 함께 변화하는 풍토이다. 로마 가톨릭 교리의 변천사는 그러한 결합과 변화의 모습을 반영하고 있다.

이 풍토는 그러한 변화 가운데에서도 로마 교회의 중심으로서의 권위를 유지해야 한다. 장로 제도로부터 출발한 교회 조직이 개별 가톨릭 교구의 권한을 강화하는 방향으로 바뀌었다가 종교 회의라는 민주적 제도를 거쳐 교황의 무류성에 근거한 절대군주적인 체제로 바뀌는 것은 제도를 통한 로마 교회의 권위를 확고히 하려는 목적에서였다.

하지만 로마 교황청의 진정한 권위는 거기에 있는 것이 아니다. 교황청의 권위가 제도를 통해 보장된다고 해서 이 풍토의 권위가 그대로 유지되는 것은 아니다. 이 풍토에서 진정으로 중요한 것은 교회의 권위가 아니라 종교적 기능 혹은 종교성 자체의 권위이기 때문이다. 그렇기에 교회의 권위가 강화되면서 오히려 종교적 권위가 사라지는 일이 벌어지기도 한다. 무슨 말인가?

교회의 권위가 강화되면서 나타난 것이 교권주의이다. 교권주의는 교회와 교회에 종사하는 인물들, 즉 사제들에게 막강한 권력을 부여한다. 사제들은 사회 제도 속에서도 특권 계급에 속할 뿐 아니라 교회 풍토 안에서도 그 권력이 남용된다. 사제들은 일반인들을 하느님의 나라로 인도하는 안내자, 혹은 다리의 역할을 맡는 것이 아니라 스스로 하느님의 대리자가 되는 것이다. 그들은 하느님을 대신해서 인간의 죄를 사해주기도 한다. 중세에 교회에서 발부한 면죄부가 바로 그것이다. 죄를 사해주는 하느님 고유의 권능을 사제가 찬탈한 것이다. 그 면죄부는 누구에게 발부하는가? 교회에 돈을 많이 낸 사람에게 발부한다. 그러니 발부라는 표현보다는 판매라는 표현이 더 낫다. 교회가 돈을 받고 면죄부를 판매한다는 것은 교회가 세속화되었다는 것을 의미한다. 그러니 교회의 권위가 강화되어 나타난 교권주의는 역으로 교회의 세속화를 통해 본래의 종교적 권위가 실추되었다는 것을 의미하기도 한다. 교회가 본래 지녀야 할 권위는 영혼의 초월성에 대한 권위가 아니런가?
교권의 강화를 통하여 교회가 세속화되면 세속적인 것과 성스러운 것을 나
누던 경계가 허물어진다. 그 경계가 사라져서 성스러운 것과 세속적인 것이
화합하거나 소통하게 되는 것이 아니라 그 경계를 통해 유지되던 종교적 풍
토 자체가 사라지게 된다. 교황과 황제 사이의 치열한 세속적 권력 다툼이
벌어지는 것은 바로 그때이다. 외형상으로는 교황의 권력이 막강해지고 교
회의 세력이 왕성해진 것처럼 보이지만 내용상으로는 종교적 소명을 담당한
교황의 풍토가 사라지는 모습을 그 역사적 현상은 보여준다. 그리고 본래의
종교적 기능은 세속적 권위의 탄압을 받아 이단시되어 지하로 스며든다. 비
밀 종교 단체들이 생기는 것은 그 때문이다.

　우리는 그 비슷한 예를 우리의 역사에서도 찾아볼 수 있다. 잠깐 소개해보자.
　땡초라는 표현이 있다. 가짜 중을 일컫는 말임을 누구나 알고 있다. 하지
만 그 표현이 어떻게 하여 나온 것인지 사정을 알아보면 무척 재미가 있다.
땡초는 당취(黨聚)라는 원래의 용어가 경멸적으로 쓰이면서 세속화된 용어
이다. 마치 큰 나라 사람이라는 뜻에서 중국인을 가리키던 대인(大人)이라
는 표현이 때놈-떼놈-뙤놈으로 바뀐 것과 마찬가지이다.

　당취는 고려 말기에 결성된 중들의 비밀결사단체이다. 고려 말기란 불교
가 절정에 달했던 시기이며 승려들의 권한이 막강했던 시기이다. 신돈이라
는 승려가 정권을 좌지우지했으며 심지어 왕이 신돈의 아들이었다는 말까지
전해질 정도였다. 불교와 승려의 권한이 막강해져서 정권도 좌지우지했다는
것은 곧 불교의 종교로서의 기능이 정지된 것을 의미할 수도 있다는 것을 이
제 우리는 쉽게 이해할 수 있다. 그때 아마 불교 본래의 기능과 의미가 사라
지는 것을 걱정하는 승려들이 모여서 참 불교의 의미를 살리려는 길을 모색
했을 것이다. 그리고 그 결속력을 강화하기 위해서 당취라는 조직을 만들었
을 것이다. 그런데 권력을 잡고 있는 승려들의 입장에서 본다면 그 모임은

위험천만한 모임이었을 것이 자명하다. 염불보다 제삿밥에 눈이 가 있는 승려들 입장에서 보자면 염불을 진정으로 행하는 승려들은 자신의 권위를 위협하는 존재들이 아니었겠는가? 그래서 그들이 만든 제도가 승적 제도이다. 국가에서 발부한 승려 증명서를 가지고 있어야만 진짜 중으로 인정하는 제도이다. 물론 당취들에게는 승적을 발부하지 않는다. 그러니 졸지에 그들은 가짜 중이 된다. 내용상으로는 진짜 중이 형식상으로는 가짜 중이 되는 것이다. 권력자들은 거기에서 그치지 않는다. 승적도 없는 가짜 중들이 중 행세를 하는 것은 종교질서와 국가질서를 어지럽히는 행위라며 탄압을 하는 것이다. 그때부터 당취는 비밀 결사 단체가 된다. 자신이 당취의 일원이라는 사실을 철저히 감추는 것이다. 이태조 즉 이성계와 가까웠던 무학 대사라든지 임진왜란 때 일본을 혼내주었다는 사명당도 실은 당취의 일원이었다는 이야기가 전해지는 것은 그 때문이다. 그들은 승적을 받은 중이면서 가짜 중, 즉 땡초라는 이중의 신분을 가지고 있었는지도 모른다. 땡초는 가짜 중이면서 진짜 중이다. 그 땡초가 생긴 것은 불교의 기능이 너무 강화되어 불교가 세속화되고 본래의 종교적 기능을 상실했기 때문이다.

로마의 풍토는 신의 도시로서의 품격을 유지하는 데 그 기능이 있다. 그런데 그 권위가 너무 강해지면 신의 도시는 사라지고 인간의 도시만 남는 역설이 그 풍토에는 존재한다. 마치 로마 사회에서 교황권이 너무 강화되면 교황의 사법 기능이 사라지게 되는 것과 같은 현상이다. 이 풍토의 기능은 여섯 개의 이질적인 풍토 중 그 어느 한 쪽이 과도하게 힘을 발휘하여 '유럽의 기독교 신앙 체계' 자체를 붕괴하지 못하게 만드는 데 있다. 그 기능은 균형 조절의 사법적 기능이다. 그런데 그 기능이 지나치게 강해져서 비대해지고 세속화되면 역으로 기독교 신앙 체계 자체를 사라지게 만든다. 종교가 한 사회 내에서 지나친 권력을 행사하는 것을 금하는 정교분리의 원칙은 그래서 생긴 것이다.

뒤랑의 서구 기독교 사회에 대한 지도 그리기는 그가 한 개인뿐만 아니라 한 사회도 이질적인 청원들이 살아 움직이는 유기체로 간주하고 있음을 잘 보여준다. 그가 사용한 풍토와 경계의 개념은 그 이질적인 것들을 구분하기 위한 개념이 아니다. 그 모든 풍토들은 서로 넘나들면서 서로에게 영향을 주고 자신 스스로의 모습을 바꾸기도 하며 전체 풍토의 모양을 바꾸기도 한다. 하나의 풍토가 과도하게 힘을 발휘하면 반대되는 다른 풍토를 억압하면서 그 풍토에 호응하는 풍토가 돌출하는 계기를 마련한다. 그리고 한 풍토가 약화되면 그 풍토의 약화만을 초래하는 것이 아니라 전체 체계 자체의 변화를 초래한다. 그 변화의 순간이 새로운 체계를 낳는 역동적 순간인가 아니면 전체 체계의 붕괴를 초래하는 근본적 재앙이 찾아온 순간인가?

우리로서는 이렇게 답할 수 있을 것 같다. 하나의 풍토가 지나치게 과도한 힘을 발휘하여 그에 대립되는 다른 풍토를 완전히 증발하거나 사라지게 만들 때 그때 그 체계 자체는 붕괴의 위험에 놓이게 되는 것이라고. 새로운 모습으로의 변모는 언제나 억압되어 있던 것의 활성화를 통한 균형 취하기를 통해 가능하다고. 기독교 정통 교리의 입장에서 본다면 우리가 살펴본 풍토들은 모두 이단이다. 그리고 각각의 풍토는 대립되는 풍토에 대해서 서로 서로 이단이다. 그러나 기독교 정통 교리는 그 이단의 풍토들과 무관하게 만들어진 것이 아니다. 그것들의 결합의 산물이며 그 결합의 양상에 따라 변화한다. 그렇다면 이런 말이 가능해진다. 정통 교리의 입장에서 하나의 이단적인 풍토를 완전히 없애버리는 일은 결국 그 정통 교리가 수호하려던 기독교 체계 자체의 붕괴를 초래할 수도 있다고.

그것은 한 사회뿐만이 아니라 한 개인에게도 마찬가지라고 나는 말하고 싶다. 나는 유럽 기독교 사회라는 커다란 풍토 속에 존재하는 이 다양한 풍토들을 한 개인의 내부에서도 찾을 수 있다고 본다. 뒤랑의 상상계의 인류학은 무엇보다 인간의 영혼은 알록달록하다는 것을 전제로 하여 성립된 것이 아니던가? 그리고 인간의 사회는 그 알록달록한 영혼들이 만나서 이룩한 하나의 풍토가 아니던가? 우리는 누구나 아슬아슬한 경계를, 유연한 경계를 지니고 있다. 다시 말하지만 그 경계는 개인의 정체성을 보장해주면서 동시에 타자와 소통하면서 자신의 변화를 가능하게 해주는 문턱이기도 하다. 변화하고 싶은가? 그렇다면 그 경계를 열어 놓아라. 그 경계를 통해 억압되어 있던 내 속의 영혼이 나래를 펴게 되리니……

뒤랑이 서구 기독교 사회를 알록달록한 풍토들의 상호 관계에서 살펴본 글은 우리에게 많은 시사점을 준다.

우선 이질적인 문화의 만남에 대해서. 우리는 일반적으로 문화는 높은 곳에서 낮은 곳으로 흐르게 되어 있다는 생각을 한다. 하지만 문화는 높은 곳에서 낮은 곳으로 흐르지 않는다. 문화에는 높낮이가 없기 때문이다. 사실 문화에 높낮이가 존재한다는 개념을 우리가 갖게 된 것은 인간과 인간의 문화는 진보한다는 서구적 발상을 보편적 진리인 양 우리가 교육을 받았기 때문이다. 그러한 발상을 요약해서 보여주는 것이 영국 작가 다니엘 데포의 소설 『로빈슨 크루소』이다. 그 소설의 큰 줄거리는 간단하다. 한 무인도에 표류하게 된 로빈슨 크루소가 온갖 모험을 겪은 후에 다시 고향으로 귀환하게 되는 이야기이다. 하지만 그 소설에서 우리가 주목할 것은 로빈슨 크루소가 식인종들로부터 구해준 프라이데이(금요일에 만났기에 그런 이름을 붙임)와 로빈슨 크루소의 관계이다.

로빈슨 크루소가 프라이데이를 처음 만났을 때 그는 야만인 그 자체였다. 로빈슨 크루소는 그에게 글과 셈을 가르쳐준다. 즉 그에게 문명의 세례를 내려준 것이다. 야만인 프라이데이를 인간으로 만드는 그의 교육은 그에게 기독교를 가르치는 것으로 완성이 된다. 프라이데이를 하나의 문화로 간주했을 때 야만적인 상태에 있던 그 문화는 로빈슨 크루소라는 앞선 문화에 의해

교화된다. 달리 말하면 정복된다. 그 소설대로라면 문화는 영낙 없이 높은 곳에서 낮은 곳으로 흐른다. 그런데 그 소설의 내용을 완전히 뒤집어 패러디한 소설이 또 있다. 프랑스의 소설가 미셸 투르니에의 『방드르디, 혹은 태평양의 끝』이라는 소설이다. 투르니에의 『방드르디, 혹은 태평양의 끝』이라는 소설에도 '로빈슨 크루소'가 나온다. 그리고 그 기둥 줄거리는 아주 비슷하다. 물론 프라이데이도 나온다. 그의 이름이 불어인 방드르디(불어로 금요일이라는 뜻)로 바뀌었을 뿐이다.

그런데 그 소설에서는 로빈슨 크루소와 방드르디의 역할이 『로빈슨 크루소』 원작과는 완전히 반대가 된다. 문명인 로빈슨 크루소가 방드르디의 인도를 받아 지금껏 갇혀 있던 좁은 세계, 편견에 사로잡힌 세계의 껍질을 깨고 새로운 존재로 다시 태어나게 되는 것이다.

투르니에의 소설은 서구의 문화가 우월한 문화이며 그 우월한 문화가 야만적인 다른 문화를 지배할 수밖에 없다는 서구적 논리에 대한 반성의 차원에서 그 관계를 완전히 뒤집은 것이다. 그 소설에서 방드르디는 로빈슨 크루소의 정신적 인도자이자 스승이 된다. 우리로서는 편안하게 그 소설의 결말을 뒤따를 수는 없다. 그 소설은 서구인의 입장에서 가장 낯선 것과 만남의 경험을 새로운 탄생의 계기로 삼아야 한다는 자기반성의 태도를 보여주는 것이기 때문이다. 우리는 우리 나름대로 새롭게 반성해야 한다.

그 반성은 모든 문화의 만남을 높낮이의 관계로 보지 않고 상호 영향관계로 볼 때 우리가 익숙해 있는 생각이 어떻게 바뀔 수 있으며 우리와 우리 주변 문화의 만남을 어떻게 새롭게 해석할 수 있는가, 라는 방향으로 이어져야 한다. 또한 이질적인 문화의 만남을 문명 충돌의 관점에서 바라보지 말고 이질적인 문화에 대한 이해의 계기로 바라보는 방향으로 이어져야 한다.

기독교라는 이질적인 종교가 우리나라에 도입된 현상을 예로 들어보자. 우리는 그 현상을 기독교라는 불변적인 실체가 온전한 상태 그대로 우리나라에

도입된 것이 아니라고 볼 수 있지 않을까? 그 현상은 기독교라는 살아 있는 실체가 우리의 문화와 결합하여 새롭게 변용된 것이다. 그런 관점에서 우리는 우리나라의 기독교의 역사를 우리의 문화, 인식, 우리에게 이미 존재하고 있던 문화와 관련지어 새롭게 고찰할 수 있을 것이다. 종교적인 측면에서는 기독교와 불교의 만남, 기독교와 토착종교의 만남 등이 서로 어떤 영향을 주고받았는지 살펴볼 수도 있을 것이고 기독교가 도입될 당시의 우리 사회는 어떤 상황에 있었는지, 그때 우리 사회의 종교적 열망은 무엇이었는지, 우리는 어떤 꿈을 지니고 있었기에 그 꿈을 기독교가 충족시킬 수 있었는지, 우리의 꿈과 만난 기독교는 어떤 변신을 통해 우리에게 쉽게 수용될 수 있었는지 등등의 고찰도 할 수 있을 것이다. 그런 고찰을 통해 우리나라의 기독교는 외래 종교가 아닌 우리의 풍토의 하나로서 새롭게 태어날 수 있을 것이다.

또 한 가지. 우리도 혹 동양 불교 문화권의 상상적 지도를 그릴 수는 없을 것인가 하는 문제. 불교 문화권 내에도 다양한 풍토들이 존재한다. 얼핏 생각해도 불교가 발생한 스리랑카와 인도의 풍토, 중국의 풍토, 한국과 일본의 풍토, 동남아의 이질적인 풍토들이 모두 불교문화라는 커다란 풍토를 형성하고 있다. 그 모든 것들을 역동적인 주고받기의 과정 속에 놓고 상상계의 지도를 그려보기. 그 지도를 통해 우리는 한국과 중국과 일본의 공통점과 차이점, 문화적 교류의 양상을 전반적으로 새롭게 고찰하는 일이 가능해지지 않을까? 상상력과 꿈에 입각한 뒤랑의 상상계의 지도는 우리의 그런 꿈을 자극하기에 충분하다.

3. 의미의 물줄기(bassin sémantique)
– 시간의 흐름 속에서

우리는 이제까지 로마라는 사회와 서구 기독교 사회를 대상으로 하여 상당히 긴 기간 동안 그 사회를 물들이고 있던 특징들, 그것이 변용되는 모습들을 한데 아울러서 살펴본 셈이다. 특히 서구 기독교 사회를 분석하면서 그것에 상상계의 지도라는 표현을 썼듯이 우리는 그 특징들과 변화의 모습들을 한 눈에 알아볼 수 있게 공간적으로 배열을 했다. 하지만 그 지도는 고정된 실체가 아니다. 그 지도의 기본 정신은 역시 역동적인 변화가 그 지도 안에 꿈틀거리고 있다는 데 있다. 그것은 우리가 뒤랑의 『상상계의 인류학적 구조들』이 고정된 구조가 아니라 역동적으로 변화하는 구조라고 말한 것과 마찬가지다. 우리가 유럽 기독교 사회를 물들이고 있는 여러 풍토들을 한데 아울러 살펴보았지만 그 각각의 풍토들은 시간의 흐름 속에서 강화되어 전면에 나타났다가 이면으로 후퇴하기도 한다. 하나의 풍토가 이면으로 후퇴하면 이번에는 뒤로 물러나 있던 풍토가 슬며시 되살아나 자리를 잡으려 한다. 그러면서 전체의 풍토의 모양을 바꾼다. 우리가 이제부터 살펴보려는 것은 그 각각의 풍토(신화, 세계관, 상상계 혹은 인식이라고 해도 될 것이다.)를 시간 속에 펼쳐 놓았을 때 어떤 전개 양상을 갖게 되는가 하는 것이다.

뒤랑은 하나의 새로운 인식이나 신화가 태어났다가 사라지는 전체 양상을 물과 강의 은유를 사용해 인식의 물줄기라고 명명하고 그 물줄기를 몇 단계로 나눈다. 그 과정을 작은 물줄기로부터 시작해 큰 강을 이루었다가 삼각주만 남기고 사라지는 강의 일생에 비유한 것이다. 그 일생은 물론 아주 긴 기간으로 형성되어 있다. 그리고 한 문화에는 단 하나의 물줄기만 존재하는 것이 아니라 여러 물줄기들이 겹쳐 있으며 교차해서 생성되었다가 소멸한다. 뒤랑이 나누고 있는 각각의 단계는 다음과 같다.

의미의 물줄기의 단계들

1) 스며 나옴(Ruissllement): 한 사회를 주도하고 있던 인식의 힘이 약해지면 그 인식에 의해 억압되어 있던 새로운 인식들이 슬며시 모습을 드러내고 스며 나오기 시작한다. 그 새로운 물줄기는 때로는 아주 먼 시기에 사라졌던 옛 물줄기가 소생해 나오는 것이기도 하고 어떤 경우에는 전쟁이라든지 사회적 사건이나 과학적 발견 등을 통해 새롭게 태어난 것이기도 하다. 상상력의 역동성이 가장 크게 작용하는 시기이기도 하다.

2) 분수기(partage des eaux): 스며 나온 물줄기들이 비슷한 것끼리 모여 제법 모양을 이루기 시작하는 시기. 그 물줄기들이 결합하여 나름대로 당파와 학파와 사조를 이루고 다른 방향성을 지닌 흐름들과 서로 맞서는 시기이다. 이 단계에서 각기 다른 상상계들이 싸움을 벌이고 대립하며 사회적으로는 가장 혼란스러울 때이기도 하다.

3) 합류기(confluences): 나누어져 있던 지류들이 합쳐져서 하나의 강을 이루는 시기. 대립되었던 당파나 사조들 중 하나가 다른 사조들을 흡수해서 주된 흐름을 형성한다. 한편 이 시기는 이미 자리를 잡고 있는 권위 있고 영

향력 있는 인물의 역할이 아주 중요한 시기이다. 여러 흐름 중 하나의 흐름이 주도적 흐름이 되려면 그 인물의 판단과 결정이 중요하기 때문이다. 그의 인정과 뒷받침에 의해서 하나의 주도적 흐름이 형성되고 역사의 방향이 결정되는 일이 자주 있다.

4) 강의 이름(Au nom du fleuve): 그렇게 주된 흐름을 형성한 물줄기에 정식으로 강의 이름이 붙여지는 시기. 주된 의미의 물줄기를 형성한 인식이 공고하게 자리를 잡는 단계인데 하나의 신화라든지 역사적 사건이 그 의미의 물줄기를 상징적으로 대표할 수 있는 시기이다. 서구의 예를 든다면 17세기부터 20세기 전반을 물들이고 있던 진보의 신화가 프로메테우스라는 이름으로 소설가들의 작품에 구체적으로 나타나서 그 시대의 상상계, 혹은 신화를 대표적으로 보여주는 시기이며 그 시기는 19세기에 해당된다. 또한 그 의미의 물줄기를 전형적으로 보여줄 수 있는 실제적이거나 가공의 인물이 만들어지기도 하는데 앞에서 말한 진보의 신화는 나폴레옹이라는 역사적으로 실재했던 인물의 이름 속에 축약되기도 한다. 그 시기를 대표하는 인물은 그 의미의 물줄기의 신화적 존재가 된다.

5) 연안 구획(Aménagement des rives): 강에 둑도 생기고 연안의 모습도 갖추어 완벽한 모습을 형성하는 시기. 의미의 물줄기가 하나의 주도적 양식으로 형태를 갖고 철학적으로 완벽하게 이론화되는 시기이다. 그 의미의 물줄기가 가장 합리적인 모습으로 나타나는 시기이기도 하다. 힘이 과하면 넘친다고 했던가? 때로는 물줄기의 범람 현상이 일어나 그 흐름의 몇 몇 전형적 성격들이 지나치게 과장되고 이질적인 것들을 흡수하여 동화시키려 한다.

6) 고갈되어 델타만 남기기(Épuisement des delta): 강이 생명을 다해 물이 줄어들고 삼각주만 남기는 시기. 그 물줄기는 곡류나 변이들로 나누어져 이웃해 있는 다른 흐름에 흡수되어 버린다. 하나의 주된 인식이 그 역할을 다 하고 낡은 인식으로 대접받는 시기이다. 하지만 그것은 아예 사라지는 것

이 아니라 다시 땅 속으로 스며들었다가 아주 훗날 다시 스며 나온다.

　뒤랑은 자신이 제안한 의미의 물줄기 개념을 사용해서 12세기 중반부터 15세기까지 유럽 사회 전반에 걸쳐 나타났다가 사라진 후 18세기 중반부터 19세기 후반까지 다시 모습을 드러낸 자연주의의 물줄기(우리가 앞서 소개한 글을 따르면 자연주의 풍토)를 자세히 분석한다. 그러나 그의 분석을 여기서 우리가 일일이 검토할 여력은 전혀 없다. 서구의 종교, 역사, 철학, 문학, 정치에서 벌어진 온갖 사건들을 종합하여 그것들을 종횡으로 연결하고 있는 그의 글을, 그 모든 것에 생소한 우리로서는 도저히 따라가기 힘들기 때문이다. 단지 그 글을 통해 그는 한 문화권을 물들이고 있는 잡다해 보이는 사건들이 하나의 주도적 물줄기라는 연결고리에 의해 긴밀하게 연결되어 있다는 것을 섬세하게 보여준다는 사실만은 지적하기로 하자. 또한 문화의 어느 시기를 주도했던 하나의 물줄기는 생명이 다하면 완전히 사라지지 않고 다시 되돌아온다는 것을 그의 글은 보여준다. 보나벤투라에 의해서 13세기에 확립되었다가 사라진 자연주의 물줄기는 19세기 낭만주의를 통해 다시 살아나는 것이다. 하지만 그 부활은 단순한 부활이 아니다. 한번 사라졌다가 새롭게 솟아난 의미의 물줄기는 그 전보다 훨씬 정교해진다. 그 때문에 겉보기에는 이전에 전혀 존재하지 않았던 물줄기처럼 보이는 일도 벌어진다. 더욱이 낭만주의는 독창성을 그 신조로 하고 있는 사조가 아니런가? 하지만 언제나 새로운 것을 표방한 낭만주의도 그 깊은 곳에서는 '하늘 아래 새로운 것은 없다'는 것을 역으로 보여준다. 자유로운 상상력이 결국 '하늘 아래 새로운 것은 없다'는 생각을 바탕에 깔고 있는 것과 마찬가지이다.

　우리가 그의 방대하면서도 섬세한 그 구체적 작업을 뒤따라가기 어렵다는 것은 아쉬운 일이지만 그는 다행스럽게도 자신이 주창하고 있는 신화방법론이 어떤 의미의 물줄기에 속하고 있는지 그 물줄기는 간단히 소개하고 있다.

그 작업은 우리가 앞 장에서 살펴본 바 있는 그의 새로운 인류학 정신을 의미의 물줄기의 흐름 속에서 살펴볼 수 있게 해준다. 간략히 검토해보기로 하자.

● 스며 나옴의 시기: 1867년부터 대략 1914년~1918년까지. 이성의 승리를 부르짖던 그 시기에 상징주의와 데카당스의 흐름이 스며 나온다. 보들레르의 『악의 꽃』, 새로운 신화를 보여준 에밀 졸라의 작품들, 위스망스의 『거꾸로』, 바그너의 음악 등이 나온 시기이다. 한마디로 보들레르가 '상상력을 모든 기능의 여왕'이라고 용감하게 선언한 시기. 또한 무의식을 발견한 프로이트의 초기작이 나온 시기이기도 했다. 그러나 새로운 상상계를 갈망하는 그러한 흐름들을 아직은 저 도도한 실증주의의 강력한 흐름, 진보를 신봉하는 프로메테우스의 신화가 뒤덮고 있던 시기이다.

● 분수기: 1914년부터 1939~1944년까지. 역사철학, 혹은 실증주의에 이제 갓 태어난 정신분석학이 맞섰던 시기. 정신분석학의 세례를 받은 초현실주의의 흐름이 제법 세력을 얻어 역사철학과 실증주의의 바탕을 이루고 있는 과학주의와 대립한다. 해석학의 갈등의 시기이기도 하다.

● 합류기: 분수기와 겹치는 1938~1944년 사이. 합류기와 분수기가 겹치는 것은 합류가 명백하게 겉으로 이루어진 것이 아니라 암묵리에 이루어졌기 때문이다. 그 합류기는 분수기를 거쳐 자연스럽게 온 것이 아니라 구조주의와 역사주의 사이의 논쟁 등 본말이 전도된 논쟁에 의해 가려진 채 은근히 진행된다. 구조주의와 역사주의 사이의 논쟁은 객관적 진리를 신봉하는 같은 물줄기에 속하는 흐름끼리의 논쟁으로서 분수기의 진정한 논쟁을 교란하는 결과를 낳았다. 이 시기에 역사학자인 슈펭글러, 상징적 철학을 주창한 독일의 카시러, 융 등이 활동을 시작한다. 상대성이론과 양자역학이 나왔으며 앞에서 말한 에라노스 그룹이 결성된다. 또한 이미지 생산 기술의 발전과 바슐라르의 새로운 과학정신 사이의 암묵적인 합류가 이루어진 시기이다. 그러한 합류의 중심에는 이미지와 상상력이 있었고 상상계에 대한 새로운

검토들이 조심스럽게 행해진다.

● 강의 이름: 1945~1950년부터 1960년까지. 분수기의 진정한 논쟁이 교란된 채 1930년부터 오늘날까지 면면히 이어온 이 의미의 물줄기는 프로이트와 그의 계보를 잇는 사람들에 의해 강의 이름을 얻게 된다. 다시 반복하지만 강의 이름을 얻는다는 것은 그 물줄기의 대표자 한 명이 강력하게 신화화된다는 것을 의미하고 그 경우 그 인물은 바로 프로이트이다. 프로이트의 한계는 뒤랑도 누누이 지적하고 있지만, 프로이트의 등장이 갖는 의미는 그 모든 한계를 뛰어 넘어 그에게 강의 이름을 부여할 수 있게 해준다. 그 강의 흐름 속에 융, 종교학자인 엘리아데와 앙리 코르뱅, 문화연구가 뒤메질, 정신분석학자 보두앵과 케레니 등의 작업들이 합류해 강의 수량을 풍부하게 해준다.

● 연안 구획: 1950년대에 연안 구획이 시작되어 1960년부터 1980년 사이에 보다 정교해지고 단단해진다. 뒤랑의 『상상계의 인류학적 구조들』이 나온 것이 이 시기이니 뒤랑은 자신이 이 의미의 물줄기의 거의 마지막 단계에 속해 있음을 거리낌 없이 말하고 있는 셈이다. 융과 레비스트로스와 앙리 코르뱅, 그리고 바슐라르의 저술들이 새로운 인식론을 체계화하고 자연과학의 새로운 이론들이 그 인식론을 확고하게 자리잡게 하는 시기. 이 시기에 이르러서야 비로소 상상계의 철학이 이론적으로 건립되며 서로 이질적으로 보이는, 심지어 등을 돌리기까지 했던 학문들이 보다 폭넓은 전망 속에 왕래의 길을 트게 된다.

● 고갈되어 델타만 남기기: 누구나 상상력을 중시하는 오늘날의 사회. 뒤랑은 프로이트주의나 융주의, 혹은 자신의 사고에 감추어진 채 21세기의 흐름이 될 그 어떤 최초의 흐름들이 스며 나오고 있는지 모른다고 말한다. 그 새로운 흐름은 상상력에 대한 곡류와 이설들에 의해 마련된다.

우리는 지나칠 정도로 간단하게 뒤랑의 사유가 속해있는 의미의 물줄기를 뒤랑 자신의 사유를 통해 소개했다. 그 소개가 간단할 수 있었던 것은 그 흐름의 내용이 이 책 전체의 내용을 이루고 있기 때문이다. 나는 뒤랑이, 자신이 속해 있는 의미의 물줄기를 분석하는 글을 읽으면서 그가 맞이하고 있는 시대, 상상계의 철학이 이론적으로 정립되고 있는 오늘날이 보들레르가 '상상력이 모든 기능들 중의 여왕'이라고 선언한 지 150년 정도 되었다는 사실을 다시 한 번 되새긴다. 그런 의미에서 보들레르는 진정으로 전위적인 예술가이다. 전위부대란 본대를 뒤에 두고 앞서 가는 부대이다. 너무 앞서면 고립되고 외롭고 위험하고, 본대에 합류하면 예언적 기능을 상실한다. 그런 의미에서 네르발은 너무 앞서간 셈이다. 당신이 예술가라면 어디에 위치해 있겠는가?

4. 사회문화적 지형학: 심층사회학

뒤랑의 의미의 물줄기 개념은 역사 속에서 벌어지고 있는 모든 현상들의 원인을 역사 속에서 벌어진 사건 자체에서 찾지 않는다. 그 방법은 전통적인 인과론을 부정하는 방법론이라는 것을 우리는 다시 확인할 수 있다. 하나의 문화에는 그 문화 전체를 크게 물들이고 있는 주된 물줄기가 있다. 그리고 그 안에는 작은 물줄기들이 주된 물줄기의 전체 모양을 형성한다. 마치 한 문화권에 여러 풍토들이 존재하는 것과 마찬가지이다. 그리고 그 각각의 물줄기들은, 마치 신화처럼 사라지지 않고 언제고 회귀한다. 각각의 물줄기는 모두 살아 있는 생명체와도 같다. 그 물줄기가 생명체와도 같다는 것은, 『상상계의 인류학적 구조들』의 각 구조들이 결코 제압하거나 사라지게 할 수 없는 인간의 본원적 욕망이 낳은 것이라고 말하는 것과 같은 의미를 지닌다. 인간의 삶과 인간의 사회는 이질적인 욕망들이 충돌하면서 움직여 가는 생명체이지 물리적 인과론에 의해 움직이는 기계가 아니다. 따라서 어느 한 순간의 인간, 어느 한 순간의 사회도 그 이질적인 욕망들이나 이질적인 영혼들이 겹을 이루고 있다.

한 문화권에서 하나의 의미의 물줄기가 연안 구획의 단계에 다다르게 되어 그 사회의 지배적 위치를 점하게 된다면 그 순간 다른 물줄기들은 그 아래에서 각기 다른 양태로 자리를 잡게 된다. 지배적 위치를 점한 물줄기는 한 사회의 교육의 내용을 이루거나 그 사회의 지배적 이데올로기로 자리잡는다. 반대로 어떤 물줄기는 주변부로 밀려나 혼돈스러운 상태에서 스며 나올 기회를 노리고 있을 수도 있다. 또 어떤 물줄기는 그 지배적 물줄기와 손잡고 그 지배적 이데올로기를 강화하는 역할을 할 수도 있다. 마지막으로 어떤 물줄기는 그 사회의 일종의 집단 무의식이 되어 그 사회를 꿈이 있는 사회로 만드는 역할을 담당할 수 있다. 건강한 사회란 물론 다원성이 보장되면서 그 모든 역할이 역동적으로 작동하는 사회이다. 아주 건강한 사회란 사회 내에서 맡고 있는 역할이 어떠한 것이든 간에, 설사 사회적으로 중요성이 덜해 보이는 하위 집단에 속하거나 다수의 의견에 동참하지 않는 소수에 속한다고 할지라도 배제하지 않는 사회이다. 그리고 가장 중요한 것 중의 하나는 그 사회의 집단 무의식 속에 다원적인 인간의 꿈이 모두 살아있을 수 있게 하는 것이다.

의미의 물줄기를 의미의 물줄기들이 겹쳐 있는 모습으로 그리게 되면 바로 앞에서 보았듯이 한 사회는 여러 층위의 물줄기들이 겹쳐 있는 모습으로 나타나는 것이 당연하다. 그래서 한 사회의 어느 순간의 지형을 그리면 그 지형도는 입체적이 된다. 마치 한 사회에 깊이의 심리학이 적용되는 것과 마찬가지가 되는 것이다. 그래서 뒤랑 스스로 자신의 사회학을 심층사회학이라고 일컬은 것이다.

그가 자신의 심층사회학의 방법을 20세기 더 정확하게 말하면 1920년부터 1980년까지 독일과 프랑스에 적용한 예를 간단히 들어보기로 하자.

1920년부터 1980년까지는 의기양양한 실증주의의 승리 선언에 반기를 들었던 퇴폐적인 움직임, 즉 데카당의 신화가 공식적으로 디오니소스의 승리를 선언하기에 이르는 시기이다. 실증주의의 시대는 프로메테우스 신의 시대이다. 인간에게 불을 가져다 준 죄로 독수리에게 영원히 간을 쪼여 먹히는 형벌을 받는 프로메테우스는 기술, 과학, 이성, 진보를 상징하는 신이다. 그는 기본적으로 냉정한 신이다. 술의 신이며 광란의 신, 인간의 친구로서 함께 고통을 받는 신, 자신을 잊고 즐기는 신인 디오니소스는 프로메테우스가 지배하고 있던 19세기에 용틀임을 한다. 뒤랑은 니체의 초인은 디오니소스의 형상화라고 말한다. 그 디오니소스가 공식적으로 솟아오를 수 있었던 것은 대중매체의 발달에 힘입어서이다. 20세기의 대중 매체는 그 자체 초인이다. 그 이전에 금기시되었던 퇴폐적 여흥을 마음껏 제공할 뿐만 아니라 에너지도 마음껏 사용한다. 그러한 사회에서 다양한 우상들이 탄생한다. 새로운 사회의 총아들이 탄생하는 것이다. 신문기자, 관료, 정치가들, 스포츠와 예술 분야에서의 스타들이 사회의 주역이 된다. 그리고 그러한 현상을 뒷받침하고 있는 힘은 분명히 디오니소스적이다. 그들은 프로메테우스적인 차가운 이성과는 거리가 멀다. 하지만 디오니소스의 힘이 공식화되고 제도화되면서 그 신화가 이전에 맡았던 야생적이고 반체제적인 역할을 상실한다. 뒤랑은 그 현상을 디오니소스가 관료화되었다는 것, 디오니소스가 슬퍼졌다는 것을 의미한다고 말한다. 야생적인 힘을 상실하고 얌전해진 모습을 본다는 것은 언제나 슬픈 일이다. 그래서 뒤랑은 시위자의 자치적 치안과 경찰의 치안에 의해 잘 조직된 시위대가 얌전히 시위를 하는 모습을 아주 얌전해져서 슬퍼진 디오니소스의 견본이라고까지 말한다. 얌전해진 짐 모리슨이나 딥 퍼플을 바라볼 때의 기분과 비슷하리라.

　디오니소스가 제도화되고 공식화되면서 사회에서 주변화되는 부류들이 있다. 점점 더 주변화되는 시골 사람들, 농부들, 이주민들, 그리고 실업자들이 그들이다. 거기에 프랑스 내에서 점점 더 할 일이 없어진 군인들, 약속된 미래를 보장받을 수 없기에 불안하고 욕구불만인 학생들, 자신이 지닌 지식의 유배지에 갇혀 대중매체가 제공하는 새로운 문명과 소통을 끊고 있는 학자들이 덧붙여진다. 그들은 기존에 자리 잡고 있던 프로메테우스 신화도 거부하고 제도화된 디오니소스에도 반항한다. 그런 의미에서 그들은 진정한 반체제적인 부류가 된다. 그들이 프로메테우스 지배하에 디오니소스가 맡았던 역할을 맡는다는 것이다. 그리고 점점 더 소외되어 가는 부류들에게서 새로운 신화가 탄생하고 있다고 말한다. 그 신화가 바로 헤르메스의 신화이다.

따라서 뒤랑은 현대 프랑스 사회에는 적어도 세 층위가 겹쳐 있다고 말한다. 우선 프로메테우스의 층위. 프랑스의 교육 내용은 아직 프로메테우스의 신화가 지배하고 있다. 사회의 성장, 기술의 발전을 이룩하는 것이 교육의 목표이며 실증주의적 교육이 아직 프랑스 교육의 근간을 이루고 있다. 다음으로 앞서 우리가 살펴본 디오니소스의 층위. 대중매체가 마련하는 디오니소스의 신화는 아직 서구 사회에서 주변에 자리잡고 있지만 그 주변은 찬란한 주변이다. 향락과 소비가 대중매체를 통해 조장받고 실현될 수 있으며 대중매체를 통해 욕망을 충족시키고 해소할 수 있다. 마지막으로 앞의 두 층위, 사회적으로 권력을 잡고 있는 그 두 층위 사이의 변증법에 맞서 새로운 신을 모색하는 층위.

우리는 어찌 보면 뒤랑이 아주 큰 공을 들인 심층사회학의 구체적 적용의 예를 지나치게 간략한 요약으로 대체했다. 자세한 소개를 하기에는 그 자체 방대한 양이라는 것이 첫째 이유이다. 하지만 보다 근본적인 이유는 그의 분석이 서구를 중심으로 하고 있기 때문이다. 그렇다고 우리에게 흥미가 없고 의미가 없다는 말이 아니다. 그의 구체적 작업을 통해 우리가 확인하고 싶은 것은 그의 작업의 결과가 아니라 그런 작업을 가능하게 한 그의 정신이기에 하는 말이다. 그의 상상계의 인류학적 구조가 보여주는 다원성과 역동성과 유기적 인식이 한 사회나 문화에 적용되었을 때 그 사회나 문화를 바라보는 관점, 더 나아가 그 사회나 문화 자체가 어떻게 새롭게 변할 수 있는지를 그의 구체적 작업들은 보여준다. 그런 의미에서 그의 작업들은 우리에게 결과가 아니라 하나의 숙제이기도 하다. 그 숙제는 『상상계의 과학과 철학』 한국어판에 붙인 뒤랑의 서문에 아주 잘 나와 있다. 그 글을 인용하는 것으로 맺기로 하자.

나는 이 작은 책자가 한국인의 영혼을 형성하고 있는 상상력의 굽이굽이, 상상력의 깊은 원형을 탐구하는 데 작은 촉매제가 되었으면 하고 바랍니다. 상징적 상상력이 번역되었다는 소식을 전해 들었을 때도 마찬가지였습니다. 시간의 흐름에 따른 엔트로피, 역사상의 파괴적인 돌발 사건들에 대항해서 우뚝 살아남은 그 원형, 한국의 상상계의 총체적인 모습이, 인류의 위대한 문화들, 서구 문화의 초석이 되었던 고대 이교도 문화와 기독교 문화, 커다란 이슬람 공동체 문화, 아프리카의 검은 영혼의 문화, 브라질의 혼혈 문화, 거대한 중국의 문화, 덧붙여 인류의 상상계에 하나의 보완물처럼 나타난 미국, 캐나다, 호주의 문화들과 또 다른 모습으로 대면할 수 있게 되기를 바랍니다. (……)

그러한 원형적 상상력 전파의 매질이 되기를 바라는 소망을 담아 나는 이 작은 책으로 여러분을 초대합니다. 탐구 영역을 정하고 실제로 작업을 하는 것은 여러분 자신의 몫입니다. 한국 불교의 상징사전을 언제나 가질 수 있을까요? 조용한 아침의 나라의 신화 백과사전은 언제쯤 볼 수 있을까요? 한국의 젊은 연구가들을 기다리고 있는 작업은 그 얼마나 거대한 것이며 흥미로운 것인가요?

싫증주의 시대의 힘
상상력

펴낸날	초판 1쇄 2009년 2월 20일
	초판 2쇄 2009년 11월 18일

지은이	진형준
펴낸이	심만수
펴낸곳	(주)살림출판사
출판등록	1989년 11월 1일 제9-210호

경기도 파주시 교하읍 문발리 파주출판도시 522-1
전화 031)955-1350   팩스 031)955-1355
기획·편집 031)955-1364
http://www.sallimbooks.com
book@sallimbooks.com

ISBN 978-89-522-1099-9   93100

※ 값은 뒤표지에 있습니다.
※ 잘못 만들어진 책은 구입하신 서점에서 바꾸어 드립니다.

책임편집 이기선